权威·前沿·原创

皮书系列为

“十二五”“十三五”国家重点图书出版规划项目

法律声明

中国城市生活质量报告（2018）

REPORT ON THE QUALITY OF LIFE IN CHINESE CITIES (2018)

生活质量指数相对稳定，城市居民获得感增强

中国经济实验研究院

张连城　张　平　杨春学
郎丽华　赵家章　张自然／著

社会科学文献出版社
SOCIAL SCIENCES ACADEMIC PRESS (CHINA)

图书在版编目(CIP)数据

中国城市生活质量报告. 2018：生活质量指数相对稳定，城市居民获得感增强 / 张连城等著 . -- 北京：社会科学文献出版社，2019.6

（城市生活质量蓝皮书）

ISBN 978-7-5201-4877-1

Ⅰ. ①中… Ⅱ. ①张… Ⅲ. ①城市-生活质量-指数-研究报告-中国-2018 Ⅳ. ① D669.3

中国版本图书馆CIP数据核字（2019）第095315号

城市生活质量蓝皮书

中国城市生活质量报告（2018）

——生活质量指数相对稳定，城市居民获得感增强

著　　者 / 张连城　张　平　杨春学　郎丽华 等

出 版 人 / 谢寿光

组稿编辑 / 恽　薇　王楠楠

责任编辑 / 王楠楠

出　　版 / 社会科学文献出版社 · 经济与管理分社（010）59367226

地址：北京市北三环中路甲29号院华龙大厦　邮编：100029

网址：www.ssap.com.cn

发　　行 / 市场营销中心（010）59367081　59367083

印　　装 / 三河市龙林印务有限公司

规　　格 / 开　本：787mm×1092mm　1/16

印　张：19.5　字　数：267千字

版　　次 / 2019年6月第1版　2019年6月第1次印刷

书　　号 / ISBN 978-7-5201-4877-1

定　　价 / 98.00元

皮书序列号 / PSN B-2013-326-1/1

本年度报告执笔人

张连城　张　平　杨春学　郎丽华　赵家章

张自然　王　银　陆明涛　郝宇彪　王　钰

郭　毅　高美玲　李茜茜　蔡　越　李　前

卞　江

首都经济贸易大学
中国经济实验研究院简介

中国经济实验研究院由首都经济贸易大学与中国社会科学院经济研究所合作共同组建。

早在2006年，首都经济贸易大学与中国社会科学院经济研究所就组建了“中国经济增长与周期研究中心”，并联合香港经济导报社，从2007年开始，截至2018年，成功举办了12届“中国经济增长与周期论坛”。2010年，首都经济贸易大学与中国社会科学院经济研究所又组建了“中国城市生活质量研究中心”，并在2011年举办的第五届“中国经济增长与周期论坛”上，首次发布了中国30个省会城市生活质量指数。中国经济实验研究院就是在上述研究机构的基础上，于2012年成立的。

研究院现设有“中国经济增长与周期研究中心”、“中国城市生活质量研究中心”、“数量经济研究中心”和“WTO研究中心”，并设有经济运行与国际贸易实验室、经济预警实验室、经济数据处理与计算机仿真实验室和数字化调查中心、中国经济实验研究院专家委员会。

中国经济实验研究院的宗旨是：推动经济实验研究，繁荣经济科学，为推进我国的经济体制改革、提高经济增长质量、促进经济发展服务。中国经济实验研究院的目标是：在未来，经过不懈努力，争取把中国经济实验研究院建设成为这一领域具有国际一流水平的高度开放的研究机构。

主要著者简介

张连城　首都经济贸易大学教授、博士生导师，中国经济实验研究院院长。在首都经济贸易大学（北京经济学院）任教30余载，2004年曾在美国新英格兰大学进修。1998~2002年担任首都经济贸易大学经济系副主任，2002~2012年担任首都经济贸易大学经济学院院长，2009~2011年兼任研究生部主任。大学任教期间，1981~1985年先后兼任中国经济学团体联合会机关报《全国经济学团体通信》和《经济学周报》编辑部主任、记者部主任、研究发展部主任。1985~1987年在国家经济体制改革研究所兼任城市经济体制改革办公室副主任并从事研究工作。目前在多家学会兼任副会长、常务理事。

主要研究领域为经济增长、经济周期与宏观经济政策。在该领域发表近百篇学术论文，出版十余部专著、教材、译著，其中五项科研成果获教育部、北京市哲学社会科学优秀成果一、二等奖。2011年被国务院批准为享受政府特殊津贴的专家。多年来主持多项社科基金课题，目前主持国家社会科学基金重大项目“正确处理经济平稳较快发展、调整经济结构、管理通胀预期的关系研究”（12&ZD038），担任“现代外国经济学大系”和“实证中国”丛书主编，承担国家级经济学特色专业、国家级经济学国际化人才培养实验区、国家级经济学核心课程教学团队的建设工作。

张　平　1988年加入中国社会科学院经济研究所，历任宏观经济室副主任、经济增长室主任、经济所所长助理、经济所副所长，现为国家金融与发展实验室副主任。中国社会科学院二级研究员，中国社会科学院研究生院教授、博士生导师。主要研究领域为经济增长和中国家庭行为、宏观政策和上市公司。曾经参加和主持与世界银行、亚洲开发银行、世界劳工组织等的多项国际合作项目；主持社科基金重点招标课题、中国社会科学院重大课题和国家交办的课题。合作作品获得孙冶方经济科学奖四次、中国社会科学院专著一等奖一次，独立作品获得中国社会科学院专著二等奖一次，合作作品获得中国社会科学院专著二等奖和三等奖。2009年入选人力资源和社会保障部百千万人才工程国家级候选人。2010年获得国务院政府特殊津贴。

杨春学　首都经济贸易大学、中国社会科学院研究生院教授，博士生导师。曾任职于中国社会科学院经济研究所，任《经济学动态》主编。主要研究领域为欧美经济思想史、现实问题的政治经济学。最主要的学术兴趣在于寻求人类本性、个人行为与制度之间的内在关系。主要代表作有《经济人与社会秩序分析》、《利他主义经济学的追求》和《和谐社会的政治经济学基础》等。

郎丽华　经济学博士，博士生导师，首都经济贸易大学经济学院教授，校学位委员会委员，经济学院学术委员会主任，世界贸易组织研究中心副主任，兼任北京国际贸易学会副会长、中国服务贸易专家委员会副主任委员等职。主要研究领域为国际贸易理论与政策、国际贸易战略、世界经济。国家级双语示范课和来华留学生英文授课品牌课程“国际商务”负责人，北京市教学名师，北京市宣传文化系统“四个一批”人才。先后在《人民日报》《经济研究》《世界经济》《管理世界》《经济学动态》《经济管理与研究》等报纸和杂志上发表数十篇学术论文。主持并参与北京市哲学社会科学规划项目、北京市教育委员会社会科学研究计划项目、国家社会科学基金重大项目等研究工作。

摘　要

中国经济实验研究院城市生活质量研究中心 2018 年继续对 35 个城市居民的生活质量进行跟踪调查，得出城市生活质量的主观满意度指数和客观指数（社会经济数据指数）。主观满意度指数是通过对 35 个城市居民的生活质量主观感受进行随机电话调查和网络调查得到的。本次调查产生有效随机样本 12878 个。根据调查所获得的数据，通过统计分析得出描述城市生活质量的 4 个主观满意度分指数，即消费者信心、教育质量、健康状况、医疗服务，分别反映了城市生活某一特定方面的质量水平。其中，消费者信心指数采用密歇根消费者信心指数计算方法获得，在国际上具有可比性。问卷开发人员将美国 1966 年第一季度的结果定为 100，所以分值若高于 100，则说明消费者信心强于美国 1966 年第一季度。

调查显示，2018 年，全国 35 个城市居民消费者信心指数加权平均值为 115.48，35 个城市的消费者信心指数全部超过 100。美国 4 月底和 5 月初的密歇根消费者信心指数为 98.8，低于中国 35 个城市消费者信心指数加权平均值。全国 35 个城市居民教育质量满意度指数加权平均值为 69.37，介于一般（50）和满意（75）之间。全国 35 个城市居民健康状况满意度指数加权平均值为 64.48，介于好（50）和很好（75）之间。全国 35 个城市居民医疗服务满意度指数加权平均值为 65.31，介于一般（50）和满意（75）之间。

城市生活质量客观指数即社会经济数据指数，是根据国家权威机构发布的35个城市的社会经济数据计算得出的，从而保证了该指数的客观性和权威性。同时，为保持与主观指数的一致性，客观指数也包括5个分指数，即生活水平客观指数、生活成本客观指数、人力资本客观指数、社会保障客观指数、生活感受客观指数。5个客观社会经济数据分指数涵盖了20个社会经济数据指标，基本上反映了我国现阶段城市居民生活质量的各个方面。

生活质量客观指数显示，2018年，35个城市生活质量客观指数平均值为54.85，略低于2017年的54.98，近三年总体保持稳定。得分在50以上的城市有31个，西宁、重庆、福州、郑州4个城市得分低于50。东部城市生活质量整体上依然高于中西部城市，但同时部分城市存在主客观指数的反差。5个客观分指数的平均值分别是：生活水平54.30、生活成本52.53、人力资本57.03、社会保障52.62、生活感受57.77。与2017年相比，生活水平继续上升，但生活成本也在提高，人力资本、社会保障、生活感受客观指数基本持平。

当前，我国经济发展进入新时代，经济发展所面临的国内外环境发生了巨大变化，经济结构调整、高质量发展的效果初步显现：宏观经济运行平稳，生活质量指数基本保持平稳，居民获得感强。但是，地区和城市间的生活质量存在较大差距，生活成本进一步上升，优质教育资源的相对短缺是当前面临的主要问题。党的十九大以来，我国社会主要矛盾已经转化为人民日益增长的美好生活需要和不平衡不充分的发展之间的矛盾，这就需要按照高质量发展的要求，推动经济转型升级、持续健康发展，并在此基础上不断提升教育、医疗等公共服务水平，为最终实现美好生活提供强有力的保障。

关键词： 城市生活质量　消费者信心指数　教育质量满意度指数　健康状况满意度指数　医疗服务满意度指数

目　　录

Ⅰ　总报告

Ⅱ　分报告

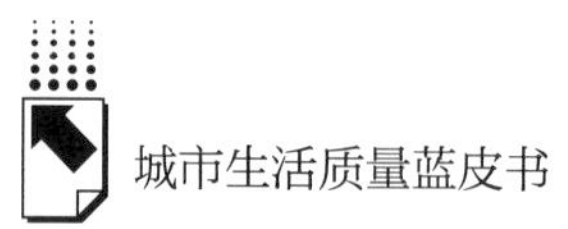

Ⅲ　专题报告

皮书数据库阅读**使用指南**

总 报 告

B.1
2018年城市生活质量调查报告

摘 要： 2018年，我们继续对中国35个城市生活质量进行跟踪调查。生活质量主观满意度指数通过随机电话调查和网络调查得到。主观满意度分指数包括消费者信心指数、教育质量满意度指数、健康状况满意度指数、医疗服务满意度指数。其中，消费者信心指数采用密歇根消费者信心指数计算方法获得，在国际上具有可比性。调查显示，2018年，全国35个城市消费者信心指数加权平均值为115.48，教育质量满意度指数加权平均值为69.37，健康状况满意度指数加权平均值为64.48，医疗服务满意度指数加权平均值为65.31。城市生活质量客观指数根据国家权威机构发布的35个城市的社会经济数据计算得出。2018年，35个城市生活质量客观指数平均值为54.85，略低于2017年的54.98，东部地区城市生活质量整体上依然高于中西部地区城市，但同时部分城市存在主客观指数的反差。5个客观分指数的平均值分别是：生活水平54.30、生活成本52.53、人力资本57.03、社会保障52.62、生活感受57.77。党的十九大以来，我国社会主要矛盾已经转化为人民日益增长的美好生活需要和不平衡不充分的发展之间的矛盾，这就需要按照高质量发展的要求，推动经济转型升级、持续健康发展，并在此基础上不断提升教育、医疗等公共服务水平，为最终实现美好生活提供强有力的保障。

关键词：城市生活质量　主观满意度指数　客观指数

中国城市生活质量调查是一项持续性的研究，早在2006年，首都经济贸易大学和中国社会科学院经济研究所就共同组建了“中国经济增长与周期研究中心”，截至2018年，共成功举办了12届“中国经济增长与周期论坛”。2010年，又组建了“中国城市生活质量研究中心”，研究中心在2011年举办的第五届“中国经济增长与周期论坛”上首次发布了《中国城市生活质量报告》，截至2018年，研究中心对城市生活质量的调研已连续进行了8年，研究成果具有较高的学术价值并产生了较为广泛的影响。自2012年开始，研究中心将《中国城市生活质量报告》以蓝皮书的形式出版（中英文），截至2018年，已经出版了6部。《中国城市生活质量报告》在国内学术界产生了积极的影响，不仅为同行学者提供了丰富的数据，还对本领域的研究起到了积极的推动作用。同时，围绕城市生活质量这一主题，参与本项目的研究人员还撰写了多篇研究报告。

中国城市生活质量体系（QLICC）的构建是我国学术界在这一领域的首个尝试。在QLICC指标体系的设置上，20多名国内外学者在广泛参考欧盟、美国及其他国家和地区生活质量指标体系的基础上，结合中国现阶段的经济社会特征，经过一年多的研究和近年来的不断完善，创立了我国评价城市生活质量的指标体系，在指明生活质量持续改进的路径和方向上发挥了重要作用。尽管目前该指标体系可能还存在一些不尽如人意的地方，但毕竟填补了我国在这一领域的空白，为评价当前城市居民的生活质量、政府决策、城市发展、社会福利和经济增长质量提供了一个可供参考的坐标和改进的方向，并且这个方向是与党和政府的执政理念相一致的；同时，QLICC 指标体系也为我国经济工作者深入研究中国居民的生活质量，构建更科学的城市生活质量指数体系奠定了基础。

国外对生活质量的调查，大多停留在主观满意度调查层面。《中国城市生活质量报告》在 QLICC 指标体系的设置上，不仅设立了主观满意度指数，也建立了生活质量客观指数，并将两者进行对比。通过对比可以发现某些城市生活质量主观满意度与客观生活质量的一致性或反差，从而为决策者和城市管理者提供更多的信息，有助于其有针对性地改进工作，提高居民生活质量，改善民生。此外，在官方机构发布的众多指标中，遴选哪些指标构建科学的客观生活质量指数，也是本项目组在精心研究的基础上确定的。同时，为了佐证城市居民的生活质量和对生活质量的预期，在 QLICC 体系之外，还设置了针对影响生活质量的最主要因素、房价预期、就业前景等的专项调查。

中国经济实验研究院城市生活质量研究中心 2018 年继续对中国 35 个城市生活质量进行了调查，本次调查是 2011 年以来的第 8 次年度调查，并通过统计分析和计算得出了评价 2018 年中国城市生活质量的主观满意度指数和客观指数（社会经济数据指数）（QLICC 体系）。该指数在 2018 年第十二届中国经济增长与周期论坛上发布。本报告呈现了 2018 年度中国 35 个城市生活质量指数的调查结果。本次调查延续了以往的做法，采用计算机辅助电话调查（CATI）的方法对移动电话用户进行了调查，100 多名调查员工作两个月，共产生有效随机样本 12878 个。

一　对 2018 年城市生活质量调查的说明

（一）对本次调查主观指标调整的说明

1. 往年调查主观指标情况说明

2011 年，中国经济实验研究院创建了中国城市生活质量指数体系，即 QLICC 体系。该体系包括两个部分：主观满意度指数体系和客观指数（社会经济数据指数）体系。2012~2016 年，主观满意度指标体系设置基本保持了与以往一致的做法（见表 1）。

表 1　中国城市生活质量主观满意度指标体系（2012~2016 年）

<table>
<tr><th rowspan="2">满意度指数（主观指数）</th><th rowspan="2">主观问题</th><th colspan="5">答案赋值</th></tr>
<tr><th>100</th><th>75</th><th>50</th><th>25</th><th>0</th></tr>
<tr><td rowspan="2">生活水平满意度指数</td><td>收入现状（50%）</td><td>很满意</td><td>满意</td><td>一般</td><td>不满意</td><td>很不满意</td></tr>
<tr><td>收入预期（50%）</td><td>很乐观</td><td>乐观</td><td>一般</td><td>不乐观</td><td>很不乐观</td></tr>
<tr><td>生活成本满意度指数</td><td>生活成本</td><td>很低</td><td>低</td><td>一般</td><td>高</td><td>很高</td></tr>
<tr><td>人力资本满意度指数</td><td>人力资本</td><td>很满意</td><td>满意</td><td>一般</td><td>不满意</td><td>很不满意</td></tr>
<tr><td rowspan="2">社会保障满意度指数</td><td>医疗和养老保障（50%）</td><td>很满意</td><td>满意</td><td>一般</td><td>不满意</td><td>很不满意</td></tr>
<tr><td>安全状况（50%）</td><td>很满意</td><td>满意</td><td>一般</td><td>不满意</td><td>很不满意</td></tr>
<tr><td rowspan="2">生活感受满意度指数</td><td>生活节奏（50%）</td><td>很慢</td><td>慢</td><td>一般</td><td>快</td><td>很快</td></tr>
<tr><td>生活便利（50%）</td><td>很便利</td><td>便利</td><td>一般</td><td>不便利</td><td>很不便利</td></tr>
</table>

2017 年的调查在调查方法、指标体系设置以及样本的选取方面基本延续了以往的做法，但略做调整。根据我国居民通信习惯的变化，

2017 年采用计算机辅助电话调查（CATI）的方法对移动电话用户进行了调查。在 11 位移动电话号码中，前 3 位号码是网络运营商代码，中间 4 位号码是地区号，后 4 位是个人代码。本次调查按照样本分布，首先选取 35 个城市号码段，再根据后 4 位号码随机抽样，生成本次调查使用的样本库，从而保证了本次调查空间分布的合理性和广泛性。

2017 年中国城市生活质量指数体系（QLICC）仍然分为主观满意度指数体系和客观指数（社会经济数据指数）体系。主客观指数均包含生活水平、生活成本、人力资本、社会保障、生活感受（健康水平）5 个方面的分指数，5 个分指数分别反映了城市生活质量的某一特定方面。

主观满意度指数体系构成有两个变化。第一个变化是社会保障满意度指数内涵的变化。2012~2016 年，社会保障满意度指数是由医疗和养老保障满意度指数、城市安全满意度指数的加权平均值构成的；2017 年的社会保障满意度指数主要针对居民对医疗保险个人负担部分是否满意设计问卷，使问题更有针对性，调查结果更有现实意义。第二个变化是引入居民健康水平满意度调查，并以居民健康水平满意度指数代替生活感受满意度指数。2012~2016 年，生活感受满意度指数由生活节奏满意度指数和生活便利满意度指数加权得出；2017 年，通过国际通用的 8 条简明量表（SF-8）调查方法得出居民健康水平满意度指数，并以此代替生活节奏满意度指数和生活便利满意度指数。这样更能真实地反映居民对生活质量的感受，并且可以进行国际比较。健康水平满意度指数包括身体健康和心理健康两个方面，各占 50% 的权重，赋值区间为 0~100，用 T-score 的方法处理调查数据，得到最终分值。2017 年中国城市生活质量主观满意度指标体系见表 2。

表 2　中国城市生活质量主观满意度指标体系（2017 年）

满意度指数（主观指数）	主观问题	答案赋值				
		100	75	50	25	0
生活水平满意度指数	收入现状（50%）	很满意	满意	一般	不满意	很不满意
	收入预期（50%）	很乐观	乐观	一般	不乐观	很不乐观
生活成本满意度指数	生活成本	很低	低	一般	高	很高
人力资本满意度指数	人力资本	很满意	满意	一般	不满意	很不满意
社会保障满意度指数	医疗保障	很满意	满意	一般	不满意	很不满意
生活感受满意度指数	SF-8 身体健康（50%）	赋值区间为 0~100，运用 T-score 方法处理调查数据，得到相关赋值				
	SF-8 心理健康（50%）					

2. 2018 年调查主观指标调整说明

2018 年中国城市生活质量指数体系仍然分为两部分：主观满意度指数体系和客观指数（社会经济数据指数）体系。2018 年在调查方法、指标体系设置以及样本选取等方面基本延续了以往的做法，但对主观指标体系做了较大的调整。

根据我国居民通信习惯的进一步变化，本次调查采取电话调查和网络调查相结合的方法。电话调查采用电脑辅助电话调查（CATI）的方法对移动电话用户进行调查。按照样本分布，首先选取 35 个城市号码段，再根据后 4 位号码随机抽样，生成本次调查使用的样本库。网络调查先根据 IP 号段对 35 个城市进行甄别，在有效调查问卷中随机抽取样本。两者相结合，充分保证了本次调查空间分布的合理性和广泛性。

为了进一步与国际接轨并进行国际比较，我们对主观指标体系进行了较大调整，以更好地反映当前城市居民的生活质量及获得感。2018 年主观满意度指数体系调整为 4 个主观满意度指数，分别为消费者信心指数、教育质量满意度指数、健康状况满意度指数、医疗服务满意度指数，分别反映城市生活质量的某一特定方面。其中，消费者信心指数采用密歇根消费者信心指数计算方法获得，在国际上具有可比性。问卷开发人员将美国 1966 年第一季度的结果定为 100，因此分值若高于 100，则说明消费者信心强于美国 1966 年第一季度。教育质量满意度指数根据教育部发布的《教育部关于推进中小学教育质量综合评价改革的意见》（教基二〔2013〕2 号）中“建立健全中小学教育质量综合评价体系”的五个指标简化得到。健康状况满意度指数采用的是美国疾病控制与预防中心（CDC）开发的健康度量指标，即过去 30 天中身体或心理不够健康的天数。若相加得到的天数大于 30 天，则设为 30 天；天数数值越大，说明身体或心理在过去 30 天越不健康。

（二）客观指标体系

2018 年中国城市生活质量客观指数延续了以往的指标体系设置，仍然包括 5 个分指数，即生活水平客观指数、生活成本客观指数、人力资本客观指数、社会保障客观指数、生活感受客观指数（见表 3）。5 个客观分指数（社会经济数据分指数）涵盖了 20 个社会经济数据指标，基本上反映了我国现阶段城市居民生活质量的各个方面。5 个客观分指数延续以往的调查方法，所有指标的取值均来自官方公布的数据，保证了指数的客观性和权威性。

表 3　中国城市生活质量客观指标体系

社会经济数据指数（客观指数）	一级指标	二级指标	对城市生活质量的影响*
生活水平客观指数	收入水平	消费率（消费 / 收入）	+
		人均财富（包含人均储蓄和人均住房财富）	+
		人均可支配收入	+

续表

社会经济数据指数（客观指数）	一级指标	二级指标	对城市生活质量的影响*
生活水平客观指数	生活改善指数	人均消费增长	+
		人均财富增长	+
		人均可支配收入增长	+
生活成本客观指数	生活成本指数	房屋销售价格指数	–
		通货膨胀率	–
		房价收入比	–
人力资本客观指数	人力资本指数	教育提供指数（包含万人学校数和万人教师数）	+
		教育文化娱乐消费支出比	+
社会保障客观指数	社会保障指数	社保覆盖率	+
		基本医疗保险覆盖率	+
		失业保险覆盖率	+
生活感受客观指数	生活便利指数	交通提供能力（包含人均铺装道路面积、每万人拥有公共电汽车、万人出租车数量）	+
		万人影剧院数	+
		医疗提供能力（包含万人床位数、万人医院数、万人拥有医生数）	+
	生态环境指数	人均绿地面积	+
		空气质量	+
	收入差距感受指数	基尼系数	–

*“+”为正影响，“–”为负影响。

当前，我国经济发展进入新时代，经济发展所面临的国内外环境发生了巨大变化，经济结构调整、高质量发展的效果初步显现：宏观经济运行平稳，生活质量指数基本保持稳定，居民获得感强。但是，地区和城市间的生活质量存在较大差距，生活成本进一步上升，优质教育资源的相对短缺是当前面临的主要问题。党的十九大以来，我国社会主要矛盾已经转化为人民日益增长的美好生活需要和不平衡不充分的发展之间的矛盾，这就需要按照高质量发展的要求，推动经济转型升级、持续健康发展，并在此基础上不断提升教育、医疗等公共服务水平，为最终实现人民群众的美好生活提供强有力的保障。以下将对 2018 年中国 35 个城市生活质量的主观满意度指数和客观指数进行详细的说明和分析。

二　2018 年中国 35 个城市生活质量主观满意度指数

2018 年城市居民生活质量的主观满意度指数分别从消费者信心、教育质量、健康状况、医疗服务四个方面予以说明。

（一）消费者信心指数

表 4 是 2018 年全国 35 个城市居民消费者信心调查结果。根据该表，2018 年，全国 35 个城市居民消费者信心指数加权平均值为 115.48，35 个城市的消费者信心指数全部超过 100，显示了消费者对当前以及未来的个人收入水平、收入预期以及经济形势、经济前景等有充分的信心。美国 2018 年 4 月底和 5 月初的密歇根消费者信心指数为 98.8，低于中国 35 个城市消费者信心指数加权平均值。

从地区分布来看，排在前 10 位的城市分别是：上海（122.84）、济南（122.56）、沈阳（121.14）、长沙（120.53）、南昌（120.52）、贵阳（119.73）、南宁（118.88）、合肥（118.60）、青岛（118.09）、广州（117.99）。其中，东部地区城市 5 个，中部地区城市 3 个，西部地区城市 2 个。排名后 10 位的城市分别是：天津（112.76）、石家庄（112.73）、重庆（112.33）、长春（112.19）、杭州（112.13）、成

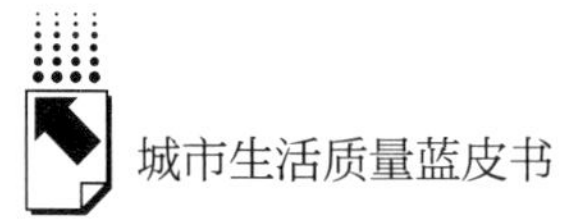

都（111.12）、银川（110.81）、海口（109.75）、南京（108.71）、西安（104.44）。其中，东部地区城市 5 个，中部地区城市 1 个，西部地区城市 4 个。

表 4　2018 年中国 35 个城市居民消费者信心指数

2018 年排名	城市	消费者信心指数	2018 年排名	城市	消费者信心指数
1	上海	122.84	19	昆明	115.79
2	济南	122.56	20	西宁	115.35
3	沈阳	121.14	21	宁波	114.63
4	长沙	120.53	22	乌鲁木齐	114.10
5	南昌	120.52	23	福州	113.94
6	贵阳	119.73	24	大连	113.89
7	南宁	118.88	25	北京	113.08
8	合肥	118.60	26	天津	112.76
9	青岛	118.09	27	石家庄	112.73
10	广州	117.99	28	重庆	112.33
11	兰州	117.56	29	长春	112.19
12	深圳	117.36	30	杭州	112.13
13	太原	116.80	31	成都	111.12
14	武汉	116.64	32	银川	110.81
15	哈尔滨	116.61	33	海口	109.75
16	呼和浩特	116.40	34	南京	108.71
17	厦门	116.17	35	西安	104.44
18	郑州	116.10	平均值		115.48

根据 QLICC 体系，消费者信心指数由个人收入变化、对未来收入预期、对国家经济形势 1 年和 5 年判断、购买耐用消费品时

机选择等分指标构成。其中，城市居民消费者信心的强劲主要基于其对自己未来收入水平以及对未来 1 ~ 5 年我国经济发展保持良好态势的信心。

另外，依据指标的分类标准，在不同的性别、年龄、学历以及在职情况下，居民的消费者信心有所不同（见表 5）。不同性别中，女性的消费者信心略高于男性；不同年龄中，20~29 岁居民的消费者信心最高，50~59 岁居民的消费者信心最低，由此可以看出，面临的生活压力有所不同，消费者信心存在一定的差异；不同学历中，大专及以上居民的消费者信心高于大专以下学历的居民，由此可以看出，在经济增速下行的情况下，学历较高的居民生活处境相对较好；按是否在职来看，在职居民的消费者信心高于非在职居民，由此可以看出，处于工作状态的居民心态较为乐观。

表 5　不同性别、年龄、学历、在职情况的消费者信心指数

分类标准		消费者信心指数
性别	男	117.0
	女	118.9
年龄	20~29 岁	119.9
	30~39 岁	118.7
	40~49 岁	113.9
	50~59 岁	111.9
	≥ 60 岁	112.6
学历	大专以下	115.2
	大专及以上	119.4
是否在职	否	114.1
	是	118.9

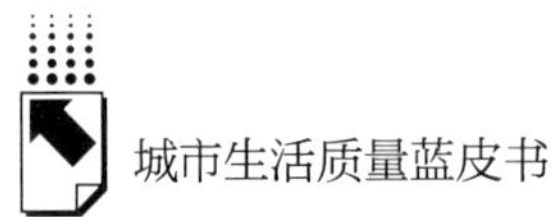

此次研究中心新增了购房意愿专项调查，调查问题为您认为现在是否为购买住宅的好时机？答案：①好时机；②不确定；③不是好时机。调查结果如表 6 所示。35 个城市的平均值为 46.88，即整体来看，受访者认为目前并不是购房的好时机。分地区来看，35 个城市中，只有 9 个城市的得分超过 50，即倾向于认为目前是购房的好时机。济南在这一调查中得分最高，说明济南的受访者选择“好时机”的比例高于其他选项；杭州、深圳排在最后两位，说明选择“不是好时机”的人较多，占比分别为 44.50% 和 42.60%。

表 6　2018 年中国 35 个城市居民购房时机选择调查结果

2018 年排名	城市	得分	2018 年排名	城市	得分
1	济南	57.53	19	兰州	46.38
2	沈阳	54.13	20	青岛	46.11
3	南昌	53.99	21	海口	46.02
4	天津	52.24	22	大连	45.14
5	成都	50.67	23	昆明	44.87
6	合肥	50.50	24	广州	44.78
7	贵阳	50.32	25	太原	44.60
8	哈尔滨	50.06	26	乌鲁木齐	44.54
9	长春	50.05	27	武汉	44.50
10	南宁	49.74	28	银川	44.20
11	西宁	49.70	29	石家庄	44.19
12	厦门	47.94	30	上海	43.66
13	呼和浩特	47.91	31	南京	43.22
14	郑州	47.66	32	福州	42.96
15	长沙	47.59	33	西安	41.15
16	北京	47.40	34	深圳	40.27
17	宁波	46.94	35	杭州	36.10
18	重庆	46.41	平均值		46.88

另外，不同的人群对购房时机的选择也有所差别，见表 7。从性别划分来看，男性和女性居民都认为当前并非买房的好时机，但女性的乐观程度略高于男性；从年龄划分来看，20~29 岁人群倾向于认为当前是买房的好时机，而随着年龄增大，更加倾向于认为当前不是购房的好时机；从不同的学历情况来看，大专以下和大专及以上人群都不认为当前是买房的好时机，但相比较而言，大专及以上人群较为乐观；从在职情况来看，无论是否在职，人们都不认为当前是买房的好时机，但在职人群较为乐观。

表 7　不同性别、年龄、学历、在职情况的居民对购房时机选择的调查结果

分类标准		买房时机（100：好时机）
性别	男	48.3
	女	49.8
年龄	20~29 岁	51.7
	30~39 岁	49.3
	40~49 岁	43.2
	50~59 岁	44.9
	≥ 60 岁	43.1
学历	大专以下	48.5
	大专及以上	49.3
是否在职	否	46.1
	是	49.8

之所以受访者总体认为当前不是购房的好时机，主要是因为近两年来中央政府对住房市场的调控力度不断加大，坚持“房子是用来住的，不是用来炒的”。2018 年初，部分城市房地产市场出现过热苗头、投机炒作有所抬头等情况，住房和城乡建设部印发《关于进一步做好

房地产市场调控工作有关问题的通知》，重申坚持房地产调控目标不动摇、力度不放松，并对进一步做好房地产调控工作提出具体要求。[①]在这样的调控背景下，由于之前房地产价格上涨幅度较大，市场普遍认为在高压调控态势下，房价将会有所回落，因此人们普遍认为当前并非购房的好时机。

（二）教育质量满意度指数

表 8 是 2018 年全国 35 个城市居民教育质量满意度调查结果。教育质量满意度指数主要通过居民对学校是否注重素质教育的认知来衡量，表中分数为 100 代表“非常注重”，75 代表“注重”，50 代表“一般”，25 代表“不注重”，0 代表“非常不注重”。由表 8 可知，2018 全国 35 个城市居民教育质量满意度指数加权平均值为 69.37，介于“一般”（50）和“注重”（75）之间。教育质量满意度指数的 3 个细分指标分别为：您认为学校是否注重学生的品德教育、是否注重学生身体和心理素质的全面发展、是否注重培养学生的兴趣特长。从全国 35 个城市这 3 个细分指标的平均值来看，城市居民认为学校在注重学生的品德教育方面做得最好，得分为 70.96；其次为是否注重学生身体和心理素质的全面发展，得分为 69.11；最后为是否注重培养学生的兴趣特长，得分为 69.26；3 个细分指标的平均值均处于“一般”（50）和“注重”（75）之间。

从地区分布来看，排在前 10 位的城市分别是：济南（74.58）、乌鲁木齐（74.14）、兰州（72.94）、天津（72.91）、南宁（72.65）、呼和浩特（71.94）、厦门（71.58）、贵阳（71.56）、太原（71.47）、昆明（71.24）。其中，东部地区城市 3 个，中部地区城市 1 个，西部地区城市 6 个。排在后 10 位的城市分别是：哈尔滨（67.91）、上海（67.59）、郑州（67.30）、北京（67.02）、西安（66.81）、青

① 《房地产调控基调不变》，《人民日报》（海外版）2018 年 5 月 22 日，第 3 版。

岛（66.76）、合肥（66.50）、海口（65.41）、广州（64.54）、杭州（64.22）。其中，东部地区城市 6 个，中部地区城市 3 个，西部地区城市 1 个。北京、上海、广州这三个教育最为发达的一线城市分别排名第 29 位、第 27 位和第 34 位。总体来看，西部地区城市居民对教育质量的满意程度要高于中东部地区城市居民。笔者认为，其原因在于东部地区教育资源竞争的激烈程度要显著高于西部地区，教育竞争的压力降低了东部地区居民对教育质量的满意程度。

表 8　2018 年中国 35 个城市居民教育质量满意度指数

2018 年排名	城市	得分	2018 年排名	城市	得分
1	济南	74.58	19	南昌	69.29
2	乌鲁木齐	74.14	20	福州	69.17
3	兰州	72.94	21	大连	69.08
4	天津	72.91	22	武汉	68.87
5	南宁	72.65	23	石家庄	68.62
6	呼和浩特	71.94	24	长春	68.38
7	厦门	71.58	25	宁波	68.38
8	贵阳	71.56	26	哈尔滨	67.91
9	太原	71.47	27	上海	67.59
10	昆明	71.24	28	郑州	67.30
11	深圳	70.90	29	北京	67.02
12	成都	70.00	30	西安	66.81
13	长沙	70.00	31	青岛	66.76
14	银川	69.93	32	合肥	66.50
15	西宁	69.91	33	海口	65.41
16	重庆	69.74	34	广州	64.54
17	沈阳	69.72	35	杭州	64.22
18	南京	69.48	平均值		69.37

除对35个城市居民对教育质量的满意度进行调查外，研究中心还对学业负担、无法进入重点或热门中小学的主要障碍、课外教育支出三项指标的居民感受进行调查统计。

表9显示了2018年中国35个城市居民对子女学业负担的满意度情况，得分越高代表学业负担越轻，100为非常轻，75为较轻，50为一般，25为较重，0为非常重。35个城市调查结果的平均值为29.94，处于一般和较重的区间，接近较重的状态。其中，青岛得分为35.82，位列第一名；西安得分为25.66，位列第35名，说明相比较而言，青岛居民对子女学业负担的满意度最高，西安居民对子女学业负担的满意度最低。总体来看，35个城市居民普遍认为子女的学业负担较重，对子女学业负担的满意度不高，学生减负任重而道远。

表9　2018年中国35个城市居民对子女学业负担满意度情况

2018年排名	城市	得分	2018年排名	城市	得分
1	青岛	35.82	15	银川	30.33
2	南京	34.10	16	海口	30.11
3	天津	33.38	17	长沙	30.08
4	乌鲁木齐	33.29	18	长春	29.92
5	深圳	32.00	19	石家庄	29.83
6	福州	31.82	20	广州	29.80
7	厦门	31.81	21	昆明	29.80
8	成都	31.45	22	济南	29.49
9	武汉	31.42	23	沈阳	28.71
10	哈尔滨	31.04	24	呼和浩特	28.40
11	南宁	30.68	25	宁波	28.24
12	郑州	30.56	26	大连	28.24
13	北京	30.46	27	西宁	28.15
14	贵阳	30.37	28	重庆	28.00

续表

2018年排名	城市	得分	2018年排名	城市	得分
29	杭州	27.81	33	南昌	26.87
30	兰州	27.74	34	上海	26.60
31	合肥	27.33	35	西安	25.66
32	太原	27.23	平均值		29.94

表10显示了2018年35个城市居民对学生（或子女）无法进入重点或热门学校主要障碍的认知情况。总体来讲，全国有33.5%的受访者认为学区不同是主要的入学障碍，此外，选择户口不在本地的占19.2%，认为择校费太高的占17.4%，选择学生成绩不够的占17.1%，认为是其他问题的占12.8%。由此来看，人们普遍认为学区房和户口属地问题是影响学生进入重点或热门学校的两大因素，成绩并非重要原因。可见，教育的均衡发展与公平性还有待改进。

表10　2018年35个城市居民对学生（或子女）无法进入重点或热门学校主要障碍的认知情况

单位：%

序号	城市	占比				
		户口不在本地	学区不同	择校费太高	学生成绩不够	其他问题
1	济南	19.8	50.1	6.7	15.9	7.6
2	上海	16.6	49.2	13.0	11.7	9.5
3	合肥	15.1	43.7	15.7	15.8	9.7
4	大连	18.2	42.2	6.2	18.5	14.9
5	南宁	16.1	41.9	13.8	18.4	9.8
6	石家庄	17.2	40.2	26.0	11.0	5.6
7	北京	29.8	38.8	10.1	8.2	13.1
8	沈阳	14.5	36.5	25.9	11.7	11.4

续表

序号	城市	占比				
		户口不在本地	学区不同	择校费太高	学生成绩不够	其他问题
9	郑州	17.6	36.3	20.2	12.8	13.1
10	海口	19.1	36.2	17.5	14.2	13.1
11	深圳	32.3	35.5	10.2	16.4	5.6
12	乌鲁木齐	21.5	35.4	11.9	13.4	17.8
13	南京	9.9	34.6	28.0	16.4	11.1
14	杭州	14.6	34.3	19.2	15.6	16.3
15	武汉	15.3	33.5	18.9	23.3	9.0
16	重庆	14.9	33.2	21.3	17.2	13.4
17	福州	23.3	33.2	9.1	22.4	12.0
18	太原	23.9	32.6	17.6	14.1	11.8
19	哈尔滨	21.6	31.9	20.5	10.6	15.5
20	兰州	16.0	31.1	14.3	23.4	15.2
21	青岛	16.9	31.0	12.4	21.2	18.5
22	宁波	20.2	30.0	12.3	23.6	13.8
23	长春	15.6	30.0	28.3	13.2	12.9
24	成都	21.5	29.1	23.8	16.8	8.8
25	长沙	20.0	29.0	14.7	14.8	21.5
26	广州	15.2	28.0	19.7	23.9	13.2
27	银川	18.8	28.0	15.1	22.3	15.8
28	贵阳	22.0	27.9	22.0	15.2	12.8
29	西宁	19.4	27.2	20.2	21.8	11.4
30	呼和浩特	19.0	26.9	18.2	21.4	14.5
31	南昌	21.7	26.4	11.3	24.2	16.3
32	厦门	28.1	25.7	10.0	18.8	17.5
33	西安	14.1	25.4	37.4	13.7	9.5
34	昆明	17.5	24.6	29.4	12.1	16.3
35	天津	19.8	22.8	15.2	28.6	13.6
平均值		19.2	33.5	17.4	17.1	12.8

表 11 显示了 2018 年全国 35 个城市居民对子女课外教育支出的满意度情况，得分越高代表居民认为子女课外教育支出越低，100 为最低，0 为最高。在该项调查中，35 个城市的平均值为 28.77，介于较高（25）和合适（50）之间，接近较高的状态。多项调查表明，子女课外教育支出已经成为家庭支出的重要负担。

表 11　2018 年全国 35 个城市居民对子女课外教育支出的满意度情况

2018 年排名	城市	得分	2018 年排名	城市	得分
1	青岛	35.57	19	石家庄	28.47
2	广州	34.65	20	呼和浩特	28.21
3	天津	33.27	21	长沙	27.27
4	厦门	32.28	22	合肥	27.14
5	福州	32.17	23	北京	26.90
6	海口	31.59	24	重庆	26.89
7	西宁	31.55	25	大连	26.79
8	银川	31.30	26	武汉	26.76
9	贵阳	30.80	27	深圳	26.71
10	昆明	30.79	28	太原	26.60
11	兰州	30.48	29	杭州	26.30
12	济南	30.25	30	上海	26.20
13	郑州	30.22	31	西安	25.75
14	乌鲁木齐	30.07	32	成都	25.42
15	南宁	29.78	33	沈阳	25.29
16	宁波	28.88	34	南昌	24.79
17	南京	28.73	35	哈尔滨	22.79
18	长春	28.67	平均值		28.77

表 12 显示了不同人群对子女教育质量满意度的差异状况。从性别角度来看，男性和女性对子女教育质量的满意度基本一致；从不同年

龄段的人群来看，30~39 岁人群对子女教育质量的满意度最高，20~29 岁和 40~49 岁人群对子女教育质量的满意度最低；从不同学历来看，大专以下的居民对子女教育质量的满意度显著高于大专及以上学历的居民，由此来看，学历较高的居民对子女教育质量的要求也相对较高；按是否在职来看，在职人群对子女教育质量的满意度高于非在职人群。

表 12　不同性别、年龄、学历、在职情况的居民对教育质量的满意度情况

分类标准	教育质量满意度	
性别	男	67.6
	女	67.5
年龄	20~29 岁	66.7
	30~39 岁	69.2
	40~49 岁	66.7
	50~59 岁	67.0
	≥ 60 岁	68.3
学历	大专以下	70.5
	大专及以上	66.0
是否在职	否	65.0
	是	68.2

（三）健康状况满意度指数

表 13 是 2018 年中国 35 个城市居民健康状况满意度调查结果。健康状况满意度调查主要体现为城市居民对自身健康情况的感知，100 代表非常好，0 代表差。根据调查统计，全国 35 个城市居民健康状况满意度指数加权平均值为 64.48，介于好（50）和很好（75）之间。根据美国 2018 年 6 月进行的一项相关调查，其结果是 61.60。中国 35 个受调查城市中，有 29 个城市的得分高于美国分值，有 6 个城

市的得分低于美国数值。因此，从居民自身认知的角度来讲，中国城市居民的健康状况总体要好于美国城市居民。

从地区分布来看，排在前 10 位的城市分别是：青岛（70.58）、昆明（69.34）、合肥（69.33）、贵阳（69.20）、深圳（69.11）、太原（68.09）、哈尔滨（67.88）、北京（67.70）、西安（67.58）、济南（67.45）；其中，东部地区城市 4 个，中部地区城市 3 个，西部地区城市 3 个。排在后 10 位的城市分别是：沈阳（62.58）、重庆（61.97）、武汉（61.95）、西宁（61.67）、兰州（61.56）、海口（60.83）、石家庄（60.10）、广州（59.32）、银川（56.64）、杭州（53.91）；其中，东部地区城市 5 个，中部地区城市 1 个，西部地区城市 4 个。

表 13　2018 年中国 35 个城市居民健康状况满意度指数

2018 年排名	城市	得分	2018 年排名	城市	得分
1	青岛	70.58	19	南宁	64.17
2	昆明	69.34	20	厦门	63.96
3	合肥	69.33	21	南京	63.23
4	贵阳	69.20	22	福州	63.20
5	深圳	69.11	23	乌鲁木齐	62.93
6	太原	68.09	24	南昌	62.76
7	哈尔滨	67.88	25	宁波	62.67
8	北京	67.70	26	沈阳	62.58
9	西安	67.58	27	重庆	61.97
10	济南	67.45	28	武汉	61.95
11	天津	66.94	29	西宁	61.67
12	大连	66.53	30	兰州	61.56
13	呼和浩特	65.92	31	海口	60.83
14	郑州	65.91	32	石家庄	60.10
15	成都	65.42	33	广州	59.32
16	长春	65.15	34	银川	56.64
17	上海	64.52	35	杭州	53.91
18	长沙	64.47	平均值		64.48

此外，我们还利用美国疾病控制与预防中心（CDC）开发使用的健康度量指标，即过去30天中身体或心理不够健康的天数，对35个城市居民的健康情况进一步开展调查，调查结果如表14所示。根据表14，2018年35个城市居民过去30天中身体或心理不够健康的天数平均值为5.5天，即35个城市居民在过去30天中平均有5.5天认为自己在身体或心理上处于不够健康的状态。美国相关的最新调查显示该数据为6.6天，不够健康的天数多于中国35个城市平均值。中国35个城市中有26个城市居民过去30天中身体或心理不够健康的天数少于美国，即说明这26个城市的居民健康状况优于美国；此外，有1个城市与美国相当，有8个城市低于美国。从地区分布来看，南京居民身体和心理不够健康的天数最少，为3.4天；长春最多，为9.7天。排在前10名的城市中，东部地区城市有7个，中部地区城市有2个，西部地区城市有1个；排在后10名的城市中，东部地区城市有3个，中部地区城市有4个，西部地区城市有3个。总体来讲，东部地区城市居民的健康状况相对较好。

表14　2018年中国35个城市居民过去30天中身体或心理不够健康的天数

2018年排名	城市	天数	2018年排名	城市	天数
1	南京	3.4	11	郑州	4.5
2	福州	3.7	12	南宁	4.5
3	深圳	4.0	13	合肥	4.6
4	厦门	4.0	14	济南	4.7
5	青岛	4.1	15	广州	4.8
6	上海	4.1	16	杭州	5.0
7	贵阳	4.1	17	昆明	5.1
8	太原	4.1	18	西宁	5.4
9	宁波	4.2	19	石家庄	5.5
10	南昌	4.3	20	北京	5.7

续表

2018 年排名	城市	天数	2018 年排名	城市	天数
21	大连	5.8	29	沈阳	6.8
22	兰州	6.0	30	海口	6.9
23	重庆	6.3	31	乌鲁木齐	7.2
24	成都	6.4	32	长沙	7.5
25	呼和浩特	6.5	33	银川	7.7
26	武汉	6.5	34	西安	8.1
27	哈尔滨	6.6	35	长春	9.7
28	天津	6.8	平均值		5.5

此外，表 15 呈现了不同性别、年龄、学历、在职情况的居民对健康状况满意度的调查结果。从性别划分来看，男性的健康状况要略好于女性；分年龄段看，总体来说，越年轻健康状况越好，40~49 岁年龄段的人群健康状况最差，可能与中年时期工作生活压力较大有关；从学历看，大专及以上群体对健康状况的满意度不及大专以下学历的群体，可能与大专及以上群体的工作性质有很大的关系；从工作状态看，在职群体的身体和心理健康状况要好于非在职群体，由此看来适度的工作有利于身心健康。

表 15　不同性别、年龄、学历、在职情况的居民对健康状况满意度的调查结果

分类标准		总体健康（满分 100）	身体不够健康天数（0~30）	心理不够健康天数（0~30）	总体不健康天数（0~30）
性别	男	68.9	2.0	2.7	4.5
	女	63.5	2.7	3.7	6.1
年龄	20~29 岁	67.7	2.5	3.7	6.0
	30~39 岁	67.2	2.1	2.8	4.7
	40~49 岁	60.9	2.6	3.3	5.4
	50~59 岁	65.1	2.3	2.2	4.2
	≥ 60 岁	63.2	2.2	1.6	3.6

续表

分类标准		总体健康（满分 100）	身体不够健康天数（0~30）	心理不够健康天数（0~30）	总体不健康天数（0~30）
学历	大专以下	68.9	2.1	2.4	4.3
	大专及以上	64.9	2.5	3.6	5.8
是否在职	否	64.4	2.7	3.5	5.8
	是	66.8	2.3	3.1	5.1

（四）医疗服务满意度指数

表 16 是 2018 年全国 35 个城市居民医疗服务满意度的调查结果。医疗服务满意度主要衡量城市居民对医疗机构服务质量和医疗费用个人负担部分的满意程度，100 代表非常满意，0 代表非常不满意。根据表 16，2018 年全国 35 个城市居民医疗服务满意度指数加权平均值为 65.31，介于一般（50）和满意（75）之间。从两个细分指标来看，35 个城市居民对医疗机构服务质量的满意度（67.66）略高于对医疗费用个人负担部分的满意度（62.88）。

从地区分布来看，排在前 10 位的城市分别是：北京（70.58）、南宁（69.85）、宁波（69.49）、济南（69.43）、厦门（68.90）、郑州（68.57）、成都（67.80）、青岛（67.52）、沈阳（66.65）、呼和浩特（66.55）；其中，东部地区城市 6 个，中部地区城市 1 个，西部地区城市 3 个。排在后 10 位的城市分别是：兰州（63.54）、深圳（63.32）、太原（63.24）、哈尔滨（62.83）、昆明（62.52）、上海（62.33）、西宁（61.22）、南京（60.20）、贵阳（59.43）、海口（57.36）；其中，东部地区城市 4 个，中部地区城市 2 个，西部地区城市 4 个。

此外，我们同样对不同类别群体对医疗服务满意度的情况进行调研，调查结果见表 17。从不同性别来看，男性对于医疗服务的满意度略高于女性；从年龄段划分来看，各年龄段的医疗服务满意度总体差距不大，40~49 岁群体对于医疗服务的满意度略低；从学历划分的角度看，大专及以上群体对医疗服务的满意度要略低于大专以下学历的群体；从工作状态看，在职群体对医疗服务的满意度略高于非在职群体。

表 16　2018 年全国 35 个城市居民医疗服务满意度指数

2018 年排名	城市	得分	2018 年排名	城市	得分
1	北京	70.58	19	银川	65.36
2	南宁	69.85	20	合肥	65.11
3	宁波	69.49	21	西安	64.86
4	济南	69.43	22	福州	64.80
5	厦门	68.90	23	广州	64.22
6	郑州	68.57	24	长沙	63.81
7	成都	67.80	25	南昌	63.58
8	青岛	67.52	26	兰州	63.54
9	沈阳	66.65	27	深圳	63.32
10	呼和浩特	66.55	28	太原	63.24
11	乌鲁木齐	66.46	29	哈尔滨	62.83
12	长春	66.35	30	昆明	62.52
13	大连	66.23	31	上海	62.33
14	武汉	66.22	32	西宁	61.22
15	杭州	66.09	33	南京	60.20
16	天津	66.00	34	贵阳	59.43
17	重庆	65.86	35	海口	57.36
18	石家庄	65.78	平均值		65.31

表 17 不同性别、年龄、学历、在职情况的居民对医疗服务的满意度情况

分类标准	医疗服务满意度	
性别	男	67.1
	女	65.6
年龄	20~29 岁	66.0
	30~39 岁	67.5
	40~49 岁	63.3
	50~59 岁	67.8
	≥ 60 岁	68.0
学历	大专以下	68.1
	大专及以上	65.6
是否在职	否	65.5
	是	66.6

三　2018 年中国 35 个城市生活质量客观指数

与 2017 年方法相同，为保证数据的可靠性和权威性，2018 年的城市生活质量客观指数是通过对选取自中国 35 个城市官方部门发布的 20 个二级指标的客观数据，进行统计和计算得到的。在统计和计算客观指数时，所有涉及人口的数据，均采用各城市的常住人口而非户籍人口数据，也不是市辖区人口数据。这样可以更准确地反映一个城市的生活质量。2018 年中国 35 个城市生活质量客观总指数得分及排序情况如表 18 所示。

从表 18 的统计结果可以看出，2018 年中国 35 个城市生活质量客观总指数的加权平均值为 54.85，相对于 2017 年的加权平均值（54.98）略微下降。从动态角度分析，客观生活质量在经历了 2015 年

表18　2018年中国35个城市生活质量客观总指数

城市	2018年			2017年		2016年		2015年		2014年	
	得分	排序	上升位次	得分	排序	得分	排序	得分	排序	得分	排序
北京	67.05	1	0	67.17	1	64.42	1	67.41	1	68.78	1
杭州	61.79	2	2	60.53	4	59.60	5	61.70	4	59.49	13
南京	60.28	3	0	62.25	3	62.79	3	63.37	2	65.52	3
深圳	59.50	4	−2	62.45	2	64.00	2	59.87	7	63.25	4
昆明	58.99	5	3	58.39	8	58.23	7	59.69	8	60.61	10
广州	58.54	6	−1	60.15	5	60.76	4	61.08	5	66.39	2
西安	58.34	7	2	58.09	9	57.93	9	62.39	3	61.61	5
武汉	58.25	8	−1	58.81	7	57.95	8	58.87	9	60.33	12
上海	57.79	9	−3	59.77	6	58.93	6	59.95	6	61.30	7
贵阳	57.54	10	0	57.97	10	57.20	10	56.92	14	56.46	18
沈阳	57.32	11	0	57.21	11	57.04	12	57.22	12	60.41	11
呼和浩特	56.76	12	0	56.93	12	57.17	11	58.16	11	60.99	9
银川	54.42	13	0	55.52	13	55.72	13	57.19	13	56.77	17
乌鲁木齐	54.33	14	3	53.81	17	53.74	18	53.53	21	54.42	26
长春	54.17	15	1	54.36	16	54.49	15	55.22	16	57.63	15
宁波	53.59	16	−2	55.47	14	54.88	14	55.70	15	61.11	8
长沙	53.59	17	3	53.46	20	53.56	19	58.48	10	59.15	14
大连	53.29	18	0	53.73	18	52.69	22	54.38	18	56.15	19

续表

城市	2018年			2017年		2016年		2015年		2014年	
	得分	排序	上升位次	得分	排序	得分	排序	得分	排序	得分	排序
厦门	53.17	19	–4	54.84	15	53.91	17	54.32	19	61.58	6
石家庄	53.08	20	–1	53.51	19	54.03	16	54.00	20	54.44	25
青岛	53.00	21	0	53.40	21	53.16	21	55.03	17	55.87	21
海口	52.23	22	6	52.14	28	51.64	29	51.28	29	53.72	29
成都	52.14	23	1	52.39	24	52.48	24	53.35	22	54.89	23
济南	51.80	24	2	52.26	26	52.50	23	52.72	24	56.10	20
天津	51.61	25	0	52.33	25	52.35	25	51.25	30	55.48	22
太原	51.53	26	–4	53.39	22	53.53	20	52.15	26	51.62	31
兰州	51.03	27	2	51.82	29	50.73	30	51.22	31	54.79	24
哈尔滨	50.74	28	–1	52.17	27	52.03	27	51.45	28	53.80	28
南昌	50.57	29	1	51.08	30	51.99	28	52.88	23	51.29	32
合肥	50.49	30	–7	52.64	23	52.23	26	52.69	25	56.83	16
南宁	50.34	31	0	50.55	31	50.25	31	49.79	32	52.93	30
西宁	49.19	32	1	49.47	33	48.19	34	49.08	33	50.15	34
重庆	48.92	33	1	48.78	34	49.17	33	47.93	35	51.04	33
福州	48.26	34	–2	50.43	32	50.12	32	51.55	27	53.96	27
郑州	46.55	35	0	47.18	35	46.93	35	48.68	34	48.39	35
平均值	54.85			54.98		54.75		55.84		57.87	

和 2016 年的连续两年下跌后，于 2017 年企稳，2018 年继续保持平稳。图 1 为 2012~2018 年 35 个城市生活质量的客观指数直方图。

从得分排序的角度观察，2018 年中国 35 个城市生活质量客观总指数排在前 10 名的城市分别为：北京（67.05）、杭州（61.79）、南京（60.28）、深圳（59.50）、昆明（58.99）、广州（58.54）、西安（58.34）、武汉（58.25）、上海（57.79）、贵阳（57.54）。其中，北京居于榜首，比第二名杭州的得分高 5 分，这一分差相对于 2017 年居于首位的北京与第二名深圳的分差而言，有加大的趋势。贵阳连续三年位于第 10 名。

2018 年中国 35 个城市生活质量客观总指数排在后 10 名的城市分别为：太原（51.53）、兰州（51.03）、哈尔滨（50.74）、南昌（50.57）、合肥（50.49）、南宁（50.34）、西宁（49.19）、重庆（48.92）、福州（48.26）、郑州（46.55）。在排名后 10 位的城市中，哈尔滨、南宁、福州、西宁、郑州、重庆 6 个城市已经连续六年位列其中。上年排在后 10 名中的海口从第 28 名上升到第 22 名。

通过与 2017 年的排位和分值比较可以看出，在全国 35 个城市生活质量客观总指数的排名中，北京连续 6 年位列榜首；多数城市的排名变动不大，排在前 10 名的城市中有 3 座城市排名上升，有 4 座城市排名下降；排在后 10 名的城市中有 4 座城市排名上升，有 4 座城市排名下降。与 2017 年相比，排名上升最快的城市是海口，从 2017 年的第 28 名上升到第 22 名；下降最快的城市是合肥，从 2017 年的第 23 名下降到第 30 名。另外，从分值来看，2018 年得分低于 50 的城市除西宁、重庆、郑州外，又增加了福州。北京与郑州的客观总指数差距比上年扩大了 0.51 分。

从区域比较上看，排名前十位的城市中，东、中、西部的比例为 6∶1∶3。其中，东部地区城市 6 个，分别是北京（67.05）、杭州

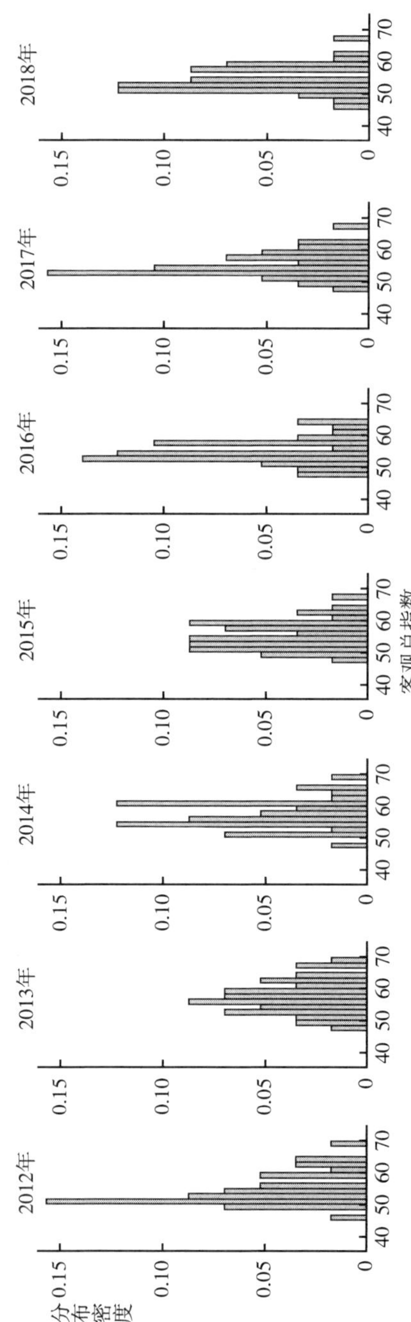

图 1　2012~2018 年 35 个城市生活质量客观指数直方图

（61.79）、南京（60.28）、深圳（59.50）、广州（58.54）、上海（57.79）；中部地区城市 1 个，即武汉（58.25）；西部地区城市 3 个，分别是昆明（58.99）、西安（58.34）、贵阳（57.54）。排名后十位的城市中，东、中、西部的比例为 1∶5∶4。其中，东部地区城市 1 个，即福州（48.26）；中部地区城市 5 个，分别是太原（51.53）、哈尔滨（50.74）、南昌（50.57）、合肥（50.49）、郑州（46.55）；西部地区城市 4 个，分别是兰州（51.03）、南宁（50.34）、西宁（49.19）、重庆（48.92）。东部地区城市生活质量客观总指数平均值为 55.77，中部地区城市生活质量客观总指数平均值为 51.99，西部地区城市生活质量客观总指数平均值为 53.83，东部地区生活质量明显高于中西部地区。

35 个城市生活质量客观总指数的情况，可以进一步从构成客观总指数的 5 个分指数得以说明，其平均值分别为：城市生活水平客观分指数 54.30、城市生活成本客观分指数 52.53、城市人力资本客观分指数 57.03、城市社会保障客观分指数 52.62、城市生活感受客观分指数 57.77。

从图 2 可以看出 2012~2018 年全国 35 个城市生活质量客观指数的得分变化趋势。2012~2018 年，全国 35 个城市生活质量客观指数呈上升趋势的城市数量少于呈下降趋势的城市数量。总体上看，在经历了 2015 年和 2016 年连续两年的下跌之后，2017 年大部分城市生活质量客观指数企稳，2018 年继续保持平稳状态。

四　2018 年中国 35 个城市生活质量客观细分指数

（一）生活水平客观指数

生活水平客观指数由消费率及其增长、人均财富及其增长、人均可支配收入及其增长等 6 个 2 级指标构成。表 19 为 2018 年中国 35 个城市生活水平客观指数得分、排序以及上升位次情况。

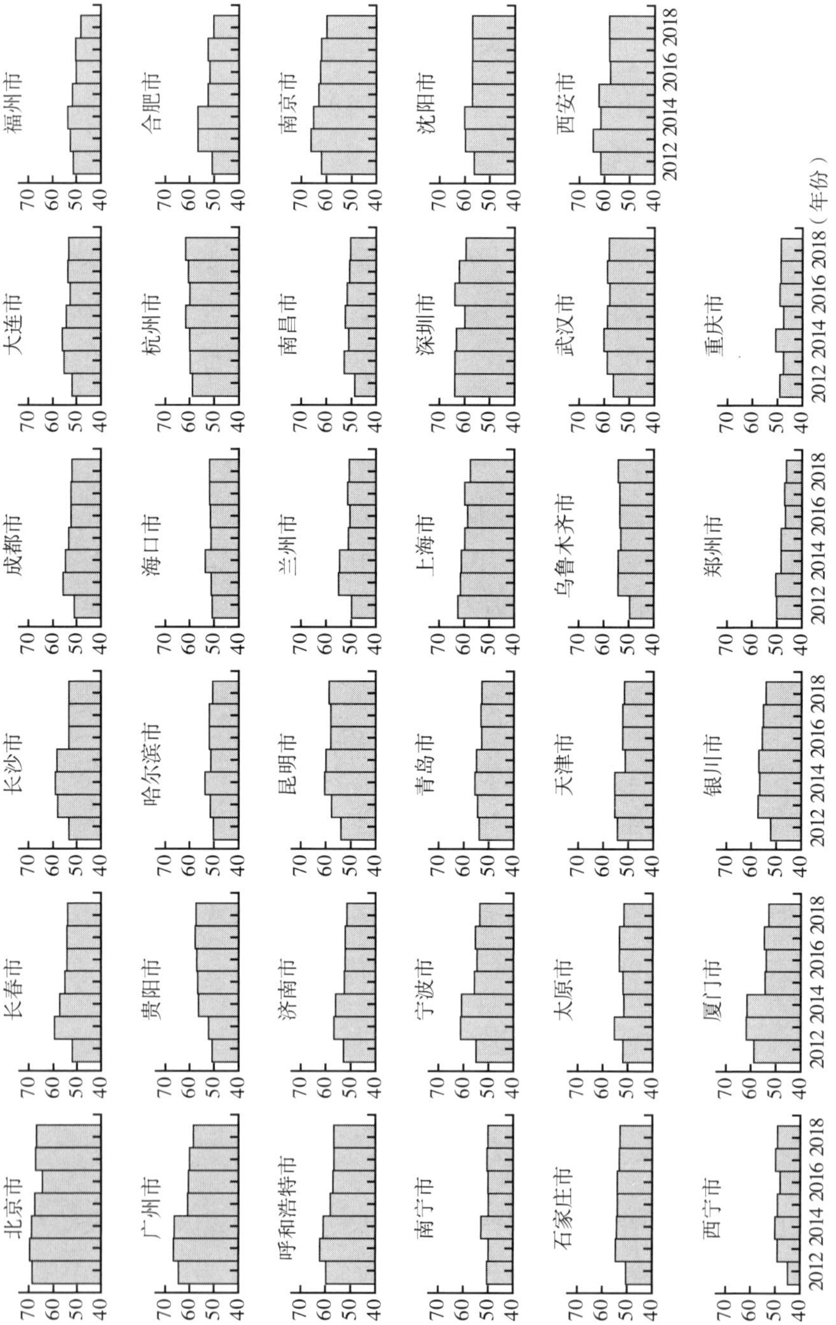

图 2　2012~2018 年 35 个城市生活质量客观指数（纵轴为得分）

表 19　2018 年中国 35 个城市生活水平客观指数

城市	得分	排序	上升位次	城市	得分	排序	上升位次
北京	80.00	1	1	合肥	50.01	19	–10
杭州	76.01	2	2	青岛	49.96	20	–3
上海	67.98	3	–2	石家庄	48.54	21	0
深圳	60.07	4	–1	沈阳	48.39	22	3
宁波	58.05	5	2	哈尔滨	47.81	23	4
海口	56.29	6	14	兰州	47.47	24	–1
西安	56.11	7	17	郑州	46.06	25	–11
长沙	55.33	8	7	西宁	45.21	26	0
天津	55.02	9	1	大连	44.65	27	1
广州	54.50	10	–2	长春	44.28	28	3
济南	53.04	11	1	昆明	44.12	29	4
武汉	52.96	12	–1	南宁	43.88	30	2
贵阳	52.50	13	3	太原	41.63	31	4
厦门	52.34	14	–8	南昌	40.62	32	–10
南京	51.72	15	–10	呼和浩特	40.26	33	–3
重庆	51.12	16	13	银川	40.18	34	0
成都	50.67	17	1	福州	40.00	35	–22
乌鲁木齐	50.66	18	1	平均值	54.30		

由表 19 可以看出，2018 年，全国 35 个城市生活水平客观指数加权平均值为 54.30，相较于 2017 年的加权平均值（52.86）有所上升，与 2016 年的加权平均值（50.07）相比有大幅度上升。而从 2014 年到 2016 年，全国 35 个城市生活水平客观指数加权平均值分别为 68.06、59.83、50.07，呈连续下降的趋势，自 2016 年以来，我国经济触底企稳，近两年全国 35 个城市生活水平客观指数加权平均值呈现升高趋势。2018 年，35 个城市生活水平客观指数得分最高的城市为北京（80.00），生活水平客观指数得分最低的城市为福州（40.00）。在 35 个城市中，得分在 60 以上的有 4 个，得分在 50 以上的有 19 个，得分低于 50 的有 16 个。图 3 的直方图清晰地显示出从 2012 年到 2018

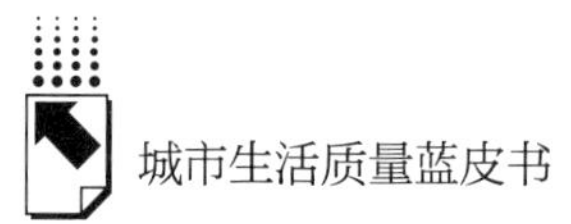

年全国 35 个城市生活水平客观指数呈现波动的态势。

从区域比较上看，排名前十位的城市中，东、中、西部的比例为 8：1：1。其中，东部地区城市 8 个，分别是北京（80.00）、杭州（76.01）、上海（67.98）、深圳（60.07）、宁波（58.05）、海口（56.29）、天津（55.02）、广州（54.50）；中部地区城市 1 个，即长沙（55.33）；西部地区城市 1 个，即西安（56.11）。排名后十位的城市中，东、中、西部的比例为 2：3：5。其中，东部地区城市 2 个，分别是大连（44.65）和福州（40.00）；中部地区城市 3 个，分别是长春（44.28）、太原（41.63）、南昌（40.62）；西部地区城市 5 个，分别是西宁（45.21）、昆明（44.12）、南宁（43.88）、呼和浩特（40.26）、银川（40.18）。东部地区城市生活水平客观指数平均值为 56.04，中部地区城市生活水平客观指数平均值为 47.34，西部地区城市生活水平客观指数平均值为 47.47，可以看出东部与中西部地区在生活水平方面差异较大。

从分值看，城市间、地域间生活水平客观上存在较大差异。北、上、广、深四大城市自开展调查以来，已经连续 8 年位列前十名。南宁、西宁两个城市已经连续 7 年、太原连续 5 年位列后十名城市。重庆 2018 年排名有大幅提升，从 2017 年的第 29 名上升为第 16 名。

此外，2016 年与 2017 年分别有 22 个和 17 个城市的生活水平客观分指数得分低于 50。2018 年有 16 个城市的生活水平客观分指数得分低于 50，减少了 1 个。总体来看，2014~2016 年，生活水平客观分指数得分持续下降，自 2017 年起逐渐上升，2018 年得分为 54.30。虽然 2018 年的生活水平客观指数得分继续有所回升，但仍低于 2015 年以前的值。2018 年，排名位次上升较明显的城市包括：西安（17）、海口（14）、重庆（13）、长沙（7）；排名位次下降较明显的城市包括：福州（-22）、郑州（-11）、南京（-10）、合肥（-10）、南昌（-10）、厦门（-8）。从图 4 可以清晰地看出 2012 年到 2018 年全国 35 个城市生活水平客观指数的变动情况。

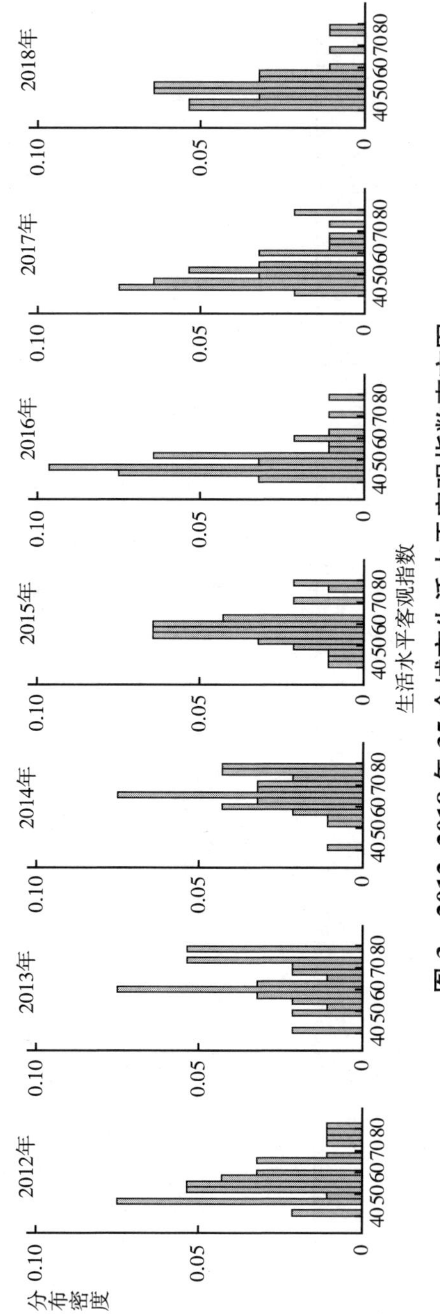

图 3　2012~2018 年 35 个城市生活水平客观指数直方图

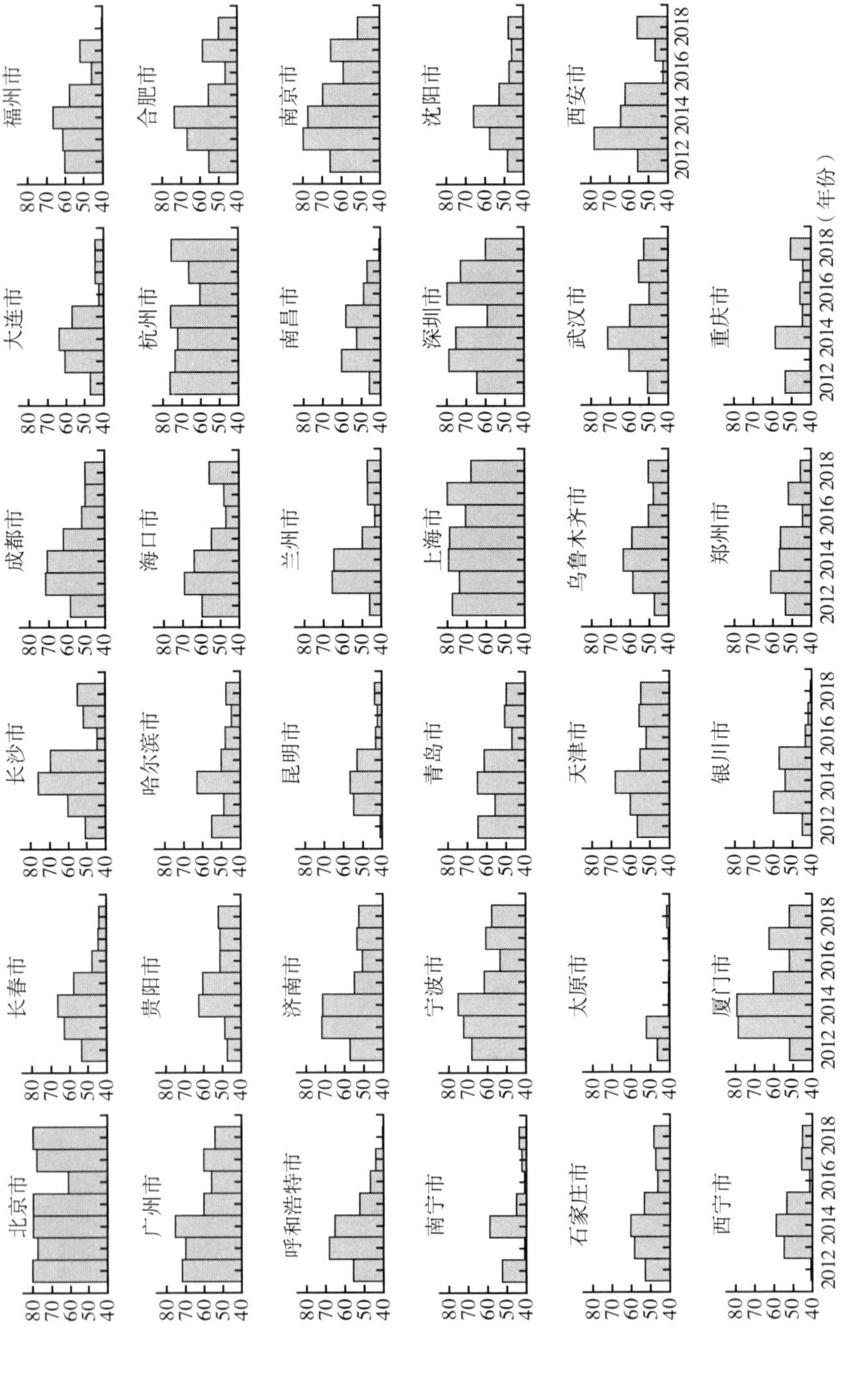

图4 2012~2018年35个城市生活水平客观指数（纵轴为得分）

（二）生活成本客观指数

描述城市生活成本客观指数的二级指标包括每个城市的房屋销售价格指数、通货膨胀率、房价收入比。表 20 详细列出了 2018 年中国 35 个城市生活成本客观指数得分及其排序情况。

表 20　2018 年中国 35 个城市生活成本客观指数

城市	得分	排序	上升位次	城市	得分	排序	上升位次
昆明	80.00	1	0	武汉	53.69	19	2
呼和浩特	77.15	2	0	济南	53.57	20	0
西宁	66.94	3	0	南宁	53.32	21	−2
银川	66.42	4	0	哈尔滨	52.63	22	−9
乌鲁木齐	65.45	5	2	福州	52.20	23	3
长沙	63.81	6	−1	南京	50.08	24	8
南昌	62.89	7	8	合肥	48.01	25	3
沈阳	59.93	8	0	广州	47.55	26	3
兰州	58.75	9	0	宁波	47.37	27	−2
大连	58.18	10	2	太原	47.15	28	−6
长春	57.81	11	6	厦门	46.51	29	1
西安	57.70	12	−6	上海	45.07	30	4
青岛	57.63	13	3	天津	44.36	31	−4
成都	56.63	14	0	海口	42.78	32	−8
重庆	55.00	15	−5	北京	41.89	33	0
贵阳	54.95	16	−5	杭州	40.98	34	−3
郑州	54.82	17	6	深圳	40.00	35	0
石家庄	54.39	18	0	平均值	52.53		

由表 20 可以看出，2018 年，全国 35 个城市生活成本客观指数加权平均值为 52.53，相较于 2017 年的加权平均值（57.17）和 2016

年的加权平均值（58.74）有所下降，这也是自2012年以来，城市生活成本客观指数的最低值（2012年加权平均值为56.10，2013年加权平均值为58.67，2014年加权平均值为53.84，2015年加权平均值为54.58）。在此次调查的35个城市中，城市生活成本客观指数得分超过50的有24个，低于50的有11个，相比2017年得分超过50的城市（25个）少了1个。从图5的直方图中可以清晰地看出2018年我国35个城市的生活成本客观指数略有下降的趋势，但整体来看呈稳定的状态。

从区域比较上看，排名前十位的城市中，东、中、西部的比例为1∶1∶3。其中，东部地区城市2个，分别是沈阳（59.93）和大连（58.18）；中部地区城市2个，分别是长沙（63.81）和南昌（62.89）；西部地区城市6个，分别是昆明（80.00）、呼和浩特（77.15）、西宁（66.94）、银川（66.42）、乌鲁木齐（65.45）、兰州（58.75）；排名后十位的城市中，没有西部地区城市；东部地区城市9个，分别是广州（47.55）、宁波（47.37）、厦门（46.51）、上海（45.07）、天津（44.36）、海口（42.78）、北京（41.89）、杭州（40.98）、深圳（40.00）；中部地区城市1个，即太原（47.15）。东、中、西部生活成本客观指数平均值分别为48.91、55.10、62.94，西部地区的生活成本客观指数远远高于东部地区，可见城市间生活成本存在巨大差距。生活成本最低的城市是昆明；在排名前十位的城市中，昆明、呼和浩特、西宁、银川、长沙5个城市已连续五年名列其中；生活成本最高的城市是深圳，连续四年位列最后一名；在排名后十位即生活成本最高的10个城市中，深圳、上海、北京、杭州已经连续六年名列其中。

从动态变化来看，生活成本指数在2018年继续下降，即生活成本有所上升。这与生活成本的主观满意度略有下降是一致的。图6的柱状图清晰地展示了2012~2018年全国35个城市生活成本客观指数的变动情况。

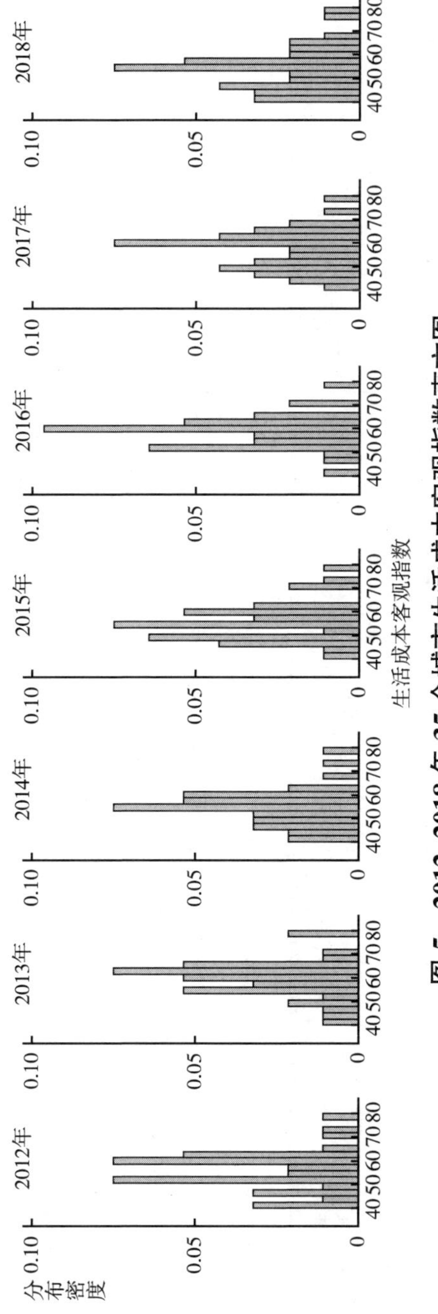

图 5　2012~2018 年 35 个城市生活成本客观指数直方图

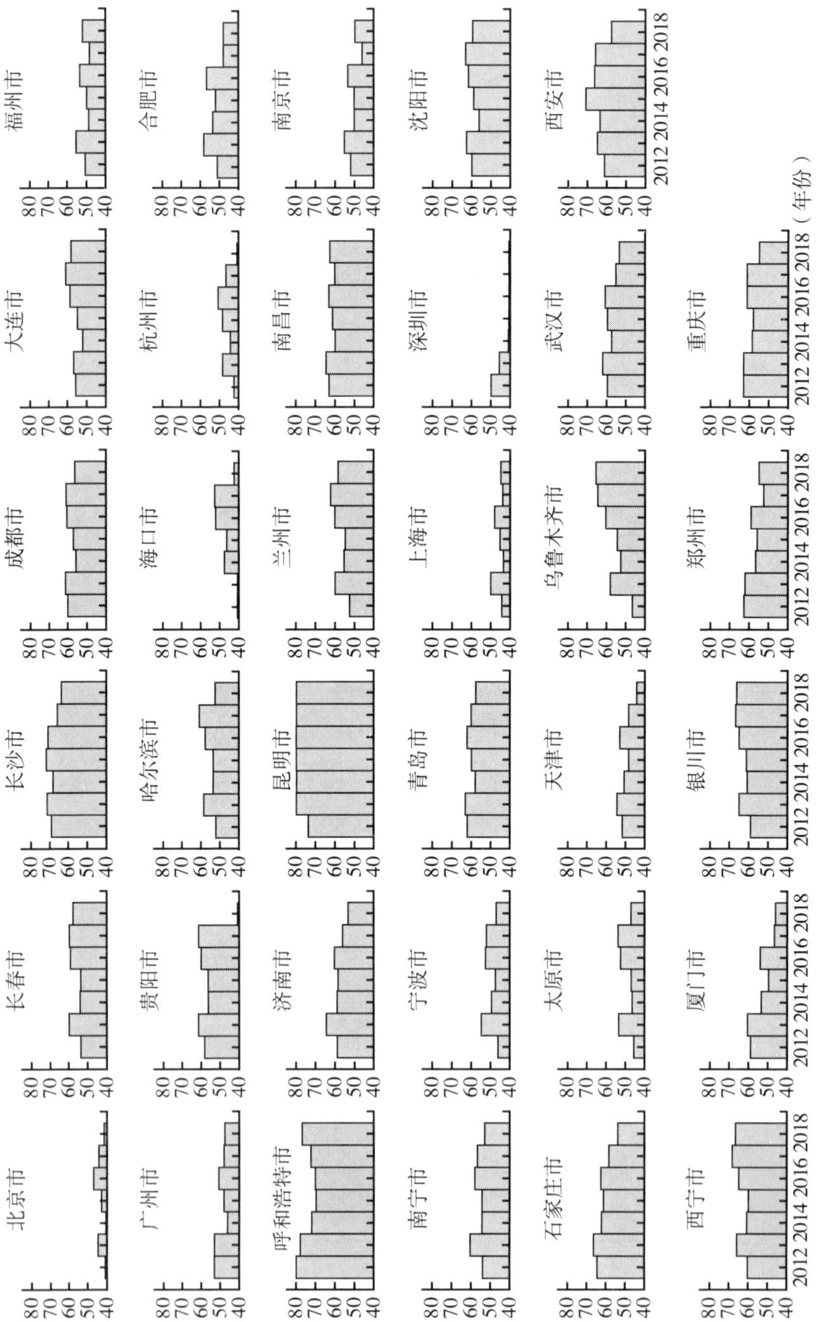

北京市 长春市 长沙市 成都市 大连市 福州市
广州市 贵阳市 哈尔滨市 海口市 杭州市 合肥市
呼和浩特市 济南市 昆明市 兰州市 南昌市 南京市
南宁市 宁波市 青岛市 上海市 深圳市 沈阳市
石家庄市 太原市 天津市 乌鲁木齐市 武汉市 西安市
西宁市 厦门市 银川市 郑州市 重庆市

80 70 60 50 40

2012 2014 2016 2018（年份）

图 6　2012~2018 年 35 个城市生活成本客观指数（纵轴为得分）

（三）人力资本客观指数

描述人力资本客观指数的二级指标包括教育提供指数和教育文化娱乐消费支出比。这是一个相对稳定的指标，但城市间存在巨大差异。表 21 详细列出了 2018 年中国 35 个城市人力资本客观指数得分及其排序情况。

表 21　2018 年中国 35 个城市人力资本客观指数

城市	得分	排序	上升位次	城市	得分	排序	上升位次
贵阳	80.00	1	1	合肥	53.41	19	0
南京	79.37	2	–1	福州	53.32	20	1
武汉	75.22	3	0	长沙	53.22	21	–1
昆明	67.17	4	3	深圳	52.73	22	0
西安	66.81	5	–1	天津	52.47	23	0
北京	66.58	6	–1	南昌	51.55	24	1
广州	64.51	7	–1	哈尔滨	51.32	25	–1
石家庄	63.64	8	1	宁波	50.64	26	0
太原	62.91	9	–1	成都	49.55	27	0
杭州	62.67	10	1	青岛	49.24	28	1
上海	61.91	11	–1	乌鲁木齐	48.97	29	–1
长春	60.86	12	0	兰州	48.46	30	0
银川	58.68	13	0	郑州	48.07	31	0
大连	58.11	14	1	海口	47.46	32	0
呼和浩特	57.44	15	–1	重庆	43.12	33	0
济南	55.13	16	1	厦门	41.17	34	0
南宁	54.95	17	–1	西宁	40.00	35	0
沈阳	54.54	18	0	平均值	57.03		

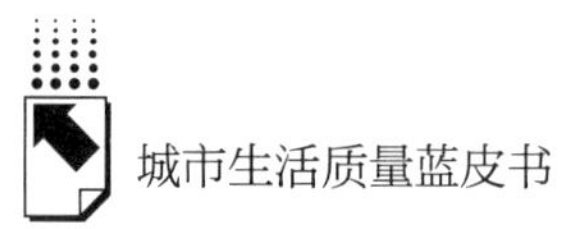

由表 21 可以看出，2018 年，全国 35 个城市人力资本客观指数加权平均值为 57.03，相较于 2017 年（56.92）、2016 年（56.98）略有上升；此外，2015 年、2014 年、2013 年、2012 年的加权平均值分别为 57.34、57.33、57.78、57.66。从动态变化来看，人力资本客观指数极其稳定，但 2018 年已打破小幅下降趋势，呈现上升趋势。

从区域比较上看，排名前十位的城市中，东、中、西部的比例为 5∶2∶3。其中，东部地区城市 5 个，分别是南京（79.37）、北京（66.58）、广州（64.51）、石家庄（63.64）、杭州（62.67）；中部地区城市 2 个，分别是武汉（75.22）、太原（62.91）；西部地区城市 3 个，分别是贵阳（80.00）、昆明（67.17）、西安（66.81）。排名后十位的城市中，东、中、西部的比例为 4∶1∶5。其中，东部地区城市 4 个，分别是宁波（50.64）、青岛（49.24）、海口（47.46）、厦门（41.17）；中部地区城市 1 个，即郑州（48.07）；西部地区城市 5 个，分别是成都（49.55）、乌鲁木齐（48.97）、兰州（48.46）、重庆（43.12）、西宁（40.00）。排名前九位的城市与 2017 年相同，但位次稍有调整。

城市人力资本客观指数得分高于 76，属于很满意区间；高于 50，属于满意区间；低于 50，属于不满意区间。从 2018 年全国 35 个城市人力资本客观指数的计算结果中可以发现，得分超过 76 的城市有两个，分别是贵阳和南京，超过 50 的城市有 26 个，低于 50 的城市有 9 个。

从排名变动来看，变化最明显的是昆明，排名上升 3 名，其他城市排名变化均不明显。2018 年排名最后一位的为西宁（40.00），排名第一位的为贵阳（80.00），打破了南京连续 4 年保持第一名的纪录。通过图 7 的直方图和图 8 的柱状图也可以看出，城市人力资本客观指数的波动幅度并不大，排名变动幅度也十分微弱。

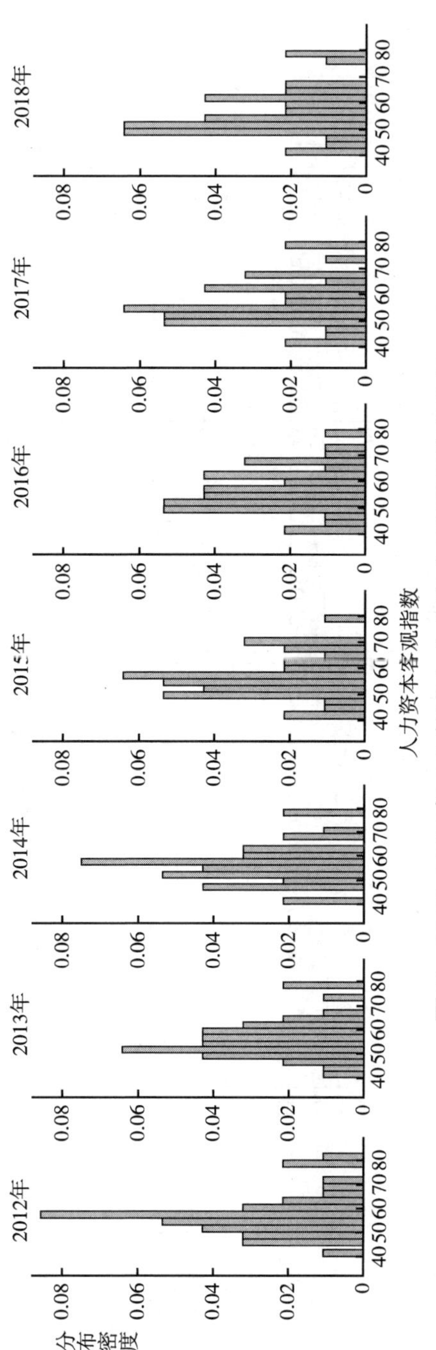

图 7　2012~2018 年 35 个城市人力资本客观指数直方图

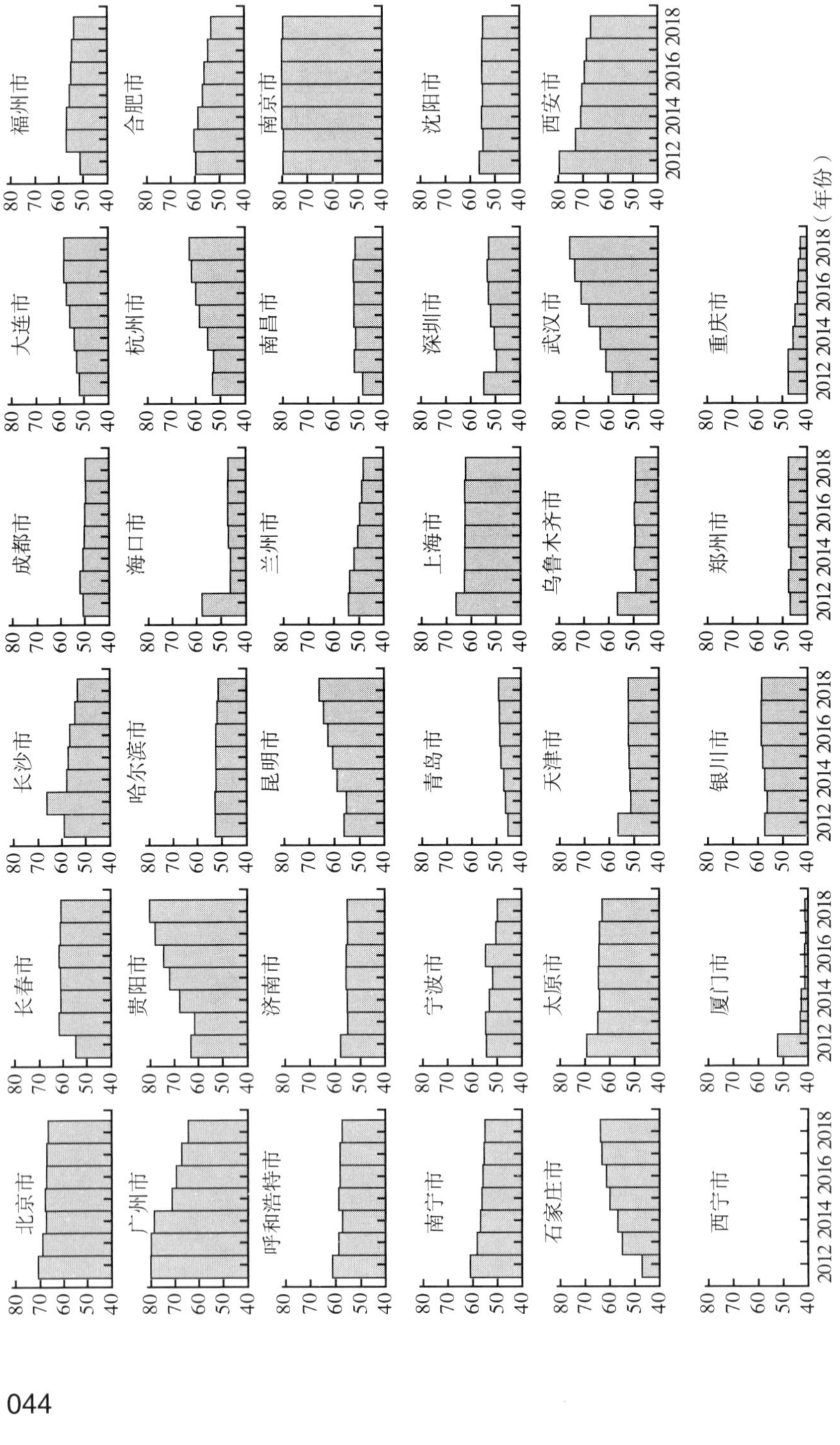

图 8　2012~2018 年 35 个城市人力资本客观指数（纵轴为得分）

（四）社会保障客观指数

描述社会保障客观指数的二级指标包括社保覆盖率、基本医疗保险覆盖率、失业保险覆盖率。表 22 详细列出了 2018 年中国 35 个城市社会保障客观指数得分及其排序情况。

表 22　2017 年中国 35 个城市社会保障客观指数

城市	得分	排序	上升位次	城市	得分	排序	上升位次
深圳	80.00	1	0	太原	47.95	19	-3
杭州	68.78	2	0	武汉	47.76	20	-3
厦门	68.22	3	0	南宁	46.64	21	0
北京	66.77	4	0	贵阳	45.83	22	1
上海	60.20	5	0	长沙	45.71	23	1
沈阳	59.23	6	2	合肥	45.49	24	2
广州	58.36	7	-1	呼和浩特	45.37	25	-3
宁波	56.60	8	-1	重庆	45.25	26	1
天津	56.01	9	0	福州	44.69	27	-2
大连	53.70	10	1	海口	43.90	28	2
南京	53.54	11	-1	郑州	43.79	29	2
成都	52.26	12	1	昆明	43.76	30	-2
银川	50.38	13	-1	兰州	43.47	31	-2
西安	50.31	14	1	石家庄	41.77	32	0
乌鲁木齐	49.68	15	-1	南昌	41.55	33	1
济南	49.10	16	2	哈尔滨	41.12	34	-1
长春	48.70	17	2	西宁	40.00	35	0
青岛	48.18	18	2	平均值	52.62		

由表22可以看出，2018年，全国35个城市社会保障客观指数加权平均值为52.62，相较于2017年的加权平均值（50.49）和2016年的加权平均值（50.43）有明显回升。从动态变化看，2015年以来，社会保障客观指数持续下降，虽然2018年的加权平均值没有达到2013年（55.26）和2014年（54.66）的水平，但已有较为显著的回升。在35个参与调查的城市中，社会保障客观指数得分超过50的有14个，低于50的有21个，与2015~2017年保持相同水平。图9说明了社会保障客观指数的变化趋势。

从区域比较上看，排名前十位的城市全部是东部地区城市，且前五名和2017年相比没有变动，包括深圳（80.00）、杭州（68.78）、厦门（68.22）、北京（66.77）、上海（60.20）、沈阳（59.23）、广州（58.36）、宁波（56.60）、天津（56.01）、大连（53.70）。排名后十位的城市中，东、中、西部的比例为3∶3∶4。其中，东部地区城市3个，分别是福州（44.69）、海口（43.90）、石家庄（41.77）；中部地区城市3个，分别是郑州（43.79）、南昌（41.55）、哈尔滨（41.12）；西部地区城市4个，分别是重庆（45.25）、昆明（43.76）、兰州（43.47）、西宁（40.00）。自2015年以来，连续4年得分不断上升的城市有杭州、上海、沈阳、天津、成都、济南、长春、昆明等城市。

从排名变动来看，排名上升较明显的城市是：沈阳（2）、济南（2）、长春（2）、青岛（2）、合肥（2）、海口（2）、郑州（2）；排名下降较明显的城市是太原（–3）、武汉（–3）、呼和浩特（–3）。总体来讲，排名没有太大的变化，图10显示了该趋势。

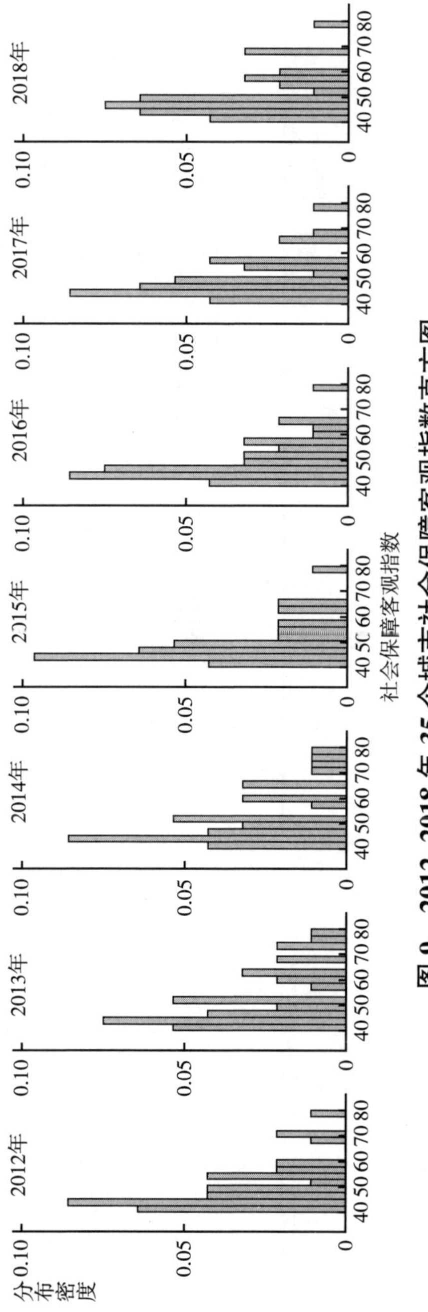

图 9　2012~2018 年 35 个城市社会保障客观指数直方图

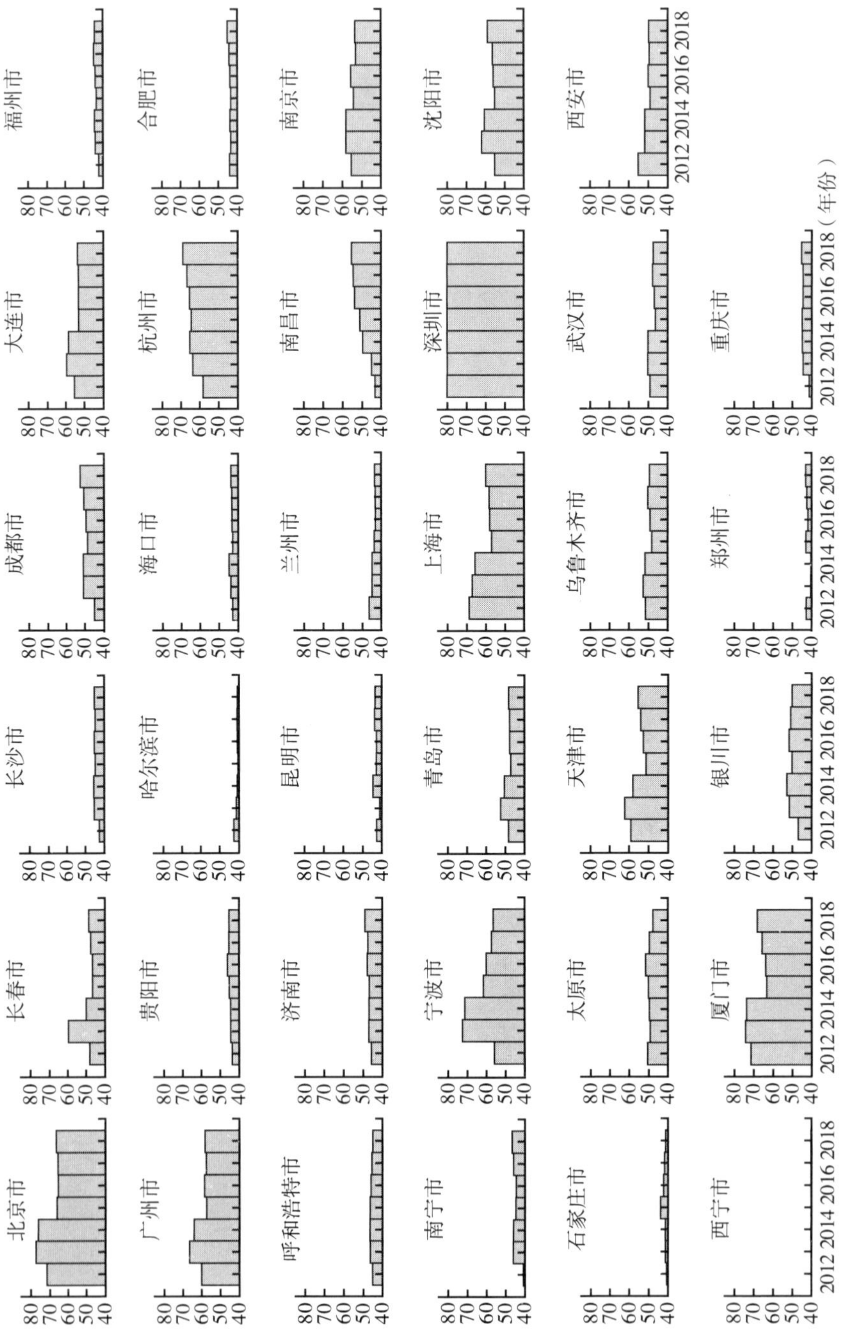

图 10　2012~2018 年 35 个城市社会保障客观指数（纵轴为得分）

（五）生活感受客观指数

描述生活感受客观指数的二级指标包括生活便利指数、生态环境指数、收入差距感受指数。表 23 详细列出了 2018 年中国 35 个城市生活感受客观指数得分及其排序情况。

表 23　2018 年中国 35 个城市生活感受客观指数

城市	得分	排序	上升位次	城市	得分	排序	上升位次
北京	80.00	1	0	乌鲁木齐	56.92	19	1
海口	70.71	2	0	银川	56.41	20	−4
广州	67.78	3	0	南昌	56.26	21	1
南京	66.70	4	1	合肥	55.51	22	−3
深圳	64.72	5	−1	宁波	55.28	23	0
沈阳	64.50	6	0	贵阳	54.45	24	1
呼和浩特	63.59	7	0	西宁	53.82	25	1
武汉	61.64	8	1	上海	53.80	26	−2
哈尔滨	60.82	9	−1	南宁	52.90	27	1
西安	60.75	10	2	大连	51.82	28	1
杭州	60.50	11	0	成都	51.61	29	1
青岛	59.96	12	1	福州	51.09	30	−3
昆明	59.89	13	−3	天津	50.18	31	0
长春	59.19	14	1	重庆	50.12	32	1
太原	58.04	15	−1	长沙	49.86	33	−1
厦门	57.61	16	1	济南	48.17	34	0
石家庄	57.05	17	4	郑州	40.00	35	0
兰州	56.98	18	0	平均值	57.77		

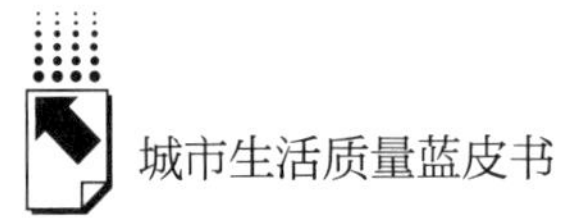

由表 23 可以看出，2018 年，全国 35 个城市生活感受客观指数加权平均值为 57.77，与 2017 年的加权平均值（57.49）和 2016 年的加权平均值（57.54）相差不大。从动态变化来看，与其他四个客观分指数不同，生活感受客观指数继续呈现稳中有升的态势。在 35 个参与调查的城市中，生活感受客观指数得分超过 67 的有 3 个，超过 50 的有 32 个，低于 50 的有 3 个。由图 11 也可清晰地看出从 2012 年到 2018 年，全国 35 个城市的生活感受客观指数差异并不大，最值以及数值集中度都没有显著变化。

从区域比较上看，排名前十位的城市中，东、中、西部的比例为 3∶1∶1。其中，东部地区城市有 6 个，分别是北京（80.00）、海口（70.71）、广州（67.78）、南京（66.70）、深圳（64.72）、沈阳（64.50）；中部地区城市有 2 个，分别是武汉（61.64）、哈尔滨（60.82）；西部地区城市有 2 个，分别是呼和浩特（63.59）、西安（60.75）。排名后十位的城市中，东、中、西部的比例为 5∶2∶3。其中，东部地区城市有 5 个，分别是上海（53.80）、大连（51.82）、福州（51.09）、天津（50.18）、济南（48.17）；中部地区城市有 2 个，分别是长沙（49.86）、郑州（40.00）；西部地区城市有 3 个，分别是南宁（52.90）、成都（51.61）、重庆（50.12）。东、中、西部城市生活感受客观指数加权平均值分别为 59.99、55.17、56.13。

从排名变动来看，排名上升较明显的城市是：石家庄（4）、西安（2）；排名下降最明显的城市是银川（–4）、昆明（–3）、合肥（–3）、福州（–3）。北京、海口、广州的位于前三名，与 2017 年的排名相同。整体来看，大多数城市的得分和排名有所上升。图 12 的柱状图呈现了这种趋势。

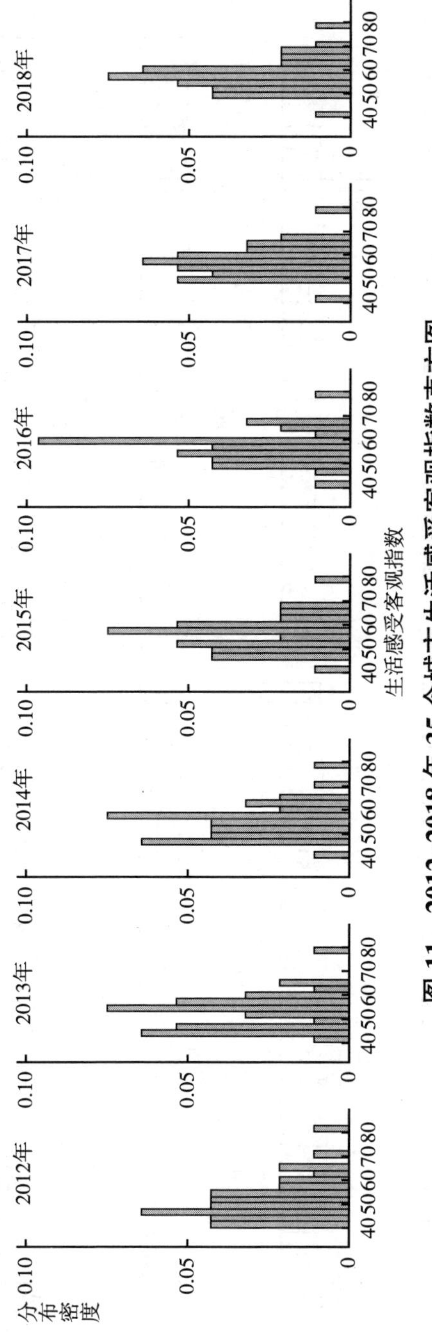

图 11　2012~2018 年 35 个城市生活感受客观指数直方图

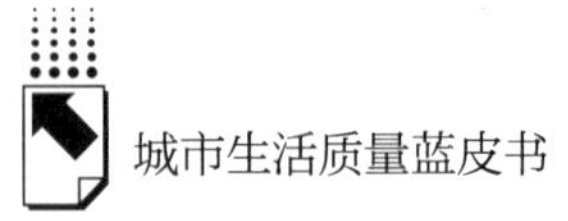

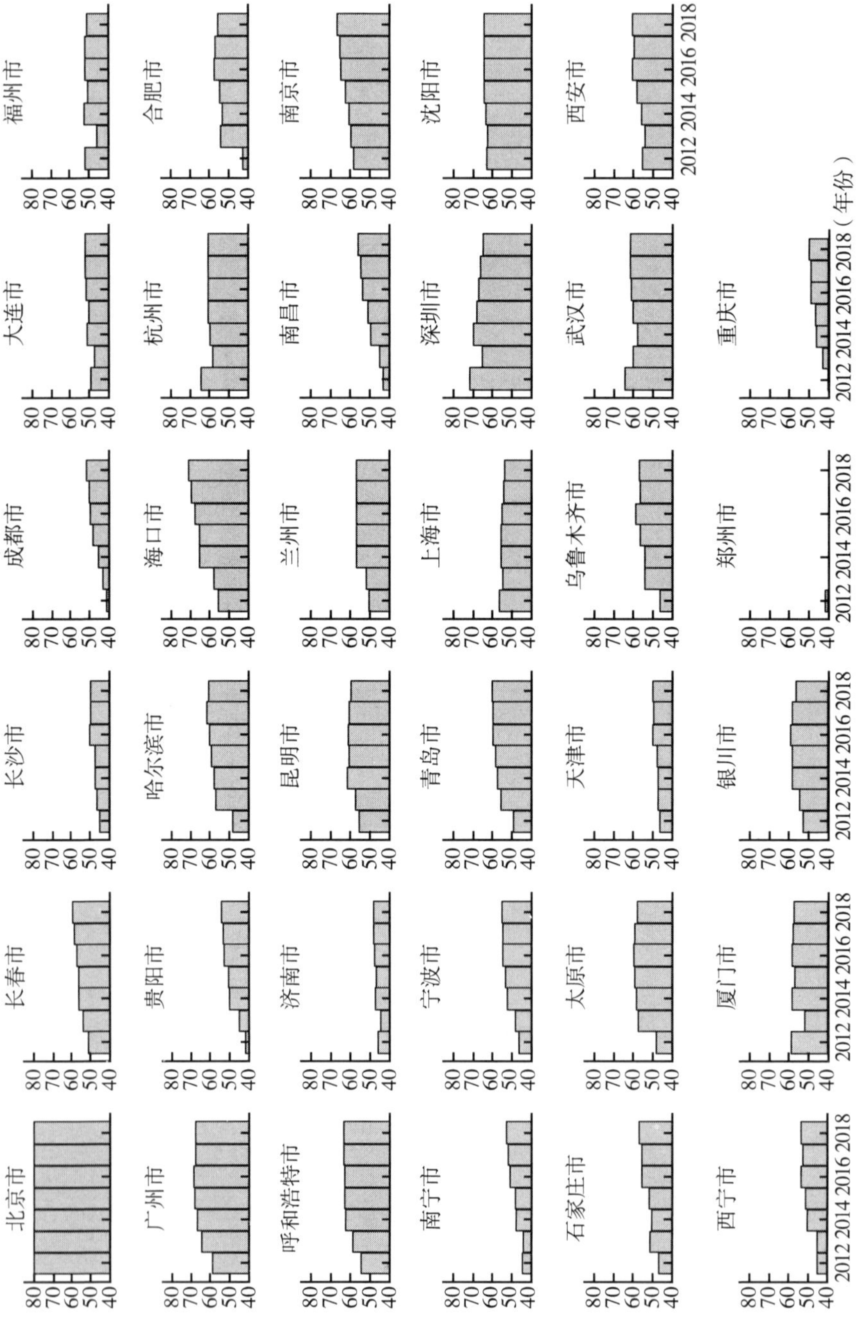

图12　2012~2018年35个城市生活感受客观指数（纵轴为得分）

五　2018 年中国城市生活质量一级指标雷达图

下面给出了 2018 年全国 35 个城市生活质量主、客观指数的一级指标雷达图。雷达图显示了一个非常明显的特征，即大城市的生活成本仍是拉低城市生活质量主、客观指数的一个非常重要的因素（图 13 按客观指数排名顺序排列）。

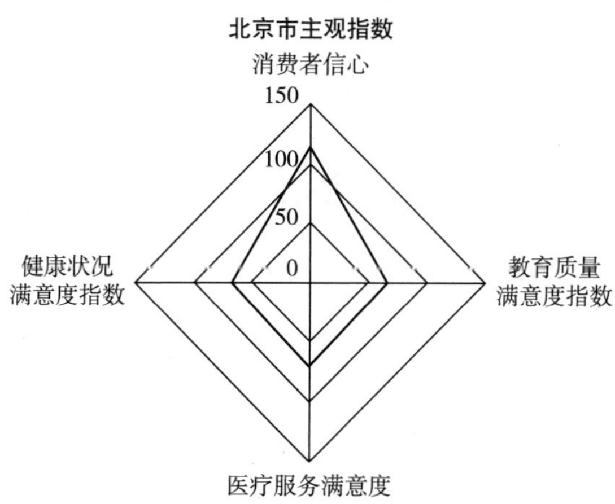

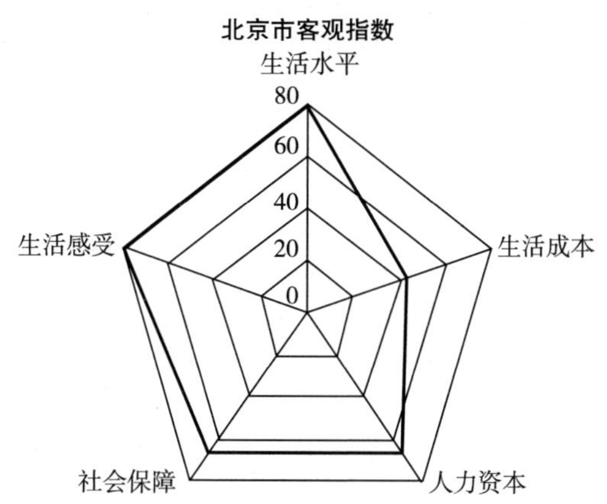

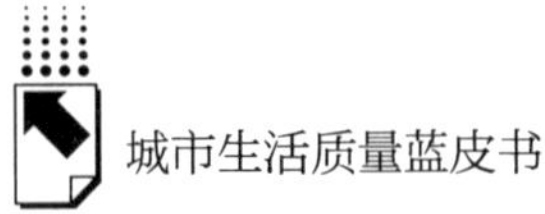

杭州市主观指数

消费者信心
150
100
50
0
教育质量满意度指数
医疗服务满意度
健康状况满意度指数

杭州市客观指数

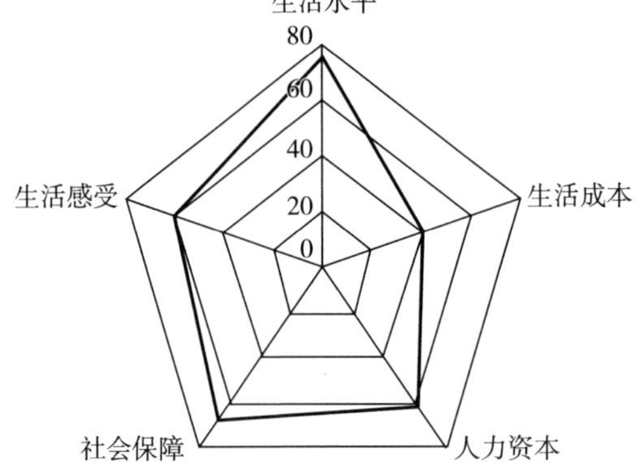

南京市主观指数

消费者信心
150
100
50
0
教育质量满意度指数
医疗服务满意度
健康状况满意度指数

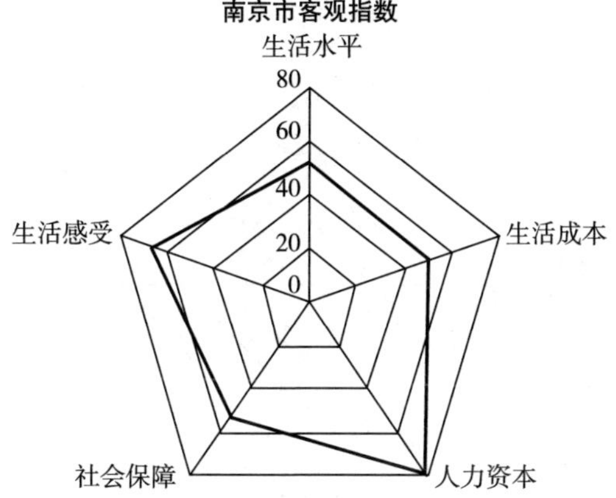
南京市客观指数
生活水平
80
60
40
20
0
生活成本
人力资本
社会保障
生活感受

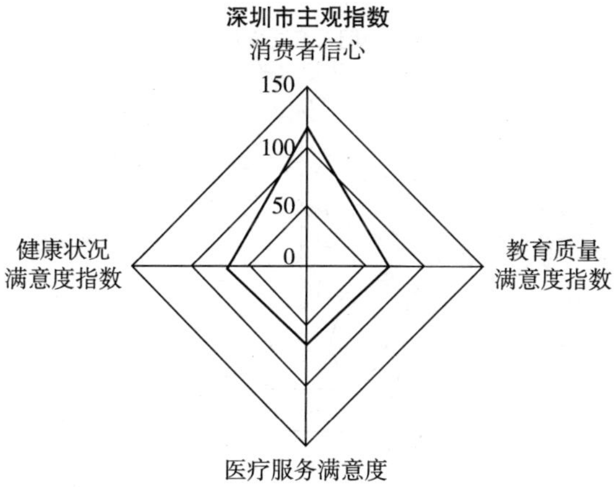
深圳市主观指数
消费者信心
150
100
50
0
教育质量
满意度指数
医疗服务满意度
健康状况
满意度指数

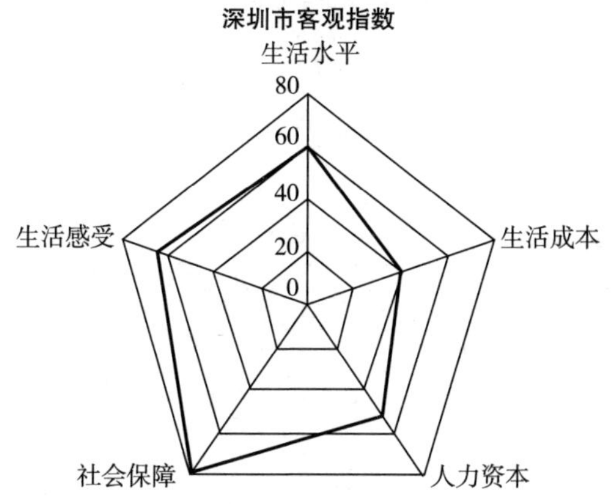
深圳市客观指数
生活水平
80
60
40
20
0
生活成本
人力资本
社会保障
生活感受

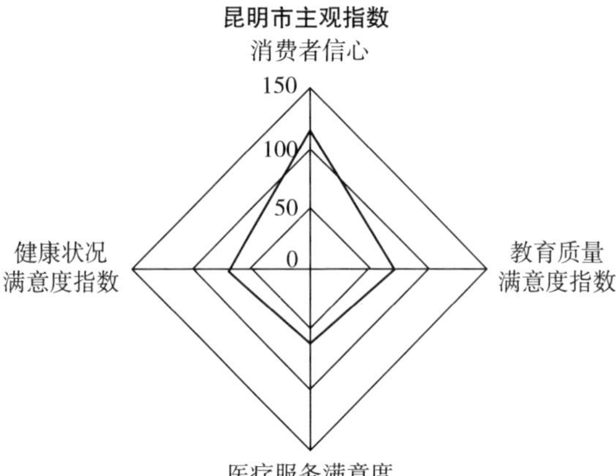
昆明市主观指数
消费者信心
150
100
50
0
健康状况
满意度指数
教育质量
满意度指数
医疗服务满意度

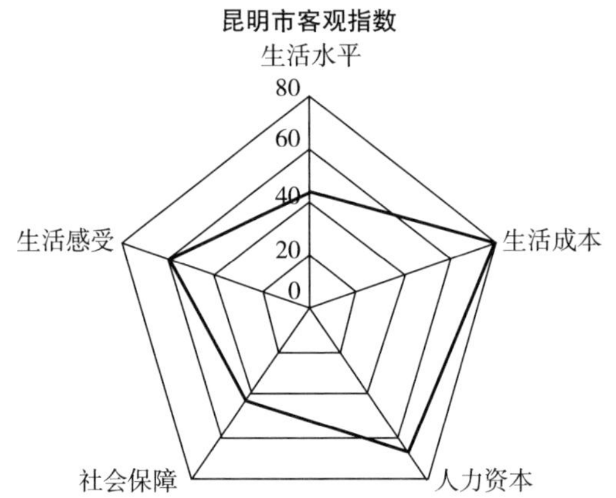
昆明市客观指数
生活水平
80
60
40
20
0
生活感受
生活成本
社会保障
人力资本

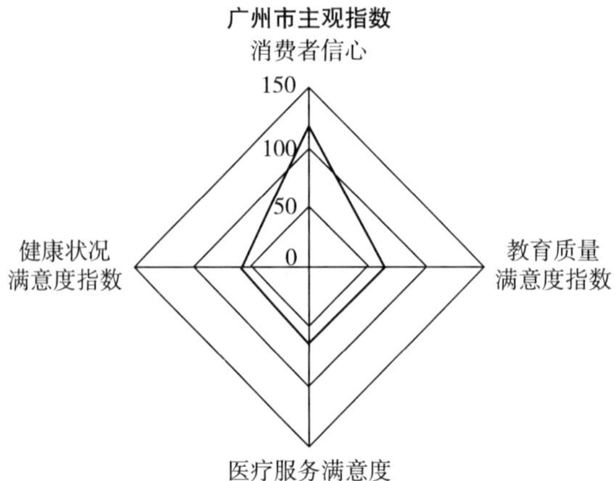
广州市主观指数
消费者信心
150
100
50
0
健康状况
满意度指数
教育质量
满意度指数
医疗服务满意度

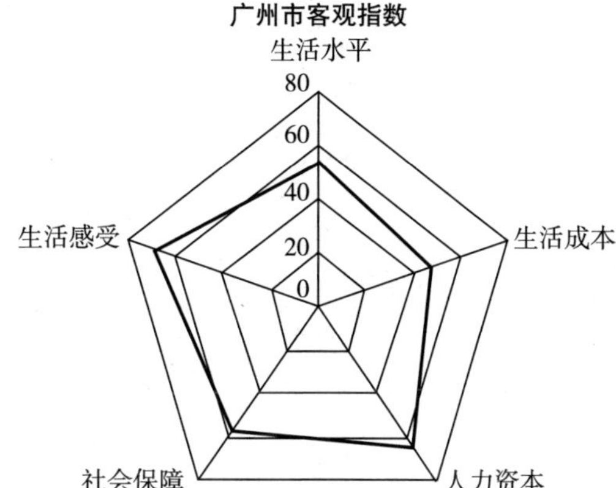
广州市客观指数
生活水平
80
60
40
20
0
生活成本
人力资本
社会保障
生活感受

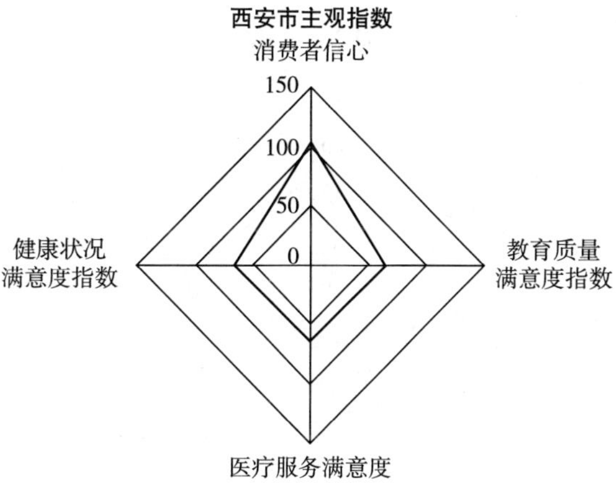
西安市主观指数
消费者信心
150
100
50
0
教育质量
满意度指数
医疗服务满意度
健康状况
满意度指数

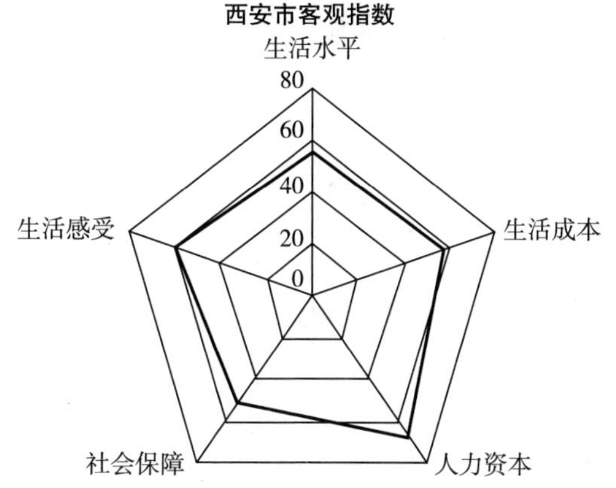
西安市客观指数
生活水平
80
60
40
20
0
生活成本
人力资本
社会保障
生活感受

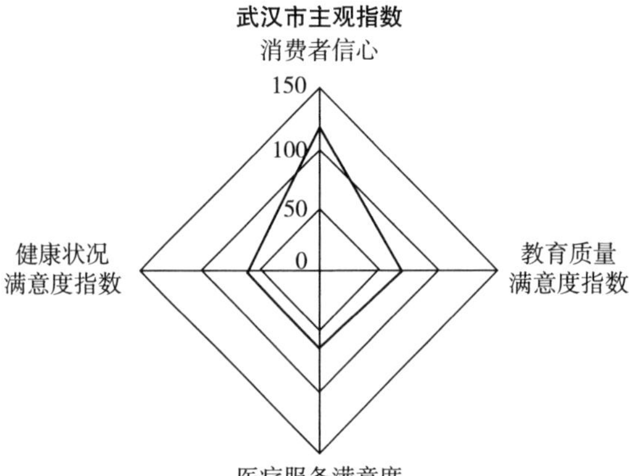
武汉市主观指数
消费者信心
150
100
50
0
教育质量
满意度指数
医疗服务满意度
健康状况
满意度指数

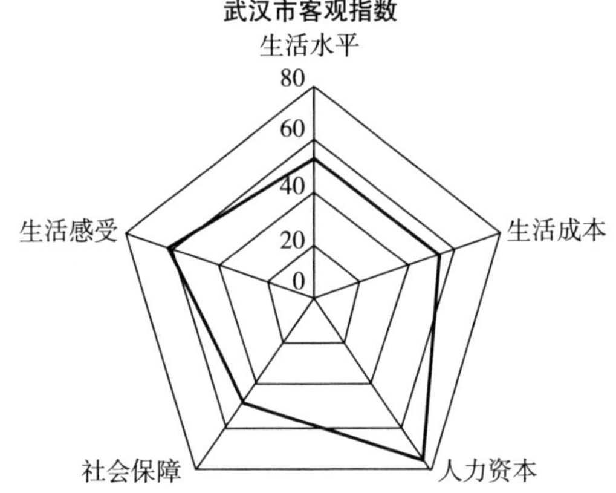
武汉市客观指数
生活水平
80
60
40
20
0
生活成本
人力资本
社会保障
生活感受

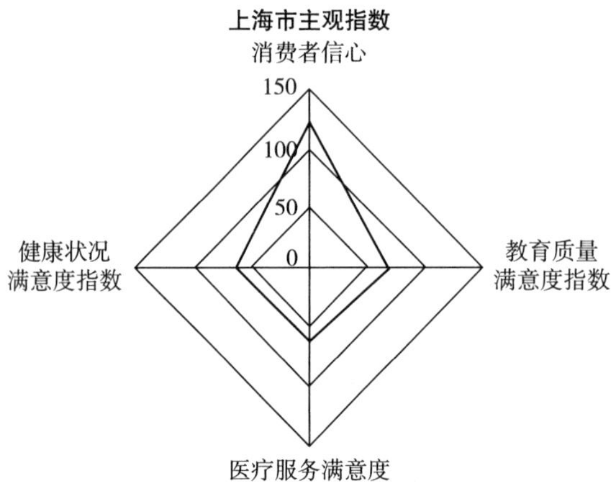
上海市主观指数
消费者信心
150
100
50
0
教育质量
满意度指数
医疗服务满意度
健康状况
满意度指数

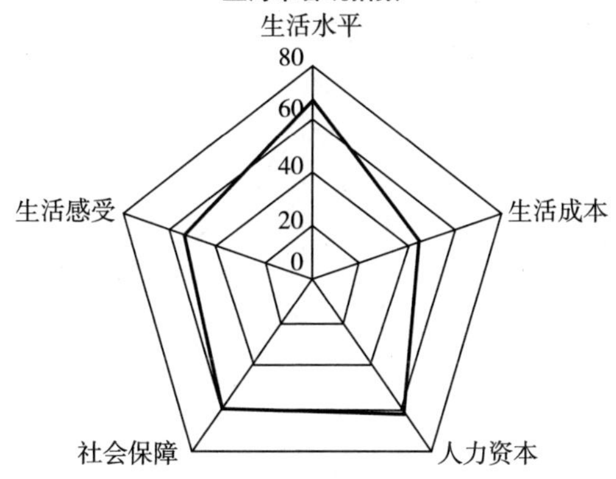
上海市客观指数
生活水平
80
60
40
20
0
生活成本
人力资本
社会保障
生活感受

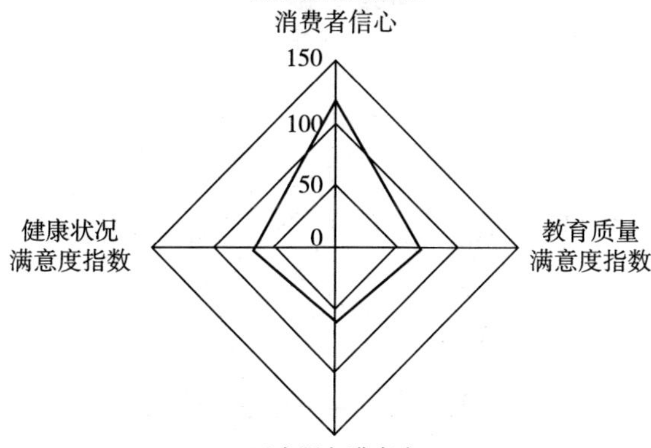
贵阳市主观指数
消费者信心
150
100
50
0
教育质量
满意度指数
医疗服务满意度
健康状况
满意度指数

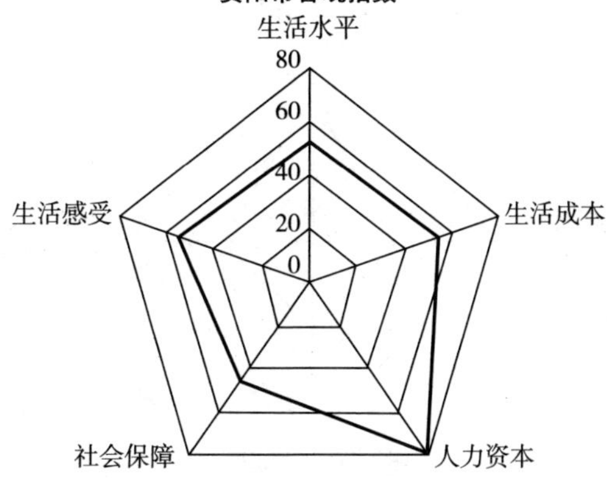
贵阳市客观指数
生活水平
80
60
40
20
0
生活成本
人力资本
社会保障
生活感受

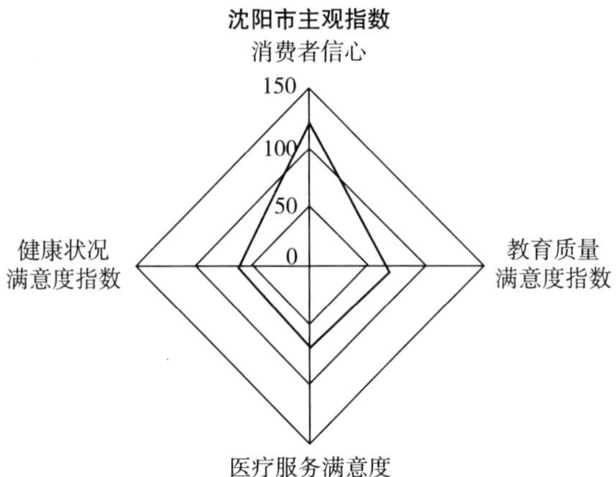
沈阳市主观指数
消费者信心
150
100
50
0
健康状况
满意度指数
教育质量
满意度指数
医疗服务满意度

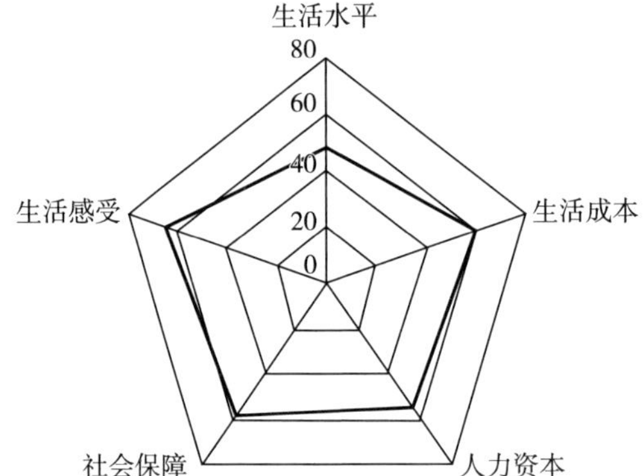
沈阳市客观指数
生活水平
80
60
40
20
0
生活感受
生活成本
社会保障
人力资本

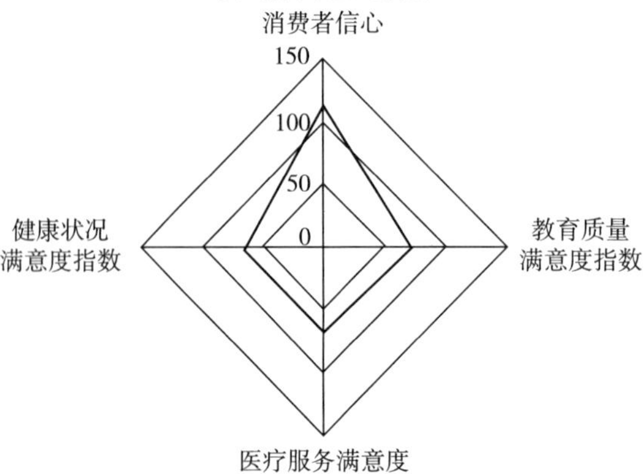
呼和浩特市主观指数
消费者信心
150
100
50
0
健康状况
满意度指数
教育质量
满意度指数
医疗服务满意度

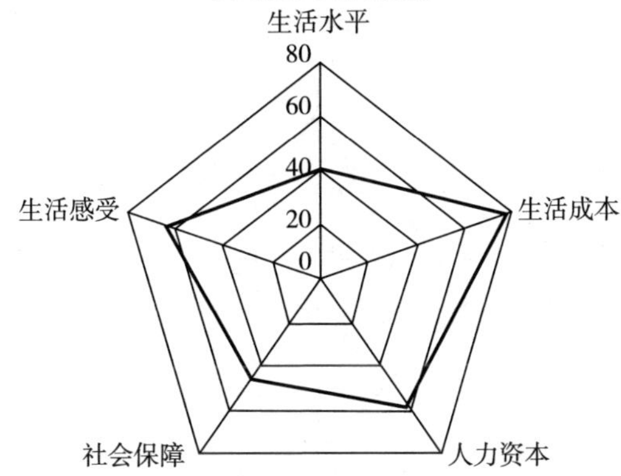
呼和浩特市客观指数
生活水平
80
60
40
20
0
生活成本
人力资本
社会保障
生活感受

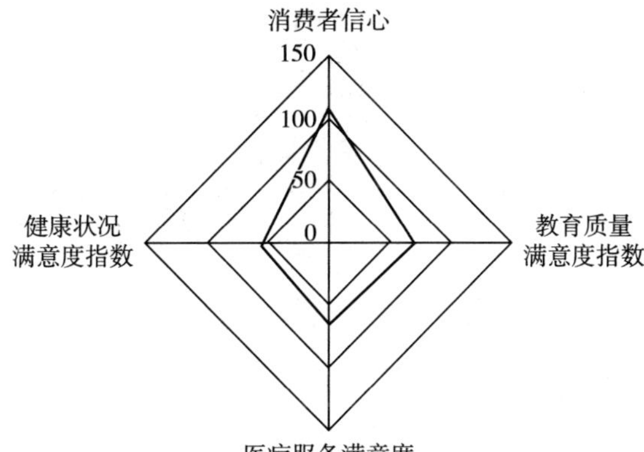
银川市主观指数
消费者信心
150
100
50
0
教育质量
满意度指数
医疗服务满意度
健康状况
满意度指数

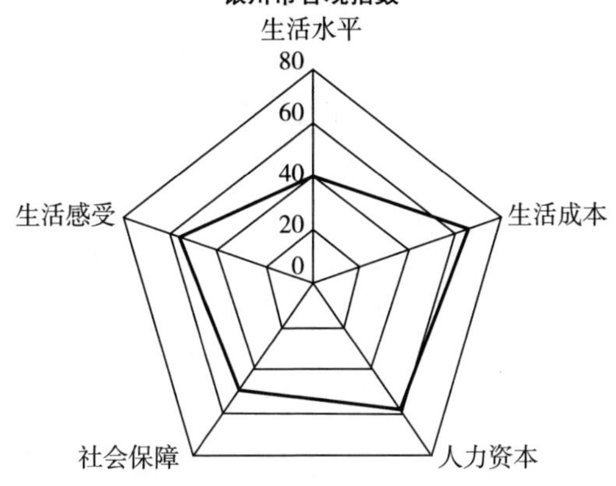
银川市客观指数
生活水平
80
60
40
20
0
生活成本
人力资本
社会保障
生活感受

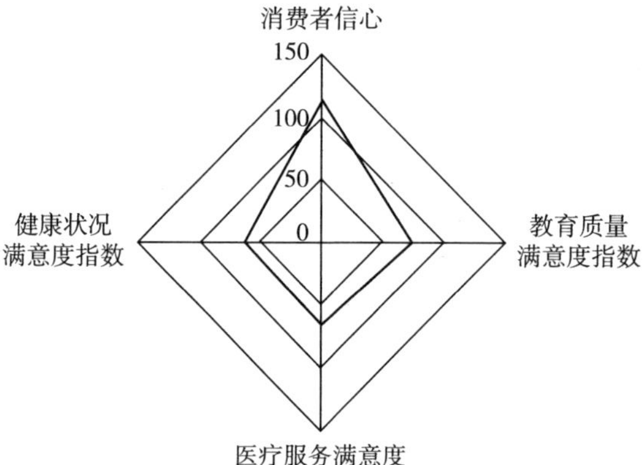
乌鲁木齐市主观指数
消费者信心
150
100
50
0
教育质量
满意度指数
医疗服务满意度
健康状况
满意度指数

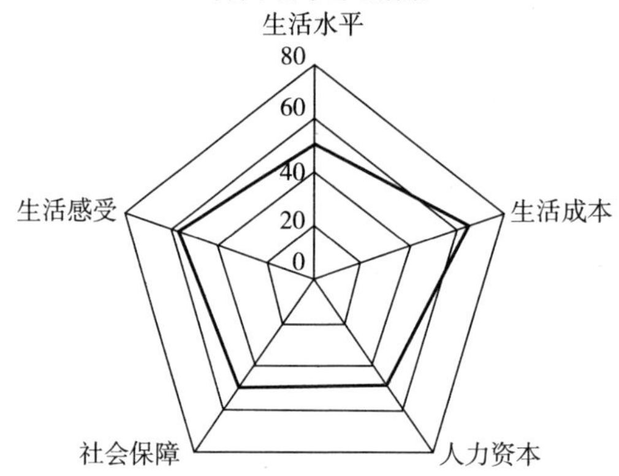
乌鲁木齐市客观指数
生活水平
80
60
40
20
0
生活成本
人力资本
社会保障
生活感受

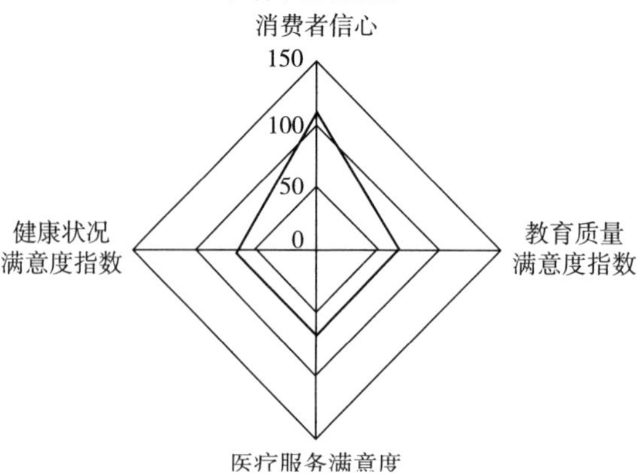
长春市主观指数
消费者信心
150
100
50
0
教育质量
满意度指数
医疗服务满意度
健康状况
满意度指数

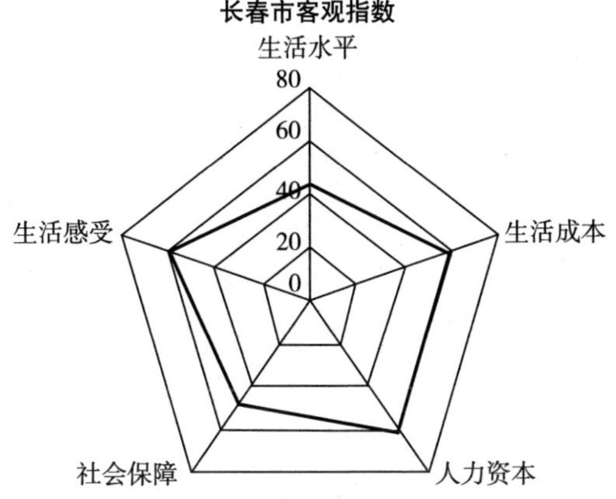
长春市客观指数
生活水平
80
60
40
20
0
生活成本
人力资本
社会保障
生活感受

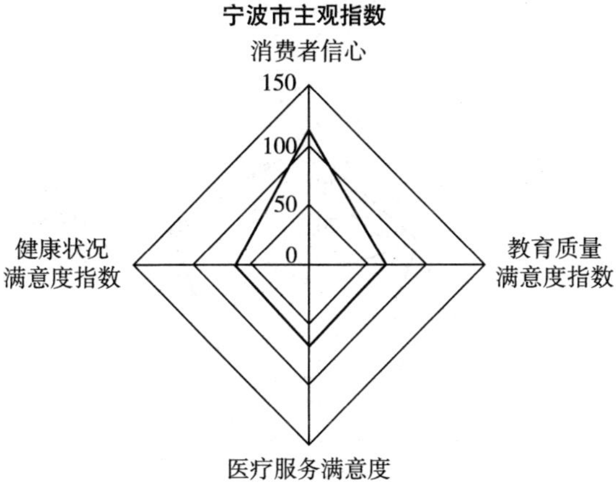
宁波市主观指数
消费者信心
150
100
50
0
教育质量
满意度指数
医疗服务满意度
健康状况
满意度指数

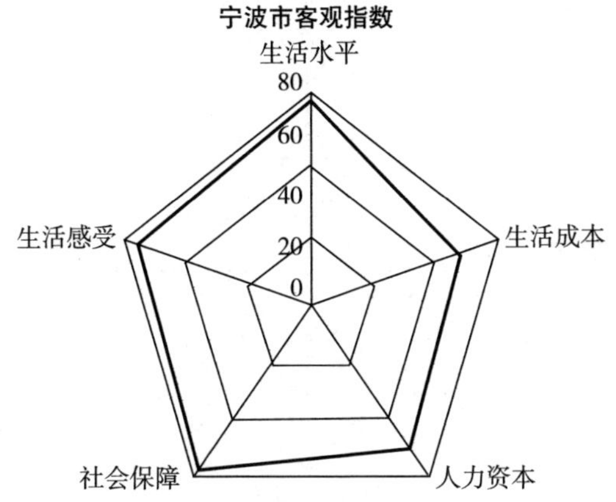
宁波市客观指数
生活水平
80
60
40
20
0
生活成本
人力资本
社会保障
生活感受

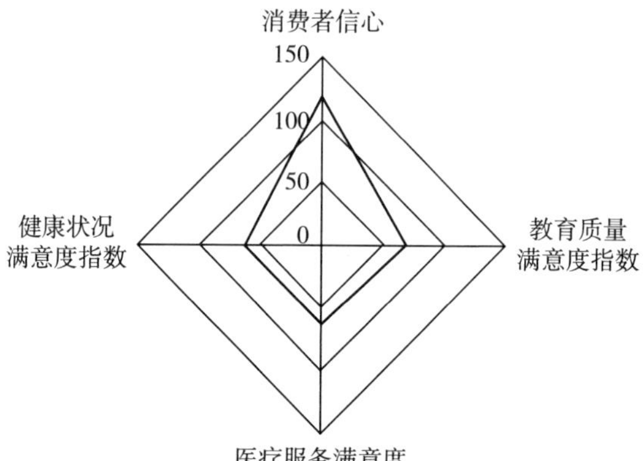

长沙市主观指数
消费者信心
150
100
50
0
教育质量
满意度指数
医疗服务满意度
健康状况
满意度指数

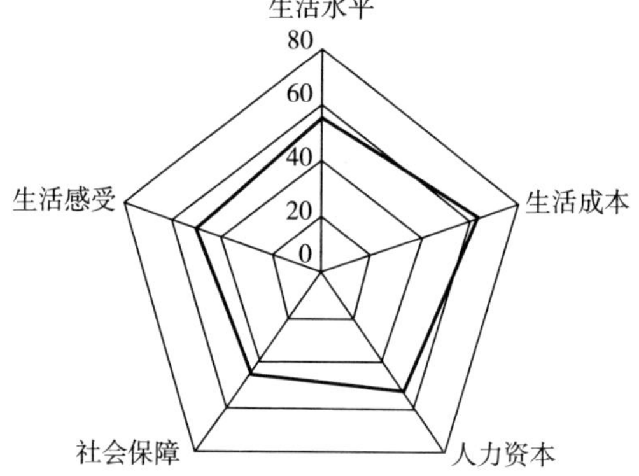

长沙市客观指数
生活水平
80
60
40
20
0
生活成本
人力资本
社会保障
生活感受

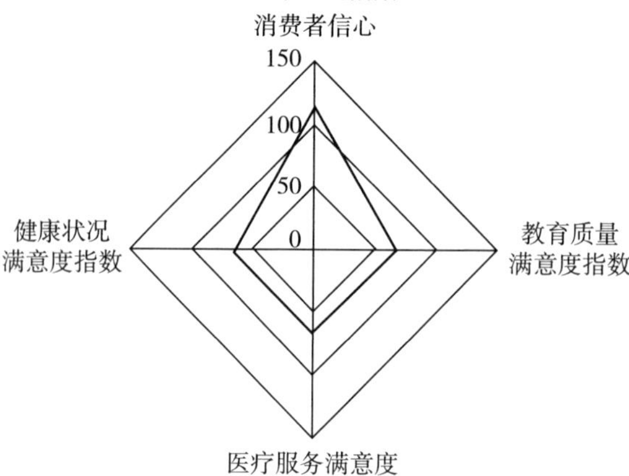

大连市主观指数
消费者信心
150
100
50
0
教育质量
满意度指数
医疗服务满意度
健康状况
满意度指数

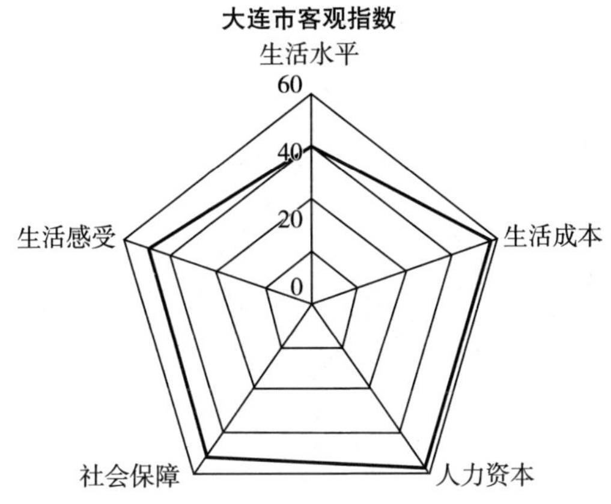
大连市客观指数
生活水平
60
40
20
0
生活成本
人力资本
社会保障
生活感受

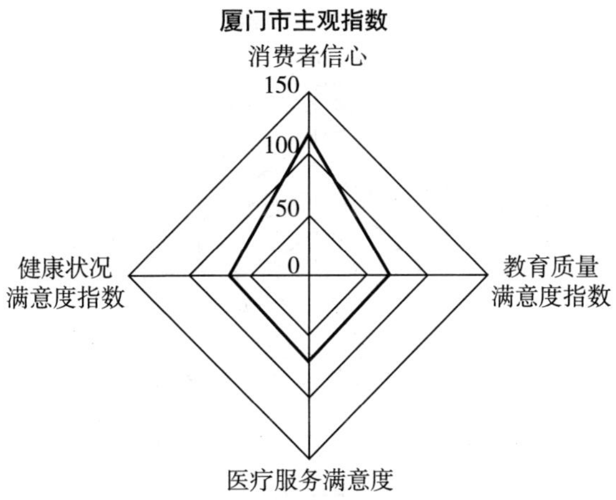
厦门市主观指数
消费者信心
150
100
50
0
教育质量
满意度指数
医疗服务满意度
健康状况
满意度指数

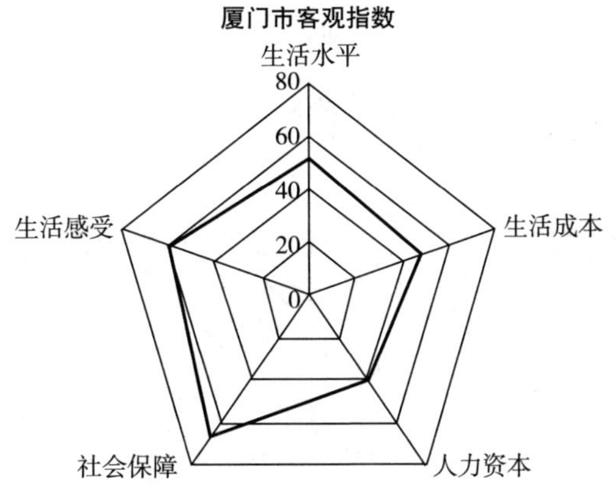
厦门市客观指数
生活水平
80
60
40
20
0
生活成本
人力资本
社会保障
生活感受

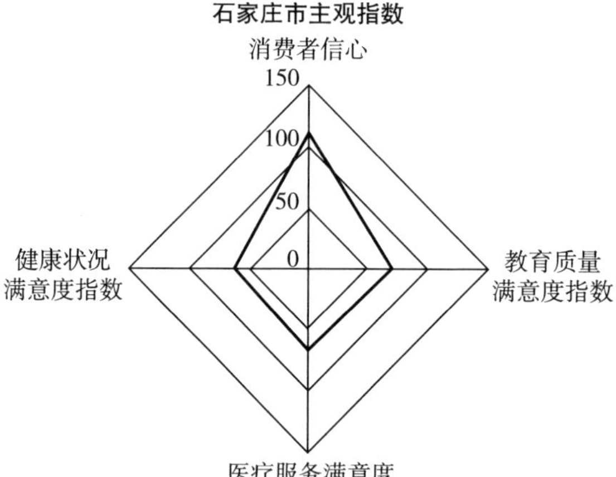
石家庄市主观指数
消费者信心
150
100
50
0
教育质量
满意度指数
医疗服务满意度
健康状况
满意度指数

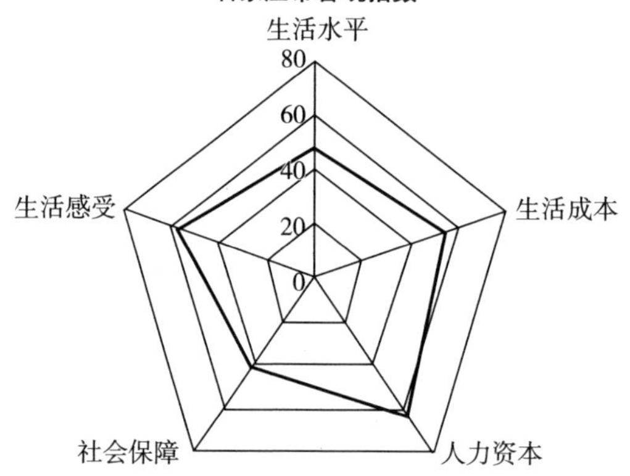
石家庄市客观指数
生活水平
80
60
40
20
0
生活成本
人力资本
社会保障
生活感受

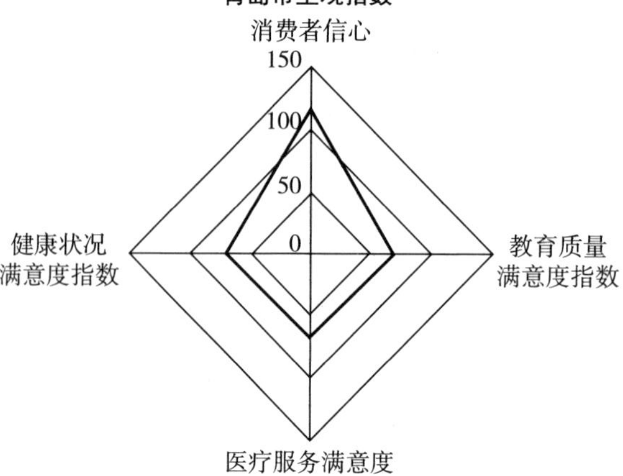
青岛市主观指数
消费者信心
150
100
50
0
教育质量
满意度指数
医疗服务满意度
健康状况
满意度指数

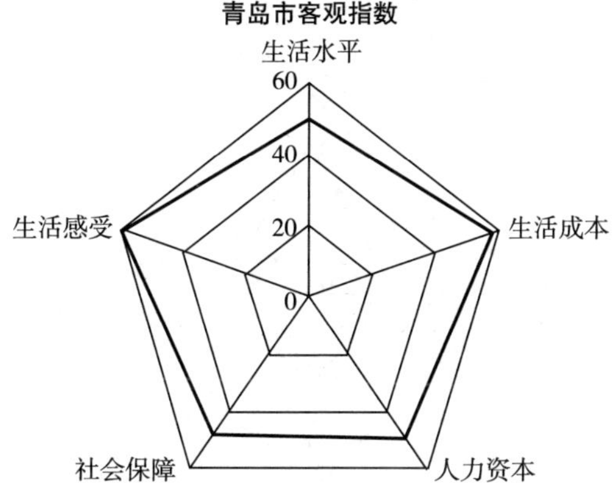
青岛市客观指数
生活水平
60
40
20
0
生活成本
人力资本
社会保障
生活感受

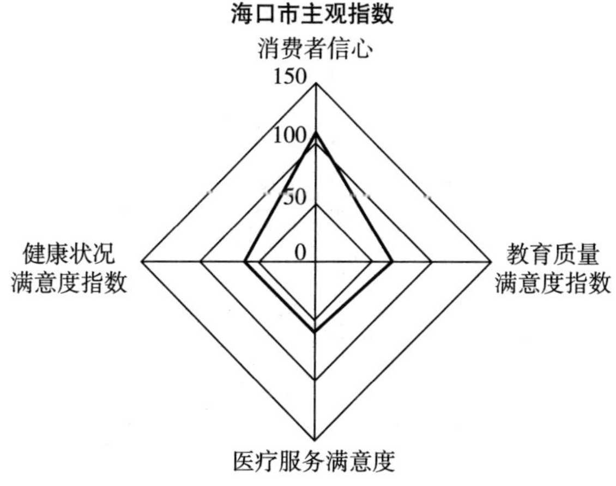
海口市主观指数
消费者信心
150
100
50
0
教育质量
满意度指数
医疗服务满意度
健康状况
满意度指数

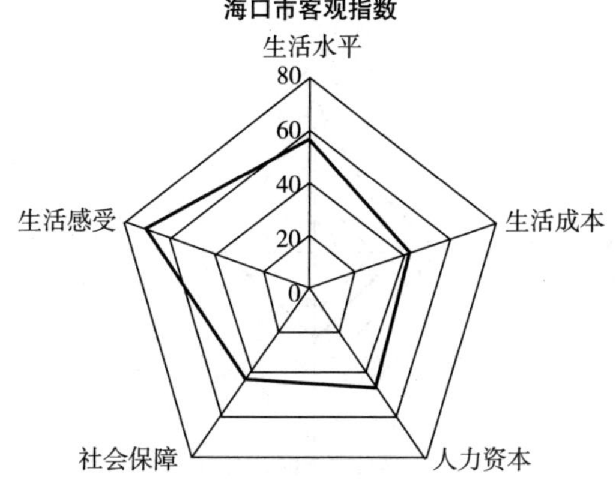
海口市客观指数
生活水平
80
60
40
20
0
生活成本
人力资本
社会保障
生活感受

成都市主观指数

消费者信心

150

100

50

0

健康状况满意度指数

教育质量满意度指数

医疗服务满意度

成都市客观指数

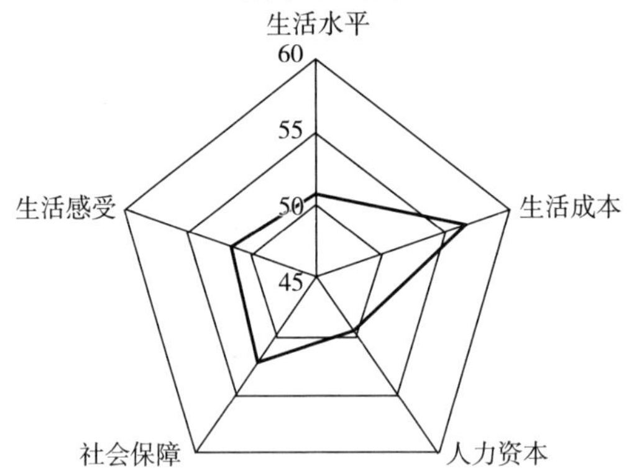

济南市主观指数

消费者信心

150

100

50

0

健康状况满意度指数

教育质量满意度指数

医疗服务满意度

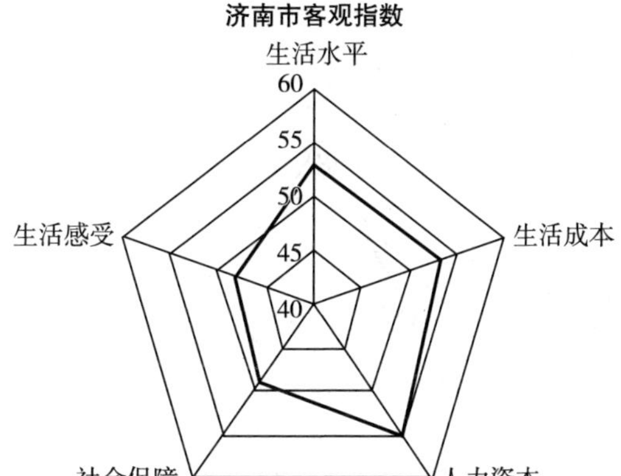
济南市客观指数
生活水平
60
55
50
45
40
生活成本
人力资本
社会保障
生活感受

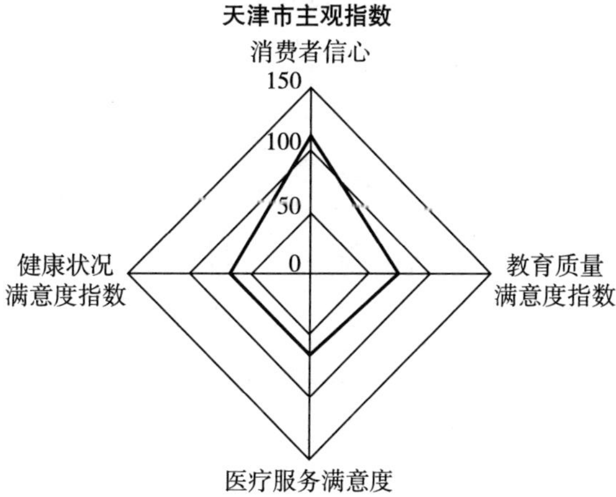
天津市主观指数
消费者信心
150
100
50
0
教育质量
满意度指数
医疗服务满意度
健康状况
满意度指数

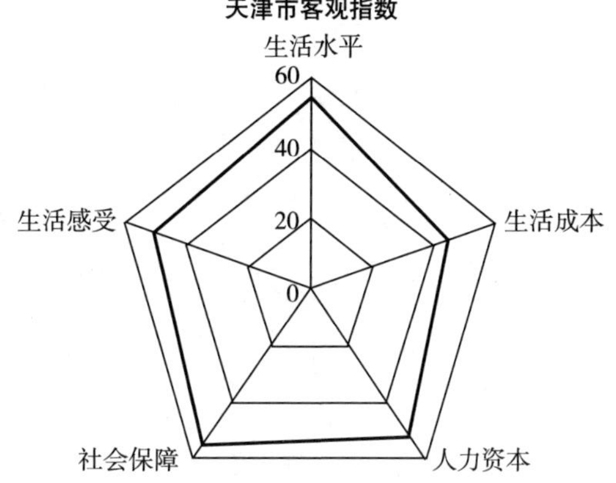
天津市客观指数
生活水平
60
40
20
0
生活成本
人力资本
社会保障
生活感受

太原市主观指数

消费者信心

150

100

50

0

健康状况满意度指数

教育质量满意度指数

太原市客观指数

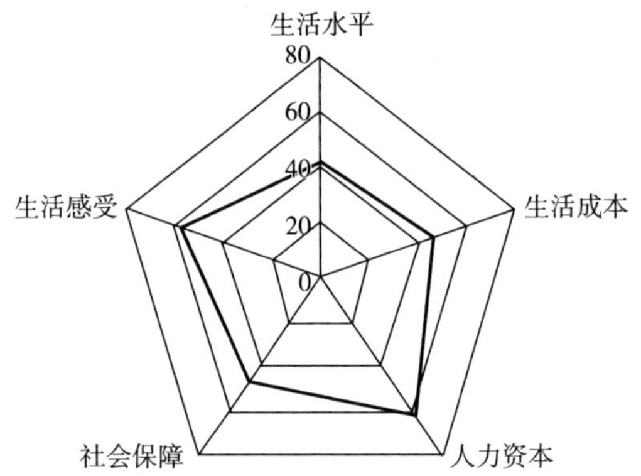

兰州市主观指数

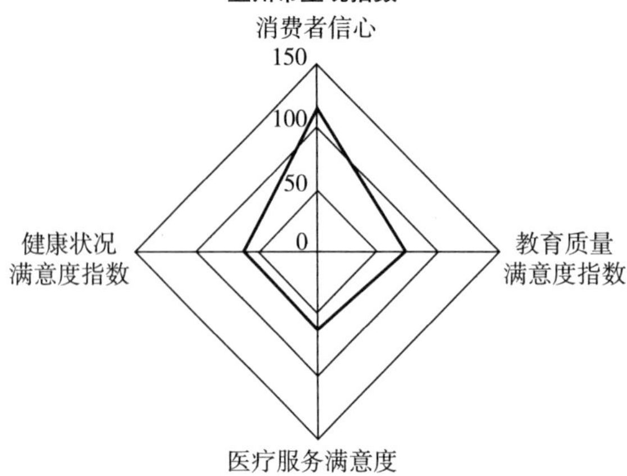

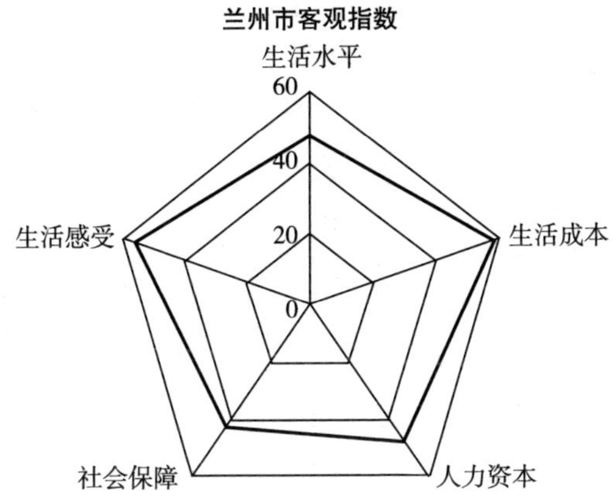
兰州市客观指数
生活水平
60
40
20
0
生活成本
人力资本
社会保障
生活感受

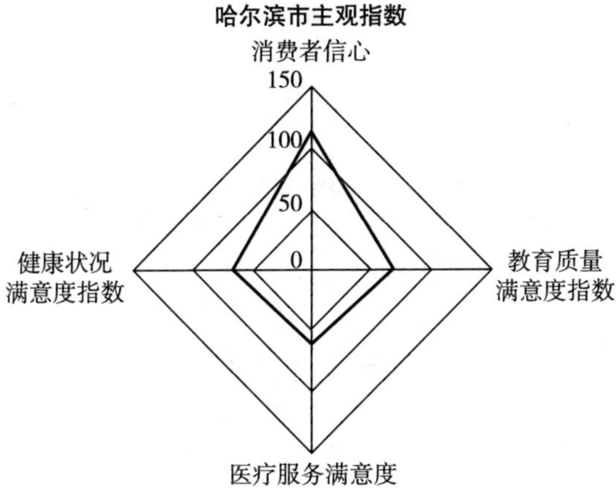
哈尔滨市主观指数
消费者信心
150
100
50
0
教育质量
满意度指数
医疗服务满意度
健康状况
满意度指数

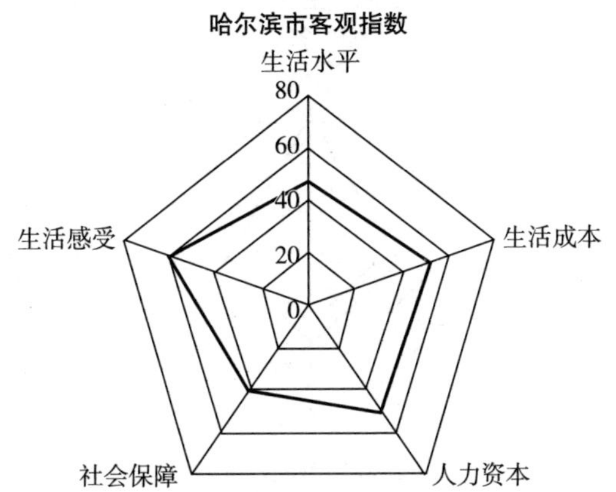
哈尔滨市客观指数
生活水平
80
60
40
20
0
生活成本
人力资本
社会保障
生活感受

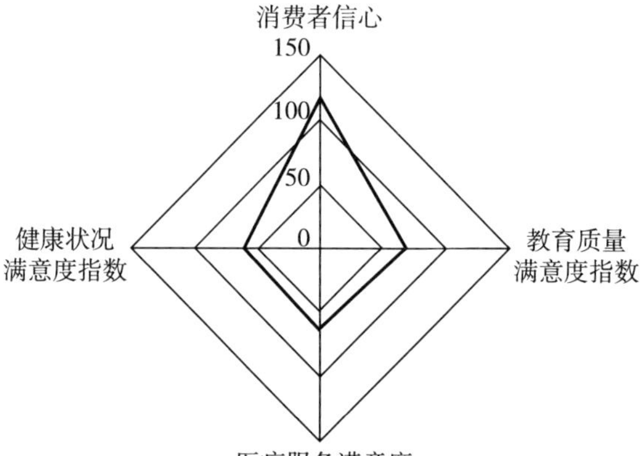
南昌市主观指数
消费者信心
150
100
50
0
教育质量
满意度指数
医疗服务满意度
健康状况
满意度指数

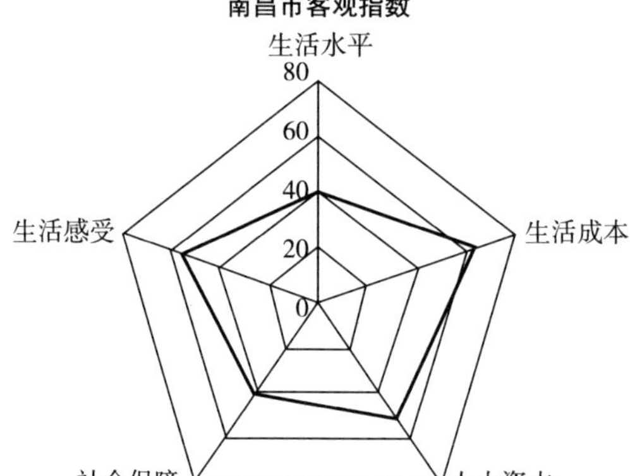
南昌市客观指数
生活水平
80
60
40
20
0
生活成本
人力资本
社会保障
生活感受

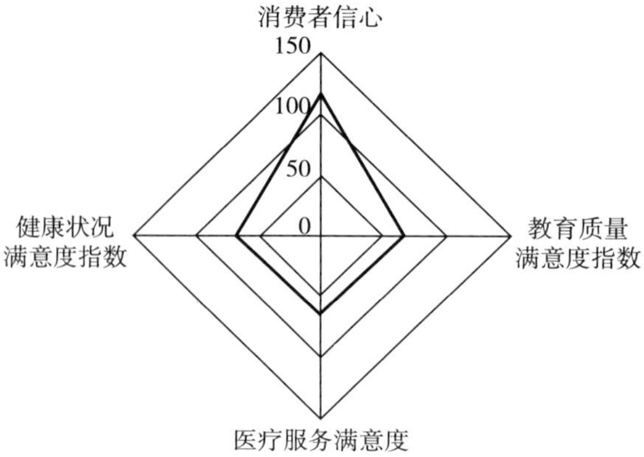
合肥市主观指数
消费者信心
150
100
50
0
教育质量
满意度指数
医疗服务满意度
健康状况
满意度指数

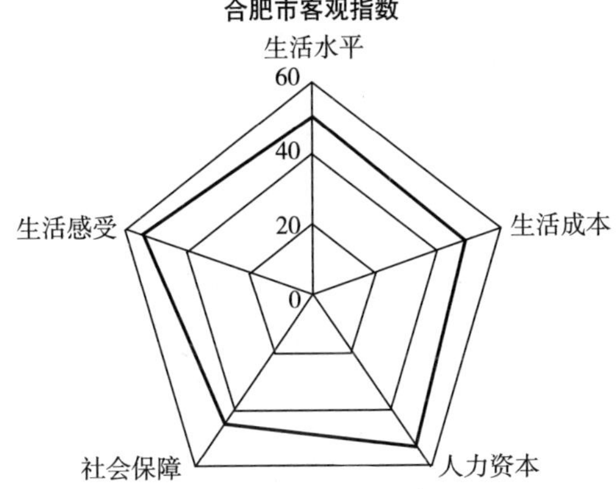
合肥市客观指数
生活水平
60
40
20
0
生活成本
人力资本
社会保障
生活感受

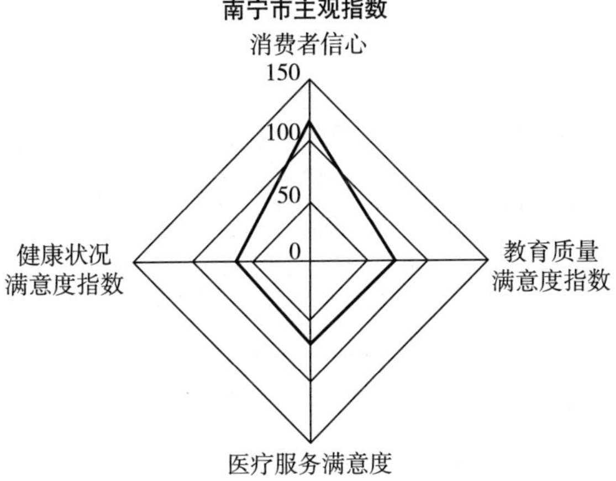
南宁市主观指数
消费者信心
150
100
50
0
教育质量
满意度指数
医疗服务满意度
健康状况
满意度指数

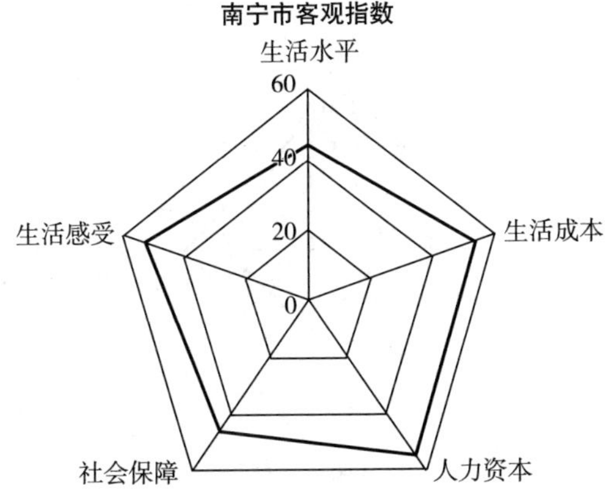
南宁市客观指数
生活水平
60
40
20
0
生活成本
人力资本
社会保障
生活感受

西宁市主观指数

消费者信心
150
100
50
0
教育质量满意度指数
医疗服务满意度
健康状况满意度指数

西宁市客观指数

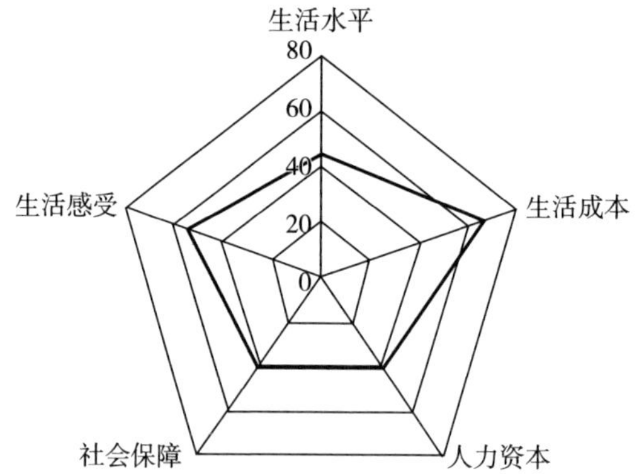

重庆市主观指数

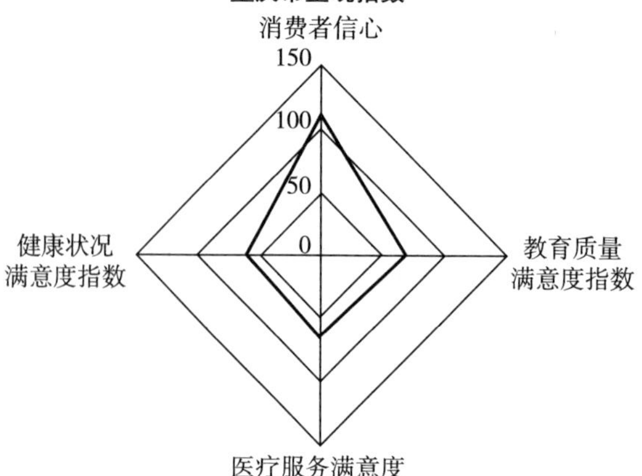

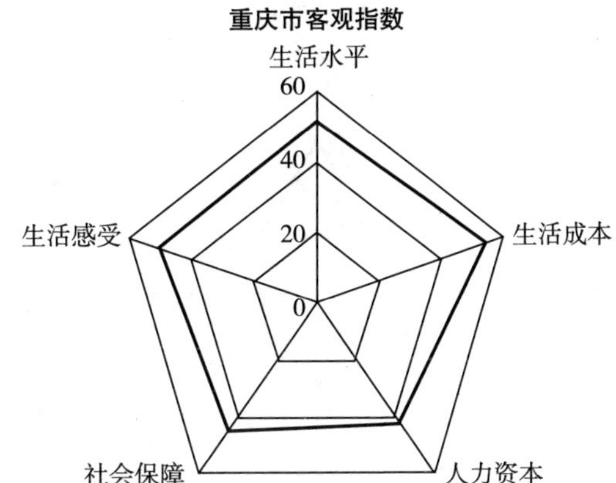
重庆市客观指数
生活水平
60
40
20
0
生活成本
人力资本
社会保障
生活感受

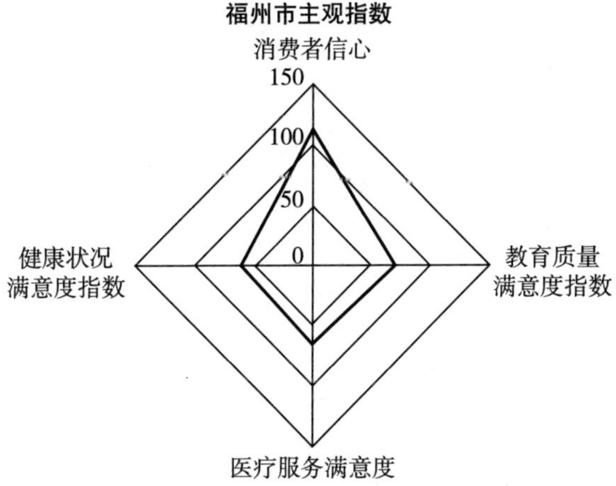
福州市主观指数
消费者信心
150
100
50
0
教育质量
满意度指数
医疗服务满意度
健康状况
满意度指数

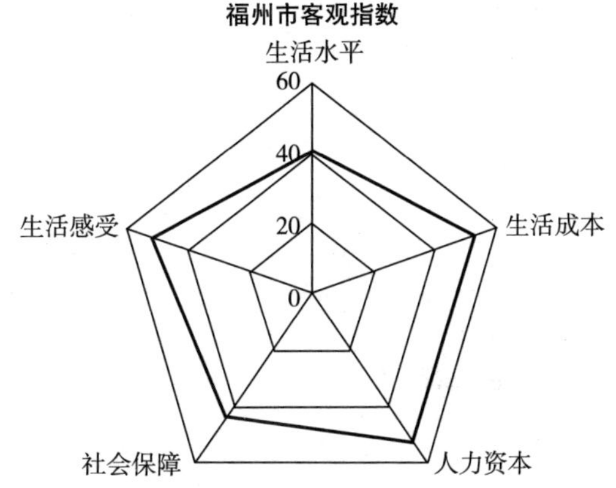
福州市客观指数
生活水平
60
40
20
0
生活成本
人力资本
社会保障
生活感受

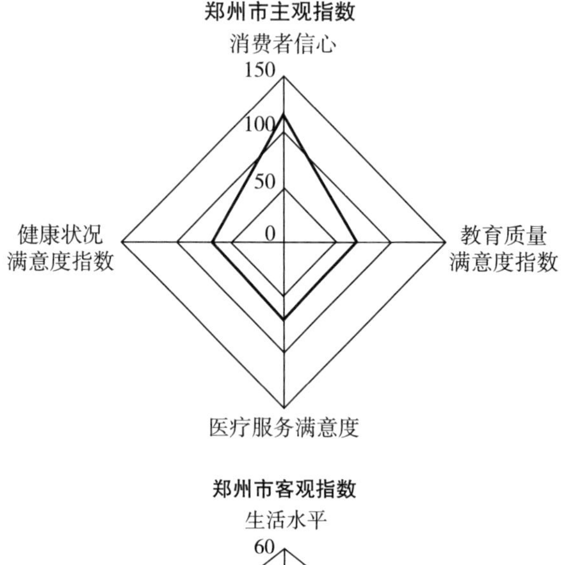

郑州市客观指数
生活水平
60
40
20
0
生活感受
生活成本
社会保障
人力资本

图 13　2018 年全国 35 个城市生活质量主、客观指数一级指标雷达图

分 报 告

B.2
中国35个城市教育质量满意度指数报告

摘 要： 提高教育质量满意度是提高城市居民生活质量的重要组成部分，也是十九大提出的硬性规定。本报告通过问卷调查方式，调查了35个城市的教育质量满意度，结果表明我国教育质量满意度平均为69.37，介于一般（50）和满意（75）之间，西部地区城市的教育质量满意度高于东部地区城市的教育质量满意度。此外，本报告查找了与教育质量满意度相关的客观指标，包括教育支出占财政支出的比例、中小学教师数、公共图书馆图书总藏量、年末户籍人口、在岗职工平均工资，并将其作为解释变量，将主观指标教育质量满意度作为被解释变量，进行回归分析，得出客观指标对教育质量满意度的影响。其中影响较大的指标有公共图书馆图书总藏量、在岗职工平均工资、教育支出占财政支出的比例；并针对各种影响因素给出解决方案，例如，增加公共图书馆图书总藏量以丰富学生的精神世界、完善学校基础设施建设、完善学校管理、加强教师培训等。提高教育质量满意度，需要政府和学校方面共同努力，以为学生提供更好的教育环境。

关键词：教育质量满意度　教育投入　教育支出

一　引言

针对教育工作，党的十九大提出了明确的要求，即办好人民满意的教育。而人民满意的教育最直观的评判方式就是教育质量满意度。在中华民族伟大复兴的大背景下，提高教育质量满意度即办好人民满意的教育是加强社会建设的首要任务，也是提高我国城市生活质量的重要组成部分。

办好人民满意的教育，是进入新时代后满足人们对美好生活需要的重要课题。剖析不同地区居民的教育质量满意度与不同地区教育发展水平及投入要素之间的关联度，有助于了解居民对教育质量满意度的影响因素，从而为提升教育质量满意度提供直接有效的政策工具，对于贯彻落实十九大办好人民满意的教育精神具有重要的现实意义。因此，本报告旨在利用2018年城市生活质量调查数据，分析教育质量满意度的决定因素，并对其进行深入剖析，探讨如何提升教育质量满意度。

本报告首先将收集到的主观数据进行科学的处理并进行合理的解释，然后将主观数据与客观数据结合起来，将主观数据作为被解释变量，将客观数据作为解释变量，引入最小二乘模型，通过模型分析探索主观数据与客观数据的联系，得出影响教育质量满意度的因素，最后根据影响因素，提出相应的解决方法。

二　文献述评

国内外学者对教育质量满意度都有较深入的研究，考虑到国内外教育投入结构与居民对教育关注度的差异，国内和国外教育质量的决定机制有较大差异，因此我们主要关注对国内教育质量满意度的研究。一般而言，由于调查数据的限制，居民的教育质量满意度主要是指居民对基础教育质量的满意度。

从现有文献来看，许多调查研究证实，教育质量是家庭对义务教育的重要关注内容。国务院发展研究中心中国民生调查课题组（2018）发现，教育支出位列家庭消费支出压力来源因素的第三名，仅次于住房开支、食品支出；而在教育关切点上，“教学质量差”和“很多内容课上不教，不得不上补习班或请家教”排在居民对义务教育和普通高中教育“最不满意的一项”前两位，这表明家长对基础教育的质量非常关切。高文涛与郝文武（2017）基于陕西师范大学师生开展的“丝路沿线地区农村基础教育满意度调查”数据分析发现，民众最不满意的几项分别是教师工资待遇、学生学业成绩、基础设施建设，特别是农村群众最不满意学生学业成绩，这凸显了居民对教育质量的重视程度。因此，有研究认为，客观评价教育质量，对于办好人民满意的教育至关重要，教育质量评估体系应综合考虑上学物理距离、时间距离、社会距离、教育资源、过程、结果、教育满意度等10个关键因素进行构建（赵丹、陈遇春、Bilal Barakat，2018）。

在如何提升教育质量满意度方面，谢星全（2018）基于2013年中国综合社会调查（CGSS 2013）基本公共教育服务模块的数据研究发现，居民所感知的基本公共服务获得方便程度对基本公共服务满意度有直接影响；居民所感知的分配均衡在宏观层面直接影响基本公共服务产出进而间接影响基本公共服务满意度；居民所感知的基本公共服务投入充足程度直接影响基本公共服务分配均衡，间接影响基本公共服务产出效果与基本公共服务满意度；若居民所感知的基本公共教育供给模式是坚持公共性而不是市场化价值追求的，则更能提升居民基本公共教育服务满意度。

一些调查研究虽然没有考察教育质量满意度，但从教育投入、教育产出等角度调研了居民的满意度并分析了其决定因素，对我们的分析也有较好的借鉴作用。如邓大松、张永春与张怡（2018）基于天津市 628 份问卷调查的数据分析发现，公众对城市基础设施和教育科研类指标满意度较高，其公众的满意度主要受公共投资资金的使用透明度和规范性、公共投资的规模、公共投资项目的范围、公共投资项目的建设质量、公共投资项目的维护和管理水平、公共投资为市民生活带来的便利和便捷等因素的影响；从个体特征来看，居民满意度基本不受居民的政治面貌和受教育程度的影响；居民的年龄和职业对其满意度的影响很小；居民对天津市公共投资的满意度有一定的层次性。

三　模型构建

为了深入剖析教育质量满意度的决定因素，我们将 35 个城市有关的客观数据与主观数据进行匹配，用一组客观数据衡量城市教育质量的满意度。

本报告建立了三个回归模型。模型一将中小学教师数、公共图书馆图书总藏量、年末户籍人口、在岗职工平均工资、教育支出占地方生产总值比例作为解释变量，用 stata 进行回归，得出教育质量满意度与上述解释变量的关系。之所以选中小学教师数、公共图书馆图书总藏量、年末户籍人口、在岗职工平均工资、教育支出占地方生产总值比例作为解释变量，是因为中小学教师数直接影响学生的学习质量进而影响家长对教育质量的评判；去公共图书馆读书是学生课外阅读的重要途径，因此公共图书馆图书总藏量会影响教育质量满意度；年末户籍人口中包含一定比例的中小学生数量、教师数量，因此会影响教育质量满意度；在岗职工平均工资影响家长对学生的教育投入，进而会影响教育质量满意度；教育支出占地方生产总值比例体现了政府对教育的重视程度，因此会影响教育质量满意度。

模型二将中小学教师数、公共图书馆图书总藏量、在岗职工平均工资、教育支出占地方生产总值比例作为解释变量，用stata进行回归，得出教育质量满意度与上述解释变量的关系。第二个模型在第一个模型的基础上去掉了年末户籍人口，是为了探究与教育直接相关的变量对教育质量满意度的影响。

模型三是将主观指标教育质量满意度作为被解释变量，将客观指标公共图书馆图书总藏量、年末户籍人口、在岗职工平均工资、教育支出占地方生产总值比例作为解释变量，用stata进行回归，得出教育质量满意度与解释变量的关系。第三个模型在第一个模型的基础上去掉了中小学教师数是因为中小学教师数不是影响教育质量的唯一因素，教师教学质量也有一定影响，因此中小学教师数对教育质量满意度的影响不甚准确。

四　数据分析

本报告数据包括主观数据和客观数据。主观数据即2018年城市生活质量调查所获得的每个城市的平均教育质量满意度指数。该指数为2018年城市生活质量调查中有子女正在接受义务教育和高中教育的样本所反馈的四个调查问题得分的加权平均，将其汇总并取城市平均值作为各城市教育质量满意度指数。四个调查问题如下。

7、您是否有子女正在接受普通中小学教育（小学、初中或

普通高中)?(多子女的请选填年长子女的情况)

8、您认为目前普通中小学(或您子女所在中小学)是否注重学生的品德教育(如行为习惯、公民素养、人格品质、理想信念等方面)?

9、您认为目前普通中小学(或您子女所在中小学)是否注重学生身体和心理素质的全面发展(如身体形态与机能、健康生活方式、审美修养、情绪和行为调控、人际沟通等方面)?

10、您认为目前普通中小学(或您子女所在中小学)是否注重培养学生的兴趣特长(如学习的主动性、积极性、好奇心、求知欲、个人爱好、潜能发展等方面)?

客观数据来源于 CEIC 和《中国城市统计年鉴(2017)》,数据主要包括以下几个方面。

教育支出占财政支出比例,数据为国家用于教育支出的部分除以总的公共财政支出。

中小学教师数,该数据是将中学教师数与小学教师数相加,用以反映基础教育的投入规模。

公共图书馆图书总藏量,为用以反映教育投资质量的替代变量。之所以选择这个变量,是因为我们无法获取教师酬金水平。

年末户籍人口,用以反映人口规模对教育所产生的可能影响。

在岗职工平均工资,用以反映当地的经济发展水平。

本研究所用到的数据描述性统计如表 1 所示(其中,*spending/gdp* 是教育支出占地方生产总值比例,*schoolteachers* 是中小学教师数,*stock of books* 是公共图书馆图书总藏量,*population* 是年末户籍人口,*income* 是在岗职工平均工资,*y* 是教育质量满意度)。

本研究所用到的数据描述性统计如表 1 所示。

表 1　数据描述性统计

变量	单位	样本量	均值	标准差	最小值	最大值
spending/gdp	—	35	0.0236	0.0055	0.0161	0.0353
stock of books	千册、千件	35	13500.03	16057.79	484.00	76764.00
population	万人	35	748.94	568.62	167.00	3392.00
income	元	35	74762.09	14680.87	56213.00	122749.00
schoolteachers	人	35	60739.63	40121.35	17333.00	238283.00
y	—	35	69.44	2.54	64.22	74.58

五　研究结果

由于数据为 35 个城市的截面数据，我们直接采用最小二乘法进行估计。估计结果如表 2 所示。

表 2　回归结果

模型	模型一		模型二		模型三	
	系数	P 值	系数	P 值	系数	P 值
Spending/gdp	188.7353	0.029	189.1603	0.026	180.6841	0.033
ln*schoolteachers*	−1.864558	0.450	−2.084175	0.038	—	—
ln*stock of books*	1.472663	0.068	1.468402	0.064	1.362569	0.083
ln*population*	−0.2022814	0.922	—	—	−1.643552	0.054
ln*income*	−7.614193	0.065	−7.545547	0.059	−7.900314	0.053
R^2	0.2566	—	0.2563	—	0.2415	—

通过对第一个模型进行回归可得，解释变量公共图书馆图书总藏量、在岗职工平均工资、教育支出占地方生产总值比例的 P 值小于

0.1，说明这几个解释变量占地方生产总值比例对被解释变量教育质量满意度的影响是显著的，能很好地解释被解释变量，即通过了变量的显著性检验。解释变量中小学教师数、年末户籍人口的P值大于0.1，说明这两个解释变量对被解释变量教育质量满意度的影响是不显著的，不能很好地解释被解释变量，即不能通过变量的显著性检验。

从系数可以看出，中小学教师数每增加1%，教育质量满意度降低1.86%；公共图书馆图书总藏量每增加1%，教育质量满意度增加1.47%；年末户籍人口每增加1%，教育质量满意度降低0.20%；在岗职工平均工资每增加1%，教育质量满意度降低7.61%；教育支出占地方生产总值比例每增加1个百分点，教育质量满意度增加158.58。由模型一可以看出，公共图书馆图书总藏量、在岗职工平均工资、教育支出占地方生产总值比例对教育质量满意度有显著的影响，这是因为公共图书馆图书总藏量的增加可以丰富学生的精神世界，使教育质量满意度提高；在岗职工平均工资增加，用于教育的支出也会增加，从而教育质量满意度提高，系数符号与预期相反，是因为客观数据与主观数据存在一定反差，根据往年经验这一反差会随着时间的推移而逐渐变小；教育支出占地方生产总值比例越高，教育资源就越丰富，教育质量满意度越高。

通过对第二个模型进行回归可得，解释变量中小学教师数、公共图书馆图书总藏量、在岗职工平均工资、教育支出占地方生产总值的比例的P值均小于0.1，说明这四个解释变量对被解释变量教育质量满意度的影响是显著的，能很好地解释被解释变量，即通过了变量的显著性检验。从系数来看，中小学教师数每增加1%，教育质量满意度降低2.08%；公共图书馆图书总藏量每增加1%，教育质量满意度增加1.47%；在岗职工平均工资每增加1%，教育质量满意度降低7.55%；教育支出占地方生产总值比例每增加1个百分点，教育质量满意度增加189.16。由模型二可以看出，中小学教师数、公共图书馆图书总藏量、在岗职工平均工资、教育支出占地方生产总值的比例对被解释变量教育质量满意度的影响是显著的，这是因为中小学教师数越多，每个学生受到的关注度就越高，教育质量满意度就越高，而系数符号与预期相反，是因为客观数据与主观数据存在一定反差，根据往年经验这一反差会随着时间的推移而逐渐变小；公共图书馆图书总藏量的增加可以丰富学生的精神世界，使教育质量满意度提高；在岗职工平均工资增加，用于教育的支出也会增加，从而使教育质量满意度提高，而系数符号与预期相反，是因为客观数据与主观数据存在一定反差，根据往年经验这一反差会随着时间的推移而逐渐变小；教育支出占地方生产总值比例越高，教育资源就越丰富，教育质量满意度也就越高。

通过对第三个模型进行回归可得，解释变量公共图书馆图书总藏量、年末户籍人口、在岗职工平均工资、教育支出占地方生产总值比例的 P 值均小于 0.1，说明这四个解释变量对被解释变量教育质量满意度的影响是显著的，能很好地解释被解释变量，即通过了变量的显著性检验。从系数来看，公共图书馆图书总藏量每增加 1%，教育质量满意度提高 1.36%；年末户籍人口每增加 1%，教育质量满意度降低 1.64%；在岗职工平均工资每增加 1%，教育质量满意度降低 7.90%；教育支出占地方生产总值比例每增加 1 个百分点，教育质量满意度增加 180.68。公共图书馆图书总藏量、年末户籍人口、在岗职工平均工资、教育支出占地方生产总值对被解释变量教育质量满意度的影响是显著的，这是因为公共图书馆图书总藏量的增加可以丰富学生的精神世界，使教育质量满意度提高；年末户籍人口越多，相应的学生数也会增加，每个学生分配到的教育资源会减少，从而教育质量满意度降低；在岗职工平均工资增加，用于教育的支出也会增加，从而教育质量满意度提高，系数符号与预期相反，是因为客观数据与主观数据存在一定反差，根据往年经验这一反差会随着时间的推移而逐渐变小；

教育支出占地方生产总值比例越高，教育资源越丰富，教育质量满意度就越高。

六　结论

通过对主观数据和客观数据进行分析可以得出以下结论。首先，由主观数据得出35个城市教育质量满意度平均值为69.37，表明受访者对目前教育质量整体较为满意，35个城市得分均高于50分；西部地区城市居民的教育质量满意度要高于东部和中部地区，东部和中部地区之间教育质量满意度没有明显的差异，上海、北京、广州等城市排名不高。具体来看，学业负担普遍较重，尤其是中西部城市，学业负担明显重于东部城市；课外教育支出费用普遍很高，中部城市的课外支出高于东部和西部城市的课外支出。

从主观数据与客观数据的回归结果可知，中小学教师数、在岗职工平均工资与教育质量满意度显著负相关，正好印证了主客观反差的存在；公共图书馆图书总藏量、教育支出占地方生产总值的比例与教育质量满意度显著正相关；年末户籍人口数与教育质量满意度显著负相关。

结合客观条件分析原因如下。

（1）中小学教师数的增加使每个学生得到更多的教育资源，并使他们得到更多的关注，有利于学生学习效率的提高，从而使教育质量满意度提高。

（2）在岗职工平均工资的增加使家长对学生的教育投入相应增加，可以使学生获得更多的教育资源，从而使家长的教育质量满意度提高。

（3）公共图书馆图书为公共教育资源，图书数量越多，学生平均得到的资源信息越多，从而使教育质量满意度提高。

（4）教育支出占地方生产总值的比例越高，说明教育投入越大，相应的，教育资源增加、基础设施完善，从而使教育质量满意度提高。

（5）年末户籍人口数增加使学生所分到的教育资源减少，从而降低家长的教育质量满意度。

结合主客观因素分析，可从以下几个方面提高教育质量满意度。

（1）增加公共图书馆图书总藏量，培养学生的课外阅读兴趣。课外阅读是学生学习生涯中的重要组成部分，增加公共图书馆图书总藏量可以提高学生的阅读兴趣，丰富学生的课外生活。城市的公共图书馆在增加纸质版图书藏量的同时可以引进电子书，使图书馆内的阅读方式更加多元化。

（2）优化学生的学习环境，加大教育经费的投入。学生的学习环境是家长对教育质量做出评判最直观的依据，学校应该加大对硬件设施的投入，如教学楼、宿舍楼、体育器材、实验器材等；此外，对存在安全隐患的基础设施及时排查，保障学生的人身安全。改善教师等教育工作者的工资收入，促使老师将更多的精力投入教育事业。

（3）加强学校的教育教学管理，提高教育教学质量。教育教学质量是家长对教育质量满意度做出评判的又一重要标准，教师要根据学生的自身特点制订适合学生的学习计划，建立明确的奖惩制度，提高学生的学习兴趣，优化课程安排，加大教育的改革力度，使其适应学生的智力发展。

（4）定期对教育工作者开展培训，加强师德师风的建设。教育工作者不仅包括老师，还包括相关机构管理人员、政府机关工作人员。加强师德师风建设，对违反校规及对学生权益造成损害的行为要严肃处理，对严重违反校纪校规的老师做出吊销教师资格证的处理；政府各教育部门应该端正为人民服务的态度，提高对教育体系完善工作的重视；学生提出的合理意见和建议要认真考虑并及时做出回应，使学生的基本权益得到保障。

提高教育质量，不仅是提高城市生活质量的一部分，而且关乎个人、家庭甚至祖国的未来，因此，未来我们要更加注重教育质量的发展，以实现城市生活质量和个人、家庭以及国家的可持续发展。

B.3

中国35个城市健康状况满意度指数报告

摘　要：人民的健康问题一直是社会关注的大问题，关系国家的发展和民族的未来。近年来，工业化、城镇化、人口老龄化、疾病谱的变化、生态环境及生活方式变化等，给维护和促进健康水平提高带来了一系列新的挑战。由于全国各城市在经济、政治、文化以及生态环境等方面的情况各不相同，本报告利用2018年中国35个主要城市生活质量调查数据，对各地区的居民健康状况进行深入探究，找出居民健康状况背后的影响因素，主要研究人口情况、交通提供能力、生态环境、经济发展水平、就业情况、医疗水平等因素对居民健康状况的影响。通过分析发现，居民的健康状况绝不是某一种因素就能决定的，要想提高居民健康水平，要从生态、就业等多方面着手，协同努力。本报告探讨了提升居民健康指数的可行性途径，为满足人民的美好生活需求提供有针对性的政策建议，地方政府要不断贯彻落实十九大报告中关于生态文明建设、公共基础设施建设以及就业的新理念，以这几个层面为主要着力点，采取相关措施，促进居民健康水平提高；在此基础上，还要不断发掘其他相关点，这样才能实现更高质量、更高水平的居民健康。

关键词：健康状况满意度　身体健康　心理健康主观指数　客观指数

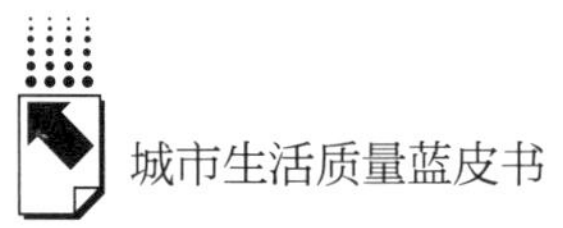

一 引言

党的十九大报告明确指出，“人民健康是民族昌盛和国家富强的重要标志”。一国的国民健康关乎国计民生，是一个国家的重要财富，也是社会文明进步的基础。一国是否具有稳定的可持续发展能力和强大的综合国力与该国人民的健康状况密不可分，健康是人力资本的重要内容。改革开放以来，随着经济的快速发展，人民的生活水平显著提高，我国国民健康水平较之以往有了显著的提升。据中共中央、国务院印发的《“健康中国2030”规划纲要》,2015年我国人均预期寿命、婴儿死亡率、5岁以下儿童死亡率、孕产妇死亡率总体上已优于中高收入国家平均水平。但近年来，工业化、城镇化、人口老龄化、疾病谱变化、生态环境及生活方式变化等，也给维护和促进健康水平提高带来一系列新的挑战。因此，提高国民健康水平，避免国民身心健康因环境危害、营养不良、工作强度过大等受到威胁，对于促进经济社会发展也具有重要意义。

进入新时代后，我国社会的主要矛盾已经转变为人民日益增长的美好生活需要和不平衡不充分的发展之间的矛盾。全国各城市在经济、政治、文化以及生态环境等方面的情况各不相同，评估不同城市居民的健康状况及其决定因素，对于理解各城市居民对美好生活向往的差异、挖掘不同城市居民健康状况的决定因素、提升城市居民的健康状况满意度和生活幸福感，都具有重要的意义。

为了深入理解和评估中国城市间居民健康状况及其决定因素，为满足人民的美好生活需求提供有针对性的政策建议，本报告利用2018年中国35个城市生活质量调查数据，对各地区的居民健康状况进行深入探究，找出居民健康状况背后的影响因素，探讨提升居民健康状况指数的可行性途径。

二 文献述评

健康包括身体健康和心理健康。健康及其决定因素是健康经济学的重要研究课题，最有代表性的研究框架是基于Grossman（1972）的健康生产模型，该模型本质上是一种健康需求模型，将健康用收入、教育等许多变量来进行解释。在此基础上，国内外学者对地区居民健康状况背后的经济影响因素进行了深入研究，取得了许多颇有意义的结论。

身体健康方面，杜雯雯和曹乾（2009）在对中国9个省份的家庭进行调查后发现，贫困和较大收入差距都会对居民健康状况产生不利影响。王怀明、王翌秋和徐锐钊（2014）通过调查农村18岁以上居民发现，收入差距随着收入的增长而扩大，而居民健康状况也会因为较大的收入差距而恶化。刘同山（2016）通过研究癌症村、分析癌症村的污染源发现，水污染、大气污染等的综合作用是形成“癌症村”的重要原因，并通过数据分析发现癌症村数量与各省份GDP成正相关，与各省份人均GDP不相关。赵雪雁、王伟军和万文玉（2017）通过变异系数、空间自相关分析和泰勒指数分析了中国居民的健康状况与时空差异的关系，发现东、中、西部地区的居民健康状况差异明显，且主要呈现从东至西、从北至南递减的形势。郑晓冬和方向明（2018）基于中国健康与养老追踪调查（CHARLS）数据，证实了社区体育基础设施对中老年人健康的影响。陈淑云和杨建坤（2018）根据中国综合社会调查（CGSS）2015年的数据，证实了自有产权房屋对居民健康的影响。穆滢潭和袁笛（2018）基于CGSS2013年个体微观数据和各省份宏观数据，证实地区医疗水平、卫生支出财政占比等对居民健康状况有着显著影响。

心理健康方面，周钦、蒋炜歌和郭昕（2018）使用2011年和

2013 年中国健康与养老追踪调查数据，研究了社会保险对农村居民心理健康的影响，新农保养老金的领取显著改善了农村老年人的心理健康，尤其是农村女性和经济地位较低人群，而新农合的相应作用基本不显著。李礼和陈思月（2018）利用中国家庭追踪调查（CFPS）2016 年的追访数据，考察了居住条件对健康的影响，即从个人住房条件和社区环境条件两个层次，分别对自评健康和心理健康的影响进行 Oprobit 回归分析，对生理健康的影响进行 Probit 回归分析，发现这几者之间确实存在相关关系。

综上所述，国内针对居民健康的决定因素已有了深入研究，但这些研究大都偏重于微观变量的分析，但事实上地区之间的宏观变量可能有着更大的影响，是地区间居民健康指数差异的重要原因。因此，本报告将从居民心理健康和身体健康两个层面分析全国 35 个主要城市的居民健康情况以及与之相关的因素。

三　模型构建

为了剖析不同城市的居民身体健康指数和心理健康指数的决定因素，我们将选取可能与之相关的变量建立模型，通过回归分析观测所选取的变量是否与居民身体或心理健康有相关性，分析其相关或无关的原因，并就分析结果对如何进一步提高我国的国民健康水平提出相关建议。

根据文献，本报告将参考 Grossman（1972）的健康生产函数构建模型，采用人口情况、交通提供能力、生态环境、经济发展水平、就业情况、医疗水平等因素解释居民身体和心理健康，建立如下模型。

$$Health=\alpha+\beta_1 \ln population+\beta_2\, green\ area+\beta_3 \ln road+\beta_4 \ln wage$$
$$+\beta_5 \ln SO_2+\beta_6 \ln dust+\beta_7\, medical\ beds+\beta_8 \ln employee+\beta_9 \ln GDP+\varepsilon$$

其中，*Health* 为被解释变量，这里将其分为 *mental health* 和 *physical health*；*population* 代表各城市人口数；*green area* 代表人均绿地面积；*road* 代表年末实有城市道路面积；*wage* 代表在岗职工平均工资；SO_2 代表工业二氧化硫排放量；dust 代表工业烟（粉）尘排放量；*medical beds* 代表每万人拥有的医疗床位数；*employee* 代表在岗职工平均人数；*GDP* 代表国内（地区）生产总值。由于居民健康指数由身体健康和心理健康两部分组成，如果将居民健康指数整体作为被解释变量进行回归分析，则得到的结果可能不具备针对性，所以本报告分别将身体健康指数和心理健康指数作为被解释变量，分别与不同的客观指标进行回归，以观测主客观变量之间的相关性。

对于居民身体健康，我们选取各城市人口数、人均绿地面积、年末实有城市道路面积、在岗职工平均工资、工业二氧化硫排放量、每万人拥有的医疗床位数等可能会对居民身体健康产生影响的因素作为主要细分指标，进行回归分析；对于居民心理健康，我们选取人均绿地面积、城市道路面积、在岗职工平均工资、工业烟（粉）尘排放量、在岗职工平均人数、GDP 等可能会对居民心理健康产生影响的因素作为主要细分指标，进行回归分析。

由于客观指标对身体和心理健康的影响可能存在关联性，所以为了在全部细分客观指标中精准地找出身体健康和心理健康各自关联对应的细分指标，在第一个模型中，我们将心理健康指数和身体健康指数分别作为被解释变量，将人均绿地面积、在岗职工平均工资、年末实有城市道路面积、工业烟（粉）尘排放量、在岗职工平均人数、地区生产总值、各城市人口数、工业二氧化硫排放量、每万人拥有的医疗床位数作为解释变量，以反映身体健康和心理健康指数与各城市人口情况、交通提供能力、生态环境、经济发展水平、就业情况、医疗水平的关系。

在第二个模型中，我们将剔除不显著的变量，对身体健康与其相关指标和心理健康与其相关指标分别进行回归。根据模型一的回归结果，在心理健康指数分析中，由于其他客观指标回归结果不显著，所以我们只保留人均绿地面积、在岗职工平均工资、年末实有城市道路面积、工业烟（粉）尘排放量（吨）、在岗职工平均人数、地区生产总值、每万人拥有的医疗床位数作为被解释变量，分析生态环境、就业情况、交通提供能力、经济发展水平和医疗水平对人的心理健康具体有何影响；在身体健康指数分析中，保留人均绿地面积、年末实有城市道路面积、在岗职工平均人数、工业二氧化硫排放量作为被解释变量，分析生态环境、就业情况和交通提供能力与居民身体健康的关系。

四　数据分析

本部分主要研究的是城市生活质量主观满意度中的健康状况部分。居民健康状况指数包括身体健康和心理健康两个方面。本部分采用健康问卷调查法调查居民健康状况，提出了四个问题对居民健康状况进行调查，分别是：14. 总体而言，您觉得您的健康情形如何？答案：①非常好，②很好，③好，④一般，⑤差；15. 回顾过去 30 天，您有多少天身体有疾病或创伤（身体不够健康）？ 16. 回顾过去 30 天，您有多少天在心理上有焦虑、抑郁或情绪失控（心理不够健康）？ 17. 在过去的 30 天内，您有多少天因为身体或心理的健康问题而限制了日常活动（如生活、工作或娱乐）？

我们利用美国疾病控制与预防中心（CDC）开发使用的健康度量

指标，即过去30天中身体或心理不够健康的天数，由问卷中第15题（身体不够健康天数）和第16题（心理不够健康天数）相加，得到居民健康指数。若相加得到天数大于30天，则设为30天；天数数值越大，说明身体或心理在过去30天越不健康。

本报告所选取的解释变量数据主要来源于国家统计局官网、《中国城市建设统计年鉴》、《中国经济社会发展年鉴》、《中国卫生和计划生育年鉴》。首先，我们将人口情况、交通提供能力、生态环境、经济发展水平、就业情况、医疗水平6个指标作为一级指标，再从每个一级指标中选取适当的细分指标作为二级指标，全部二级指标如下：城市人口、人均绿地面积、年末实有城市道路面积、在岗职工平均工资、工业二氧化硫排放量、工业烟（粉）尘排放量、每万人拥有的医疗床位数、在岗职工平均人数、GDP（见表1）。

表1　变量定义与描述性统计

项目	变量	定义	均值	标准差	最小值	最大值
被解释变量	*physical health*	居民身体健康指数（天）	3.0360	0.8554	1.8300	5.2500
	mental health	居民心理健康指数（天）	2.5246	0.7062	1.5500	4.4300
解释变量	ln*population*	城市人口（万人）的对数	6.3948	0.6350	5.1180	8.1292
	green area	人均绿地面积（平方米/人）	50.3701	48.9731	11.9682	254.1558
	ln*road*	年末实有城市道路面积（万平方米）的对数	8.6352	0.6506	6.9402	9.7856
	ln*wage*	在岗职工平均工资（元）的对数	2.1528	0.0770	1.9373	2.2809
	$\ln SO_2$	工业二氧化硫排放量（吨）的对数	2.1528	0.0770	1.9373	2.2809

续表

项目	变量	定义	均值	标准差	最小值	最大值
解释变量	ln*dust*	工业烟（粉）尘排放量（吨）的对数	0.7661	0.0362	0.6613	0.8246
	medical beds	每万人拥有的医疗床位数（个）	75.9878	16.4670	46.0469	109.7547
	ln*employee*	在岗职工平均人数（万人）的对数	4.3051	0.2262	3.8297	4.6982
	ln*GDP*	地区生产总值（万元）的对数	1.4584	0.0532	1.3428	1.5472

其中，城市人口反映的是各城市的人口情况，我们所选取的35个城市大部分是省会城市、直辖市以及经济发展较好的沿海城市，这些城市经济都较为发达，通常人口较多，较为激烈的竞争可能会对居民的心理造成压力，从而影响其心理健康；而通常这些大城市的医疗环境较好，设施较为完善，医务人员更为专业，可以很大程度上保证居民的身体健康。

人均绿地面积、工业二氧化硫排放量以及工业烟（粉）尘排放量所反映的是各城市的生态环境情况，人均绿地面积较大的城市通常城市建设做得较好，理论上来说，绿色覆盖对居民的身体和心理都会产生积极影响；而工业二氧化硫和工业烟（粉）尘的排放则会对人的身体健康造成很大危害，在35个城市中，如北京、石家庄、济南等北方地区城市的空气质量问题较为突出，主要是由于这些城市的产业问题，且季节性明显，空气质量危害身体健康的情况多发于秋冬季节，这与北方冬季寒冷，需要进行大规模的烧煤供暖可能也有一定的关系，从心理上来讲，长期居住在空气质量较差的环境中，可能会对人们的心理健康产生负面影响。

年末实有城市道路面积所反映的是各城市的交通提供能力，理论上来说，所选取的35个城市人口都较多，而道路面积越小，城市发生交通拥挤情况的可能性越大，这对居民的心理健康会造成负面影响。

在岗职工平均工资和在岗职工平均人数所反映的是各城市的就业情况，一般来说，收入差距越明显，就业压力越大，会对人的心理健康造成不利影响；而在就业压力大的城市，人们加班加点情况严重，不利于身体健康。

我们选取每万人拥有的医疗床位数反映各城市的医疗水平，通常来说人均拥有的医疗床位数越多，可以接受身体健康治疗的人就越多，总的来看，更有利于人们的身体健康。

GDP反映的是各城市的经济发展水平，GDP较高的城市，通常各个行业发展态势较好，居民在身体健康出现问题时，往往可以接受更为及时有效的治疗；而同时这些城市居民各方面的压力也大于其他城市，心理不健康程度可能也较高，由于心理问题的治疗比身体问题的治疗难度大，所以总的来看，GDP对心理可能会出现反向作用。

五　研究结果

由于数据为35个城市的截面数据，我们直接采用最小二乘法进行估计，估计结果如下。

（一）模型一回归

第一个模型是对身体健康指数和心理健康指数与全部要素分别进行回归分析，分析结果如表2所示。

表 2　模型一回归结果

变量	模型一（心理）		模型一（身体）	
	系数	P 值	系数	P 值
constant	3.3040	0.812	-1.7991	0.865
green area	-0.0040	0.341	-0.0040	0.210
ln*wage*	-1.5245	0.271	-0.2051	0.844
ln*road*	0.8690	0.040	1.3913	0.000
ln*dust*	-0.3448	0.119	-0.1249	0.450
ln*employee*	-1.8396	0.009	-1.1955	0.022
ln*GDP*	0.9545	0.098	0.1339	0.754
ln*population*	0.5673	0.354	0.0319	0.945
lnSO_2	-0.0400	0.878	-0.1539	0.440
Medical beds	0.0122	0.197	-0.0017	0.814
R^2	0.4732	—	0.5524	—

1. 心理健康

从表 2 中我们可以看出，与居民心理健康指数关系最不显著的变量依次是工业二氧化硫排放量、城市人口、人均绿地面积、在岗职工平均工资、每万人拥有的医疗床位数，说明这些变量可能与居民心理健康的关系不大；而年末实有城市道路面积、在岗职工平均人数以及 GDP 的 P 值都较小，说明在 5% 的显著性水平下，居民心理健康指数与这些变量的相关性较显著，但至于具体情况如何，我们将在模型二中再剔除一些不显著的变量进行针对性回归分析。

2. 身体健康

从表 2 中我们可以看出，目前与居民身体健康关系显著的变量仅有年末实有城市道路面积与在岗职工平均人数，而其他变量都不显著；而对于不显著变量较多，猜想可能是由于某些因素的添加影响了本该显著的因素，所以在模型二中我们将依次把不显著变量剔除再进行回归。

（二）模型二回归

在第二个模型中，我们对身体健康指数和心理健康指数与其显著相关的变量分别进行更加细致的回归。回归结果见表 3。

表 3 模型二回归结果

变量	模型二（心理）		模型二（身体）	
	系数	P 值	系数	P 值
constant	7.2040	0.577	–2.0188	0.183
green area	–0.0067	0.038	–0.0042	0.041
ln*wage*	–2.0950	0.089	—	—
ln*road*	0.9944	0.012	1.3280	0.000
ln*dust*	–0.3477	0.008	—	—
ln*employee*	–1.6073	0.010	–1.0283	0.000
ln*GDP*	2.1650	0.027	—	—
ln*population*	—	—	—	—
$\ln SO_2$	—	—	–0.2570	0.011
Medical beds	0.0094	0.279	—	—
R^2	0.4543	—	0.5389	—

1. 心理健康

从模型一中我们发现，与居民心理健康最不显著的两个变量分别为城市人口以及工业二氧化硫排放量，将这两个变量剔除后，得出模型二的分析结果。从表 3 中 P 值可以看出，只有每万人拥有的医疗床位数的相关性不太显著，其他都较为显著。通过观察发现，这些相关性显著的变量有些系数符号与上文预测一致，而有些在显著的情况下却与预测相反，下面我们逐项分析。

人均绿地面积系数为负，与预测一致，说明人均绿地面积越大，居民心理越健康；年末实有城市道路面积系数为正，与预测相反，具体原因可能是大城市虽然道路面积较大，但由于人口众多，经常出现交通拥堵的情况，这会使人们在情绪上出现负面波动；在岗职工平均工资系数为负，与预测一致，表明工资越高，心理越健康；工业烟（粉）尘排放量系数为负，与预测不一致，虽然相关性显著，但从系数上解释不通，可能原因是调查问卷提问的是“过去 30 天”的不健康天数，而空气质量情况有一定的季节性，在问卷调查前 30 天，全国绝大多数城市空气质量良好，所以该变量符号与预期相反；在岗职工平均人数系数为负，与预测相反，其可能原因是经济发达的城市虽然就业和工作压力大，但福利较好，工资水平较高，综合各方面因素，能消除就业和工作压力所带来的心理不健康，甚至能给予更大程度的心理安慰；GDP 的系数为正，与预测一致，经济较发达的城市各方面压力都较大，所以人们的心理压力也较大，表现出心理健康状况较差。

2. 身体健康

由于模型一中与身体健康显著相关的变量较少，所以我们依次将不显著的变量剔除进行回归。在进行了多种组合的回归分析后，我们选取了结果最合理的一组客观变量，从表 3 中我们可以看出，人均绿地面积系数为负，与预测一致，绿地覆盖面越大，居民身体健康状况越好；而年末实有城市道路面积相关性虽然显著，但回归分析的系数为正，与预测相反，可能原因是大城市中的人们各方面压力都较大，人们在拥有更方便快捷的交通方式的同时也更缺乏锻炼，身体更容易出现各种不适；在岗职工平均人数的系数为负，与预测一致，就业情况较好的城市通常医疗状况也较好，且一般来说，员工都有相应的保险，所以身体健康状况较好；与居民心理健康不同的是，虽然都属于空气质量问题，但相比工业烟（粉）尘，工业二氧化硫排放量对居民身体健康的影响更为强烈，其原因可能是，工业烟（粉）尘的排放能被人们更直观地观测到，更容易引起人们反感，所以对心理健康的不利影响较为显著，而二氧化硫相对于烟（粉）尘来说更加难以预防，所以更容易对人们的身体健康造成危害。

综上所述，更能对居民心理健康产生影响的因素有生态环境、交通提供能力、就业情况和经济发展水平；而与居民身体健康有关的是生态环境、交通提供能力和就业情况。

六　结论

（一）本报告研究结论

由于居民健康指数通常是作为一个整体来进行评估的，所以从上述结果来看，对居民健康指数会产生影响的指标主要有生态环境、交通提供能力和就业情况三个。

对于居民心理健康，影响最显著的是生态环境，人均绿地面积越大，不仅可以为人们提供越多的生活、休闲、娱乐的场所，使人们可以在一个更为舒适惬意的环境里生活、工作，而且可以改善城市的生态环境，这些因素都能使居民的心理更为舒适，从而有一个良好的心理健康状况。空气质量情况近年来引发了全民关注，尤其是在北京、石家庄等城市，“雾霾”情况较为严重，虽然当地居民对此采取一定的防护措施，但长期生活在较差的空气环境下，会对身体造成不同程度的伤害。经济发达的城市人口一般较多，人口密度大，所以容易出现“早高峰”“晚高峰”等情况，较好的交通提供能力能在很大程度上缓解交通拥堵情况，所以理论上年末实有城市道路面积越大，越能缓解人们在出行道路上的焦虑感；但通过分析我们却发现事实与之相反，可能原因是，虽然像北京、上海、广州、深圳等经济发展更好的城市道路面积很大，但不断涌入的务工人员却使这些城市的人均道路面积变小，所以相比其他城市，这些城市事实上更加受到交通拥堵的困扰，所以才会出现城市道路面积越大，人们心理越不健康的状况。从就业情况看，在岗职工平均人数越多，居民心理越健康，这一结果的原因可能是，北京、上海、广州、深圳等大城市的就业机会较多，且各行各业发展都较好，所以在这些城市找到工作的概率较大，且这些地区一般来说工资水平较高、福利较好，能在一定程度上弥补工作压力带来的心理焦虑。

对于居民身体健康，影响最显著的是交通提供能力，表现出城市道路面积越大，居民身体越不健康，其原因可能是，在绝大多数经济较发达的大型城市，人们上下班通常选用私家车、公交车、地铁等交通工具出行，比较方便快捷，而且大部分人在下班后没有时间或机会进行身体锻炼，再加上来自各方面的压力，人们的身体比较容易出现“亚健康”状态。对居民身体健康影响较显著的还有就业情况，在岗职工平均人数越多，居民身体越不健康，这与我们预测的基本一致，就业情况较好的城市一般来说压力也相对较大，身体容易呈现“亚健康”状态。生态环境对居民身体健康影响也较为显著，表现为人均绿地面积越大，居民身体越健康，其原因是园林绿地面积越大，人们通常越愿意在这些环境中进行锻炼，且大部分绿色植物可以净化空气，优化城市的空气质量；而工业二氧化硫排放量虽然相关性显著，但系数符号却与预测相反，究其原因，可能是二氧化硫对身体健康的负面影响在短期内不会明显地反映出来，且大城市的医疗卫生情况良好，能使人们及时有效地治疗身体病痛，所以在回归上表现显著，符号却相反。

综上所述，若想提高居民的健康指数，需要从生态环境、交通提供能力以及就业三方面入手。深刻领会习近平新时代中国特色社会主义思想，打好生态环境保护攻坚战，为人们创造良好的生产生活环境，努力建设美丽中国；全面推进公共交通等基础设施建设，缓解城市出行压力，创造更为方便快捷、多样的交通出行系统；努力提高人民的收入水平和就业质量，坚持就业优先战略和积极就业政策，实现更高质量和更充分的就业。

（二）政策建议

为提高居民整体健康水平，不仅要关注居民身体健康，而且要重视心理健康。地方政府要不断贯彻落实十九大报告中关于生态文明建设、公共基础设施建设以及就业的新理念，以这几个层面为主要着力点，采取相关措施，促进居民健康水平提高，在此基础上，还要不断发掘出其他相关点，这样才能实现更高质量、更高水平的健康。

加快转变经济发展方式，提高资源利用效率和效益，建设资源节约型社会；实施创新驱动发展战略，通过科技创新和技术进步不断提高资源利用效率，发展循环经济，合理利用资源，减少工业污染。鼓励、支持和引导非公有制经济的发展，以小微企业的发展带动就业率提高，降低失业率；调整收入结构，减少税收，大力发展中西部地区，完善社会保障制度，减少贫困，缩小收入差距；大力发展教育，提倡“科教兴国”战略，丰富和提高相关从业人员的专业知识与素养。

倡导简约舒适、绿色低碳的出行方式，大力发展科技创新，用先进的技术改进交通工具和道路设施，尤其是要加快基础道路设施不够完善地区的建设，地方政府要确保为人们提供更加方便快捷的出行方式，制定和实施严格的交通管理法规，以强化人们的交通安全意识，规范人们的出行行为，为交通安全和交通管理提供重要保障。

为人民群众提供全生命周期的健康服务。要从以治病为中心慢慢转型到以疾病预防为中心，坚持预防为主、预防与治疗相结合，努力为国民提供全生命周期的卫生与健康服务。我们认为，应当对人一生的健康进行全面规划，对从胎儿出生前到老年期的所有阶段进行持续的人力资本投资，建立覆盖居民生命周期的大健康战略体系。

政府要坚持基本医疗卫生事业的公益性，不断完善公共医疗制度、提高医疗服务质量，让广大人民群众都能公平地享受到国家的优质医疗服务。政府需要着力补强短板，把卫生与健康资源更多引向农村和贫困地区，加大对贫困地区的医疗救助支持力度。全面的公共医疗制度可以有效地预防这一情况的发生。

实行严格的生态环境保护制度。生态环境的保护对于国民健康状况有着重大的意义。政府需要建立健全生态环境保护制度，加强空气污染、水污染等方面的防治，加快推进国土绿化速度，切实解决影响人民群众健康的突出环境问题。当地政府可以制定和实施科学的环境保护规划，全面部署生态环境的保护与建设；通过实施环境技术政策，提高能源和资源利用效率，减少污染物的排放；强化环境执法监管，杜绝环境违法行为；提倡人们参与环境保护与监督。

B.4 中国35个城市医疗服务满意度指数报告

摘 要：医疗服务满意度是城市生活质量评价的重要方面之一，本报告对全国35个大中城市的医疗服务满意度等进行了较为全面的问卷调查，获得了主观城市医疗服务满意度指数，在一定程度上反映了城市居民对医疗服务的满意度情况。但单纯的主观满意度调查难以准确地反映客观医疗服务的情况，而且现有研究也大都注重居民医疗服务满意度的微观原因分析。为了对城市医疗服务满意度指数做出更好的解释，本报告针对主观城市医疗服务满意度指数，从宏观方面选取与城市医疗服务提供能力、政府投入和经济发展状况相关的6个客观指标，采用2个多元线性回归模型，利用stata进行回归，研究主观满意度指数与客观指标之间的相关性。回归结果显示，城市医疗服务满意度与万人执业医师数显著正相关，与医院数较显著正相关；但城市医疗服务满意度并不与当地居民生活水平、万人医疗机构床位数成必然正相关，与政府医疗投入正相关，但是相关性不够显著。要提高城市医疗服务质量，需要在高水平医院建设、医疗机构利用效率提高、医疗人才培养、医疗资金优化利用等方面加大努力。

关键词：医疗服务满意度　主观指数　客观指数　医疗服务质量

一 引言

党的十九大报告指出，“中国特色社会主义进入新时代，我国社会主要矛盾已经转化为人民日益增长的美好生活需要和不平衡不充分的发展之间的矛盾”，而人民群众在就业、教育、医疗、居住、养老等方面面临不少难题，是这个矛盾的重要体现。因此，对于城市生活质量，居民的医疗服务满意度是其中重要内容。近年来，重大疾病等的发生更加普遍，而且人们更加关注身体健康情况，可见，城市的医疗服务与城市生活质量联系更加密切。

2017 年，我国卫生总费用约达 51598.8 亿元，卫生总费用占 GDP 的比重为 6.2%[①]，对比 2012 年的 5.4%，提高了 0.8 个百分点，但是世界其他国家在 2012 年时卫生费用支出占 GDP 比重已经高于我国目前水平很多，如韩国为 7.6%、日本为 10.3%、美国为 17%，所以我国在医疗卫生方面的投入水平尚需要加强。通过加大医疗方面的财政投入，增加医院医生数量，提升重大疾病的治疗水平、改善服务态度，切实提高人们的医疗服务满意度。要提高城市医疗服务满意度，政府还应该重视使医疗卫生支出转化为高质量的医疗卫生资源，从多方面改善医疗服务状况。党的十九大也提出了更加关注人民健康，建设“健康中国”，所以医疗服务需顺应时代要求，提高质量，加快发展速度。

医疗卫生事业发展好的城市，医疗服务的提供能力强、诊疗水平高、就诊环境好，人们的医疗服务满意度也就会随之提高；人们的医疗负担能力强，对医疗服务的满意程度也会高一些，因为人们能负担

① 国家卫生健康委员会:《2017 年卫生健康事业发展统计公报》，http://www.nhc.gov.cn/guihuaxxs/s10743/201806/44e3cdfe11fa4c7f928c879d435b6a18.shtml。

较高的治疗费用，所以医疗服务满意度在一定程度上能体现城市生活质量。但单纯的主观满意度调查难以准确地反映客观医疗服务状况，所以本研究针对城市医疗服务满意度指数，选取与城市医疗服务提供能力、政府投入和经济发展状况相关的客观指标，运用stata分析相关性，进而主观与客观结合分析城市的医疗服务，并根据各城市不同的医疗服务满意度指数和客观医疗条件分析存在的问题，提出合理化建议，有利于根据人民需求来调整医疗服务的改进方向，对满足人民医疗需求、保障人民健康具有重要意义。

二　文献述评

对于医疗服务质量与居民满意度之间的关系，国内已有大量文献运用各种微观数据进行了深入研究。阮荣平、周佩与程郁（2017）基于国务院发展研究中心2014年和2015年“中国民生调查”民生关切点入户调查数据，发现医疗是仅次于收入的影响居民政府满意度的民生状态变量。国务院发展研究中心中国民生调查课题组（2018）也证实，医疗是仅次于收入的城乡居民关于家庭生活的关切点，医疗被28.1%的居民认为是家庭开支中压力最大的项目，“看病贵”和“看病难”是对医疗服务最不满意的选项。范静波（2018）基于中国综合社会调查2013年（CGSS 2013）数据，发现11类医疗卫生公共服务项目中，卫生监督协管、药品安全管理、基本药物制度3类公共服务的评分均值最低。居民的满意度感知结构可以分为“疾病预防与管理满意度”和“药品管理与卫生监督满意度”2个部分，并且总体满意度更易受到“疾病预防与管理满意度”的影响。

有关医疗服务满意度的研究，徐龙顺等（2017）基于CGSS 2013年对9600位居民的调查数据，实证分析了医疗卫生、住房保障与

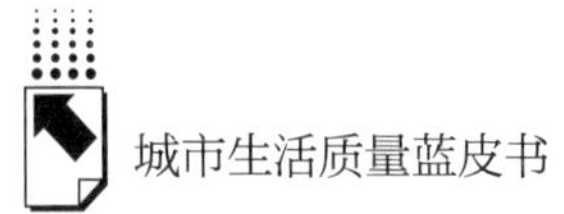

居民生活满意度之间的逻辑关系，发现医疗卫生对居民生活满意度的正向影响主要是通过个体状况、社会态度和政府服务等中间变量间接实现，医疗卫生和住房保障服务供给的充足性、均衡性以及民众获取的便利性是影响居民生活满意度的主要因素。杨建科与王建（2017）基于边燕杰教授在 2014 年主持的“社会网络与求职过程”八城市调查（JSNET 2014）的实证分析发现，难以观察到城市间居民医疗满意度的规律性差异，或许应用人口规模、城市级别、经济发展等差异解释，而从微观上看，家庭收入是重要的决定因素，个体年龄、受教育程度、定期体检等也具有重要的影响。张建洁、李金林、曹雪丽（2018）基于线上和线下两种方式对有就医经历的患者进行问卷调查，根据数据证实患者就医体验过程中的就医环境舒适性、就医费用合理性、服务态度友善性及诊疗过程的规范性都会对患者的整体满意度有积极的作用。王哲、周麟、彭芃（2018）基于中国综合社会调查（CGSS 2005）数据和来自各种统计年鉴和统计公报等的县域层面的地理、宏观和人口数据考察了公共服务满意度的决定因素，发现单纯增加民生财政支出并不能显著提升居民满意度，居民满意度可能更多受本县医疗财政支出与毗邻区域相对水平的影响，因此地区相对差异的显著影响表明医疗支出的均等化更加重要。谢星全（2018）基于中国综合社会调查（CGSS 2013）公共服务板块数据研究证实，县级政府提供的基本医疗卫生的整体绩效（包括资源充足率、分配均衡度和获得方便度等）对居民医疗卫生满意度有显著影响，选择参加医保的居民获得的基本医疗卫生服务满意度比未参保居民更高，但满意度差距受宏观绩效与价值规范的外在影响。

综上可以看出，现有研究大都注重居民医疗服务满意度的微观原因，而对于各地区的经济、人口、财政投入等宏观政策原因并不太关注，从而对国内各城市间医疗服务满意度的差异也没有进行系统分析。这一局限主要是由于全面数据的不可得，而2018年城市生活质量调查对全国35个大中城市的医疗服务满意度等进行了较为全面的调查，其样本容量和数据质量足以支持对城市医疗服务满意度进行分析，这就是本报告的主要意义所在。

三　模型构建

为了对城市医疗服务满意度指数做出更好的解释，本报告拟采用一系列多元回归模型对医疗服务满意度的决定因素进行分析。由于数据结构缺乏人口、社会和经济变量，我们主要通过寻找一系列宏观变量来解释各城市间医疗服务满意度决定因素的差异。参考各种文献，我们设定了如下两个模型。

模型一主要分析城市基础的医疗资源状况和医疗卫生支出占财政支出的比重对城市医疗服务满意度指数的影响。将主观医疗服务满意度指数作为被解释变量，选择该城市所拥有的医疗条件客观数据作为解释变量，包括医院数、每万人拥有的医疗机构床位数、每万人拥有的执业医师数、医疗卫生支出占财政支出的比重，以反映主观医疗服务满意度指数与城市医疗服务提供能力、政府投入的关系。

模型二进一步引入反映城市客观经济发展水平的变量和反映医疗在城市经济发展中被重视程度的变量，分别是人均GDP（取对数）、医疗卫生支出占城市GDP比重2个客观指标。以主观医疗服务满意度指数为被解释变量，以人均GDP（取对数）、医疗卫生支出占城市GDP的比重、医院数、每万人拥有的医疗机构床位数、每万人拥有的执业医师数、医疗卫生支出占财政支出的比重6个客观指标为解释变量，运用stata进行回归。模型二中既包含了与城市医疗服务提供能力、政府投入相关的指标，还包含反映城市经济发展的指标，分析客观经济发展状况与主观医疗服务满意度指数的关系。

四 数据分析

本报告中数据主要包括主观数据和客观数据，主观数据通过2018年城市生活质量调查获得。本次城市生活质量调查的医疗服务满意度指数是对如下两个具体问题的加权平均值，即“19.考虑您最近一次的就诊经历（自己或陪同亲友），您对该医疗机构的服务质量（包含诊疗水平、服务态度、就诊环境）是否满意？”和“20.总体而言，您对医疗保险个人负担部分是否满意？”。这些问题可以反映人们的就医选择、对医疗机构的治疗和服务是否满意、对医保个人和政府的负担比例是否满意，可以通过这些主观的选择反映人们对城市医疗服务的看法，进而反映城市生活质量。

我们选取了6个客观指标，数据情况如表1所示。客观指标主要从两方面选取，一是与城市基础医疗资源状况有关的客观指标，反映城市医疗服务提供能力，在此选取了每万人拥有的执业医师数、每万人拥有的医疗机构床位数、医院数3个指标；二是选取了与医疗卫生投入、经济发展状况相关的客观指标，包括医疗卫生支出占财政支出比重、人均GDP（取对数）、医疗卫生支出占城市GDP比重3个指标。数据来源于CNKI数据库、国家统计局官网、《中国城市统计年鉴（2017）》、《中国卫生和计划生育统计年鉴（2017）》。所有变量的描述性统计见表1。

表1 变量描述性统计

变量	定义	样本量	平均值	标准差	最小值	最大值
number of doctors	每万人拥有执业医师数（人）	35	43.438	13.486	20.208	76.601
beds	每万人拥有的医疗机构床位数（个）	35	75.988	16.944	46.047	109.755
health expenditure/fiscal expenditure	医疗卫生支出占财政支出比重	35	0.072	0.015	0.048	0.101
gdp per capita	人均GDP（元）	35	89226.630	28389.780	52723.000	167411.000
number of hospital	医院数（个）	35	253.600	188.040	51.000	888.000
health expenditure/gdp	医疗卫生支出占城市GDP的比重	35	0.011	0.003	0.006	0.019
医疗服务满意度指数	—	35	65.202	3.009	57.360	70.580

其中，每万人拥有执业医师数、每万人拥有的医疗机构床位数、医院数三个解释变量说明一个城市医疗服务的基础状况，万人执业医师数、万人医疗机构床位数分别用执业（助理）医师数、医疗机构床位数除以相应的年末人口数得出，医院数是医院、卫生院数之和。

医疗卫生支出占财政支出比重采用政府医疗卫生与计划生育财政支出除以公共财政支出，搜集的医疗卫生与计划生育财政支出存在数据缺失，为了补上比较合理的数值，此处采用省份相应数据的增长率，代入城市的数据中求缺失值。医疗卫生支出占城市GDP比重采用政府医疗卫生与计划生育财政支出除以城市GDP计算得到。

经过绘制散点图，发现海口的极端值较多。由于海口是著名的疗养胜地，医疗资源相对其他地区来说丰富得多，因此用医疗资源客观数据和主观满意度进行回归时，海口就是一个异常值。所以，在回归时去掉海口，只对其余 34 个城市的数据运用 stata 进行回归。

五　研究结果

我们选取了 6 个客观指标，以调查得到的医疗服务满意度指数为被解释变量，利用 stata 进行回归，研究主观指数与客观指标之间的相关性，回归结果如表 2 所示。

表 2　回归结果

模型	模型一		模型二	
	系数	P 值	系数	P 值
constant	65.8358	0.000	83.7847	0.003
number of hospital	0.0037	0.133	0.0045	0.086
beds	−0.0829	0.030	−0.0973	0.021
number of doctors	0.1006	0.058	0.1302	0.043
health expenditure/fiscal expenditure	8.7544	0.809	21.2309	0.606
ln(*gdp per capita*)	—	—	−1.4761	0.494
health expenditure/gdp	—	—	−219.1203	0.291
R^2	0.2080	—	0.2415	—

由表 2 中模型一的回归结果可以看出，在显著性水平 5% 的条件下，医疗服务满意度指数与每万人拥有的医疗机构床位数存在显著负相关关系；在显著性水平 10% 的条件下，医疗服务满意度指数与每万人拥有的执业医师数存在显著正相关关系。

模型一所列示的关系表明，增加医生的数量可以显著提升居民对医疗服务的满意度。这背后的机制可能在于，每万人拥有的执业医师数越多，医生的人均负荷越小，由于医生压力减轻，在给病人服务时态度更好、诊断更准确，从而可以提高患者的就医满意度。但是，每万人拥有的医疗机构床位数并没有预想的与医疗服务满意度呈正相关关系。这背后的原因可能在于，在控制了医生数量的条件下，病床数量的增加实际上摊薄了居民所享受到的医疗服务。另外，考虑实际情况，人们在就诊时更加倾向于高水平的大型综合医院，尤其是由于城乡医疗条件存在差异，城市大医院患者密集，而且近几年住院率不断提高，使城市医院床位竞争加剧，医疗水平较低的小医院床位资源浪费，这也就造成主观感受上大城市医疗设施条件好、床位多，但实际上城市居民的医疗服务满意度并不一定高。

如表 2 中模型二回归结果所示，进一步引入人均 GDP、医疗卫生支出占城市 GDP 比重后，各指标显著性均有所提升。在显著性水平 5% 的条件下，医疗服务满意度指数与每万人拥有的医疗机构床位数、每万人拥有的执业医师数存在显著相关关系。在显著性水平 10% 的条件下，医疗服务满意度指数与医院数存在较显著的相关关系，因为医院、卫生院数越多，服务覆盖范围就越广，人们就医会更方便，有利于医疗服务满意度提高。

模型二还发现，医疗服务满意度与医疗卫生支出占财政支出比重的关系不够显著。虽然政府投入增加有助于医疗卫生事业的发展，但不必然会提高人们的医疗服务满意度；同时，结合问卷可以看出，人们目前对医保个人负担部分不够满意，而且最不满意的是上海（56.32），其次还有南京（56.99）和深圳（57.11）。可见，主观医疗服务满意度并不一定与医疗投入呈必然的正相关关系，需要注意投入与实际需求相结合。

主观满意度与医疗卫生支出占城市 GDP 比重的相关性不够显著，

系数为负，可能因为某些城市医疗卫生支出增加的幅度远远小于 GDP 增加的幅度，在经济飞速发展的同时，个别地方对医疗事业的投入不足，而人民对医疗质量的要求又因经济发展而快速提高，这就造成医疗资源和服务落后于人们日益提高的要求，出现系数为负的情况。人均 GDP（取对数）的系数为负，显示经济发展水平与基本医疗服务满意度发生了背离。其原因可能在于，城市经济发展水平越高，其对医疗服务的要求越高，在同样的医疗服务水平条件下，西部地区城市的居民可能给出“满意”的评价，而东部地区城市的居民可能给出“一般”的评价。这也印证了问卷结果中，广州、长沙、深圳、上海、南京等几个大城市客观经济发展水平与医疗服务满意度指数存在反差的情况。

六　结论与启示

对于城市生活质量而言，居民的医疗服务满意度是重要内容。本报告研究城市医疗服务满意度，结合各城市不同的医疗服务满意度指数和客观医疗条件分析医疗服务方面存在的问题，提出合理化建议，对满足人民医疗需求、提高人们的医疗服务满意度有重要意义。现有研究大多注重居民医疗服务满意度的微观原因分析，而本报告结合每万人拥有的执业医师数、每万人拥有的医疗机构床位数、医院数、医疗卫生支出占财政支出比重、人均 GDP（取对数）、医疗卫生支出占城市 GDP 比重等宏观变量来解释各城市间医疗服务满意度决定因素的差异。本报告利用主观调查数据和客观数据，在对主观满意度充分分析后，又采用 2 个多元回归模型，进行主客观结合分析。模型一主要分析城市基础医疗资源状况和医疗卫生支出占财政支出的比重对城市医疗服务满意度指数的影响；模型二在模型一的基础上增加与客观经济发展状况有关的变量，分析基础医疗资源状况、医疗投入、客观经济水平与医疗服务满意度指数的关系。

根据主观调查结果，对就诊医疗机构的选择倾向于综合医院；在医疗机构服务质量满意度方面，东部地区城市高于中西部地区城市，某几个经济状况好的大城市存在主客观反差；对医疗保险个人负担部分，东部地区城市的满意度要低于中西部地区城市。城市医疗服务满意度指数存在东、中、西部地区差异，东部地区城市满意度高于中西部地区城市，但某些大城市医疗服务主观满意度指数与城市客观经济发达程度存在主客观反差。男性的满意度略高于女性；各年龄段总体差距不大，年龄在 40~49 岁的人对医疗服务满意度略低；大专及大专以上群体的满意度略低于大专以下学历群体；在职群体的满意度略高于非在职群体。结合客观数据的回归分析显示，城市医疗服务满意度与万人执业医师数显著正相关，与医院数较显著正相关；但城市医疗服务满意度并不与当地的人民生活水平、万人医疗机构床位数成必然正相关，正好印证了主客观反差的存在；城市医疗服务满意度与政府医疗投入正相关，但是相关性不够显著。结合客观条件分析原因如下。

（1）经济发展导致医疗需求提高。经济发展使人民对生活质量包括医疗服务质量的要求更高，一是，目前缺乏顶级水平的大型医院；二是，人们为了获得高水平的医疗资源而聚集到城市大医院看病，令大医院就医环境变差，使现有大城市医疗服务满足不了人们的高质量需求。这就导致客观的经济发展水平与主观医疗服务满意度之间存在反差。

（2）医疗资源浪费。从调查中的就医选择情况来看，人们更倾向于在大城市的综合医院就诊，这就造成城市高水平综合医院患者聚集、床位竞争加剧，中小医院床位利用率低，床位闲置，所以即使城市的万人床位数多，也不一定会使人们的医疗服务满意度提高。

（3）高水平医疗人才供给不足。患者选择大型综合医院，就是因为大医院高水平医生多，诊断准确。这一就医趋势使大医院医生的人均负荷量增大，不仅容易产生医患纠纷，而且影响人们就诊的主观满意度。

（4）医疗资金使用有待优化。本报告研究结果表明，城市医疗服务满意度与医疗卫生支出占财政支出比重有正相关关系，但是不显著，虽然增加投入，但是配置方向不一定能满足现阶段人们的需求方向，从问卷调查中也可以看出目前人们对医保个人负担部分不是很满意，尤其是东部城市对医保个人负担部分的平均满意度低于全国平均水平，西部城市反而略高于全国平均水平。

我国目前的城市平均医疗服务满意度指数处于“一般”和“满意”之间，整体较满意，但仍有待提高。提高城市医疗服务满意度可以从以下几方面改进。

（1）加快建设顶级水平医院。目前城市中的高水平医院已经开始逐渐落后于人们对医疗服务的要求，亟须建设顶级水平的大医院。首先，此类医院需要具备医术高、医德高的高水平医护人员，聚集国内外专家，对疾病的治疗能力领先；其次，积极利用现代互联网技术、人工智能等建设人性化的就医环境，比如网上预约、患者终身病历及健康管理等；医院成立医疗科研中心，重视国内外交流。

（2）提高不同等级医疗机构的利用率。一方面，可以利用分级诊疗方式，促进患者在不同等级的医院治疗；另一方面，整合或关停低水平医疗机构，促进医院提高医疗服务能力，解决医疗机构资源浪费问题。

（3）保证高水平医疗人力资源供给，促进配置公平。本报告的定量研究证明，医生数对医疗服务满意度有正向影响，所以提高医疗服务满意度的有效途径之一就是，培养更多高水平的医疗卫生人才，提高培养要求，理论知识和实践操作并重；其次，实行就业分配、定向扶持等措施，为基层、中西部输入医疗人才，实行地区间、城乡间医疗人才互换交流制度。

（4）优化医疗资金使用。政府对医疗卫生事业的资金支持应根据现阶段的需求进行调整，增加在医疗科研、重大疾病治疗方面的资金支持，根据本次对医疗保险个人负担部分的满意度调查，东部地区部分城市对医保个人负担部分的满意度不及西部地区城市，所以国家在加大对中西部地区城市医疗机构支持力度的同时，也要注意调整东部地区城市医疗保险的政府和个人负担比例，尤其是针对城市低收入人群。

专 题 报 告

B.5 中国城市居民大型代表性样本评估SF-8的信度和效度

摘 要：SF-8简表广泛用于健康相关生活质量（HRQOL）的测量。本研究旨在通过中国城市居民大型代表性样本评估SF-8中文版的信度和效度。本报告通过对固定电话和移动电话进行随机数字拨号（RDD），调查了中国35个主要城市的居民，同时采用多阶段分层抽样的方案，选取了10885位成人作为概率样本；采用项目总相关系数和Cronbach α系数对SF-8的内部一致性信度进行评估。建构效度通过因子分析做出评估。已知族群效度的评估则根据不同年龄、性别、收入人群在健康相关生活质量方面的差异及其整体情况进行。本报告证明，①SF-8具有非常优异的内部一致性信度和已知族群效度；②传统的SF-8双因子结构（生理和心理健康）适用于中国城市居民，但是三因子模型（生理、心理和整体健康）比传统双因子模型的数据拟合程度更高。本报告是首个使用来自中国的大型代表性样本证实SF-8传统双因子结构的研究；且证明SF-8中文版切实可行、可靠有效。本报告研究结果支持将 SF-8 概括性总分用于评估中国人的一般健康相关生活质量。未来将进一步探讨在中国人口中应用 SF-8 三因子结构的可能性。

关键词：生活质量　健康　SF-8　信度　效度　心理测量学

一　背景

过去几十年来，在临床和健康服务研究中，与健康相关生活质量（HRQOL）的测量和评估成为人们越来越感兴趣的课题。许多临床试验已将与健康相关生活质量作为临床结果之外的另一项主要结果。在测量与健康相关生活质量方面，最常采用的工具是 SF-36 健康调查简表。SF-36 通过 8 个分量表（生理机能、生理职能、躯体疼痛、一般健康状况、精力、社会功能、情感职能、精神健康）共 36 个问题来测量成人的一般的与健康相关生活质量；然后，在此基础上计算 2 个概括性总分（生理要素评分 PCS 和心理要素评分 MCS）。该量表已被翻译成 170 多种语言，并在许多国家进行了广泛的测试。虽然广受欢迎，但 SF-36 量表的长度却限制了它的使用，因为该量表有 36 个问题，即使是有经验的访问者在电话里平均也需要花 17 分钟才能完成调查。研究如果采用 SF-36 量表测量与健康相关的生活质量，就会大大增加调查时长，加重研究参与者的负担。所以，许多研究者更愿意使用 SF-8 简表，即 SF-36 的缩减版，同时这也是最短的一种 SF 健康调查表。为尽量减轻受访者负担，SF-8 量表将 SF-36 缩减至 8 个问题。虽然与 SF-36 相比问题数量大幅减少，但是 SF-8 一样能针对 8 个分量表和 2 个概括性指标产生换算评分。SF-8 的简洁性使其成为一款评估与健康相关生活质量的理想工具，特别是对于大型观察研究来说，因为调查进行时间和受访者负担都是大型观察研究需要考虑的重要因子。

SF-8 已被翻译成多种语言，包括西班牙语、德语、日语、卢奥语、韩语和简体中文。在之前的一项研究中，Wang 等已按照标准的“国际生活质量评估”（IQOLA）规则将 SF-8 翻译成中文，进行了正向翻译、译文回译、专家评审和心理测量学检验等。通过对 1517 名参与者的随机抽样，该研究发现 SF-8 中文版具有良好的内部一致性信度（整体 Cronbach α 系数 = 0.749）和准则效度（SF-8 和 SF-36 之间的相关系数为 0.559）。但是，他们并没有研究在美国确定的双因子结构（生理和心理健康）是否适用于中国居民，而生理要素评分（PCS）和心理要素评分（MCS）这两个概括性总分的效度取决于基础的双因子结构的适用性。此外，该研究采用的居民样本较少，仅来自中国的一个城市，所以不能代表整个中国的居民。据我们所知，Wang 等的研究是目前唯一一项对 SF-8 在中国的心理测量学特性做出评估的研究。因此，在本报告的研究中，我们采用更大、更具代表性的中国城市居民样本来评估 SF-8 的内在一致性信度、建构效度和已知族群效度，从而拓展了中文版 SF-8 的心理测量学检验。

二　方法

（一）数据收集和参与者

本研究采用的数据收集自 2017 年的中国城市生活质量调查。该调查的目的是评估中国城市居民的生活质量，包括与健康相关生活质量。从 2017 年 3 月到 5 月，我们通过随机数字拨号（RDD）对中国各大城市 20 岁及 20 岁以上的成年居民进行了访问。考虑到移动电话的使用日益增加，我们对固定电话和移动电话都进行了随机数字拨号。我们之所以选择电话调查，是因为：①我们希望调查大量的参与者，所以面对面调查不太现实；②在线调查的数据质量和群体代表性通常不佳。我们的调查覆盖了 26 个省会城市、4 个直辖市（北京、天津、上海和重庆）和 5 个计划单列市（大连、青岛、宁波、厦门和深圳）。我们采用多阶段分层抽样的方案，选择以市和区为分层的概率样本。电脑辅助电话调查（CATI）由经过 CATI 培训的学生在首都经济贸易大学调查中心进行。调查回复率为 18.1%，平均完成时间为 5.2 分钟，最终产生样本 10885 个。

（二）SF-8中文版

之前的一项研究已按照标准的“国际生活质量评估”规范将 SF-8 翻译成中文。SF-8 的 8 个分量表测量的项目分别为：生理机能（PF）、生理职能（RP）、躯体疼痛（BP）、一般健康状况（GH）、精力（VT）、社会功能（SF）、情感职能（RE）以及精神健康（MH）（见图 1）。分量表评分可表示为 0~100 的 T- 分数（平均值 = 50；标准差 = 10），评分越高表示越健康。生理要素评分（PCS）和心理要素评分（MCS）这两个概括性总分也可由分量表评分算出。概括性总分的计算方法为分量表评分的加权总和，转化为 T- 分数，并按照美国普通人群进行标准化。这种基于标准的评分方法可用于比较来自不同研究的 SF-8 评分，因为这些评分都是按照同一参考人群进行标准化的。

3. 调查项目

除了 SF-8，我们在调查中还收集了年龄、性别、学历、收入等与整体生活质量相关信息。衡量学历的问题为：“您的教育水平是__？”选项为：“未接受正规教育”、“小学教育”、“初中或高中教育”、“大学毕业或肄业”和“研究生及以上”。在中国，初等教育（小学）一般是 6 年，通常毕业年龄为 12 岁。中等教育包括 3 年初中和 3 年高中，通常高中毕业年龄为 18 岁。高等教育（大学）一般是 4 年。接

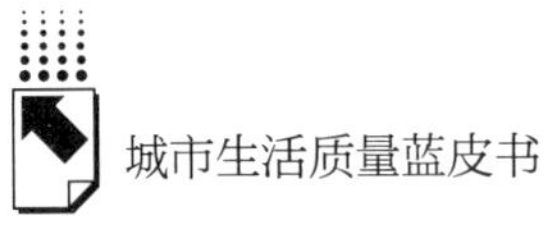

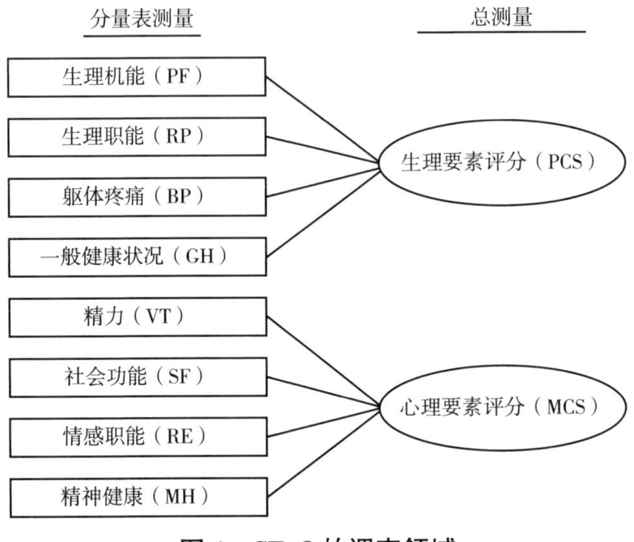

图 1　SF-8 的调查领域

着提出的衡量收入的问题为："您的月收入范围是__？"选项为："2000 元以下"、"2000~4999 元"、"5000~7999 元"、"8000~15000 元"和"15000 元以上"。最后，衡量整体生活质量的问题为："您怎样评估您的整体生活质量？"参与者需在 1 到 10 之间选择一个数字，数字越大表明生活质量越好。在电话调查中询问 SF-8 之前，需请受访者先回答上述所有问题。

5. 统计和心理测量学分析

我们通过计算频率和百分比来描绘研究参与者的人口学特征。我们还针对 SF-8 的每个项目计算了获得最低分（下限效应）和最高分（上限效应）的参与者的平均值、标准差和百分比。在心理测量学检验中，我们评估了 SF-8 的内部一致性信度、建构效度和已知族群效度。内部一致性信度通过考察项目的总相关系数和 Cronbach α 系数来进行评估。项目总相关系数通过将 8 个项目逐一移除然后与其余 7 个项目关联来进行计算。我们报告了整体的 Cronbach α 系数，同时也计算并报告了从中移除任意一个项目后的 α 值。我们采用的 Cronbach α 甄别阈如下：> 0.7（及格）、> 0.8（良好）、> 0.9（优秀）。在项目总相关系数方面，我们认为如果某个值大于 0.3，就表明对应的项目与整个量表相关。

接下来，我们基于分样法（即将原始数据随机分为两等份），通过因子分析对建构效度进行了评估。我们对一半的样本数据进行了探索性因子分析（EFA），以探究 SF-8 的基础结构。然后，对另一半数据进行验证性因子分析（CFA），以验证我们确定的因子结构。在探索性因子分析中，我们通过正交旋转采用主成分法提取因子。我们报告了因子旋转模式，同时认为如果因子载荷大于等于 0.6，则该项目对该因子存在负荷。提取的因子数量通过查看陡坡图和考虑以下标准来确定：特征值（>1）、单个因子说明的总方差的比例（>10%）以及多个提取因子综合说明的总方差的比例（>70%）。在验证性因子分析中，我们验证了探索性因子分析确定的各种结构，以及广受认可的 SF-8 双因子（生理和心理健康）结构。验证性因子分析是一种多元统计技术，用于验证观察到的变量是否代表假设的潜在建构。由于大样本的卡方统计具有较高的灵敏度，我们根据标准化残差均方根（SRMR）、近似误差均方根（RMSEA）和比较拟合指数（CFI）对拟合优度进行了评估。标准化残差均方根的值小于 0.05 表示拟合程度良好；近似误差均方根的值小于 0.05 也表示拟合程度良好，介于 0.05 到 0.10 之间表示拟合程度一般，大于 0.10 表示拟合程度较差；比较拟合指数和规范拟合指数（NFI）的值大于等于 0.9 则表示拟合程度良好。

最后，我们评估了已知族群效度，以了解 SF-8 各调查领域及其概括性总分在各已知族群之间的差异程度。已知族群的划分标准分别为年龄、性别、学历、收入和整体生活质量。生活质量已知族群按整体生活质量的高、中、低分为三组。我们假设年长、女性、学历低、收入低或整体生活质量较低的参与者 SF-8 量表评分较低，同时使用 Cohen's d 来评估已知族群之间 SF-8 调查领域评分的标准化差值或效应量（ES）。基于 Cohen 的建议，我们设定 $0.2 \leq d < 0.5$ 为“小”效应量，$0.5 \leq d < 0.8$ 为“中”效应量，$d \geq 0.8$ 为“大”效应量。所有数据分析均使用 SAS 9.4 版进行。

三　结果

1. 参与者特征

参与者特征总结见表 1。大部分参与者年龄为 20~50 岁。在我们的样本中，男性参与者的比例（52.5%）略高于女性参与者的比例（47.5%）。在学历方面，28.9% 的参与者为高中毕业或肄业，约一半以上的参与者（55%）为大学毕业或肄业。在收入方面，56.7% 的参与者称月收入低于 5000 元，4.3% 的参与者称月收入高于 15000 元。SF-8 分量表评分的平均值（T- 分数）、标准差以及下限和上限效应总结见表 2。分数区间为 51.0~56.8。所有分量表评分的下限效应都很小，上限效应则相对较大，最高百分比为 72.4%（生理职能）。

表 1　参与者特征

项目		n	占比
年龄	20~30 岁	4667	42.9%
	31~40 岁	3453	31.7%
	41~50 岁	1766	16.2%
	51~60 岁	614	5.6%
	60 岁以上	385	3.5%

续表

项目		n	占比
性别	男性	5714	52.5%
	女性	5171	47.5%
学历	未接受正规教育	300	2.8%
	小学教育	799	7.3%
	初中或高中教育	3144	28.9%
	大学毕业或肄业	5989	55.0%
	研究生及以上	653	6.0%
月收入	2000 元以下	2884	26.5%
	2000~4999 元	3291	30.2%
	5000~7999 元	3093	28.4%
	8000~15000 元	1152	10.6%
	15000 元以上	465	4.3%

表 2　SF-8 项目总结

项目	平均值[1]	标准差	下限（%）	上限（%）	Cronbach α[2]	总相关系数（r）[3]
生理机能（PF）	51.0	5.3	0.2	67.3	0.81	0.68
生理职能（RP）	51.0	5.6	0.3	72.4	0.81	0.68
躯体疼痛（BP）	56.8	6.4	0.3	66.0	0.82	0.64
一般健康状况（GH）	52.1	7.2	0.7	32.3	0.84	0.51
精力（VT）	53.9	9.2	3.9	38.5	0.85	0.39
社会功能（SF）	51.8	5.9	0.4	64.2	0.82	0.63
情感职能（RE）	49.2	5.5	0.3	68.1	0.83	0.58
精神健康（MH）	51.1	7.1	0.2	51.5	0.83	0.54

注：1.T- 分数；2. 项目移除后的 Cronbach α 系数，甄别阈：> 0.7(及格)、> 0.8(良好)、> 0.9（优秀）；3. 大于 0.3 为及格。

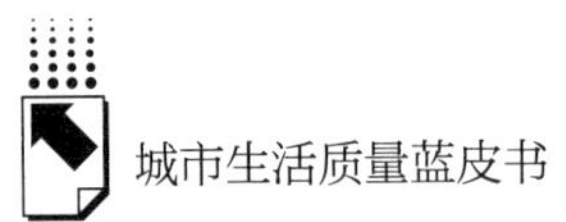

2. 内部一致性信度

8 个项目的整体 Cronbach α 系数为 0.85。将 SF-8 项目逐一移除后计算出的 Cronbach α 系数见表 2。如表 2 所示，任一项目移除后的 α 系数均大于 0.8（分值区间为 0.81~0.85），表明不存在冗余项目，且所有项目均不会降低量表的内部一致性。表 2 也总结了 8 个项目的总相关系数。除了精力以外（r = 0.39），其他项目的相关系数均为中或高（r > 0.5）。总而言之，SF-8 表现出了非常优异的内部一致性。

3. 建构效度

探索性因子分析结果见表 3。陡坡图分析确定了三个因子，对 72.7% 的综合总方差做出了解释。三个因子的方差比例分别为 49.4%、11.9% 和 11.4%，特征值分别为 3.9、1.0 和 1.0。第一个因子包括生理机能、生理职能、躯体疼痛和一般健康状况等与生理健康有关的项目；第二个因子包括社会功能、情感职能和精神健康等与心理健康有关的项目；第三个因子包括一般健康状况和精力等与整体健康有关的项目。

表 3　探索性因子分析的因子载荷

项目	因子 1	因子 2	因子 3
生理机能（PF）	0.86	0.24	0.12
生理职能（RP）	0.85	0.30	0.05
躯体疼痛（BP）	0.67	0.31	0.28
一般健康状况（GH）	0.52	0.06	0.60
精力（VT）	0.06	0.19	0.89
社会功能（SF）	0.35	0.72	0.14
情感职能（RE）	0.35	0.77	-0.02
精神健康（MH）	0.09	0.81	0.27

此外，我们还通过验证性因子分析对三个模型进行了验证。首先，我们进行了单因子验证性因子分析，因为生理健康和心理健康健康高度关联，所以在这一过程中我们将单一的潜在建构纳入考量。其次，我们使用传统的因子结构进行了双因子验证性因子分析，其中包括生理要素评分 PCS（一般健康状况、生理机能、生理职能和躯体疼痛）和心理要素评分 MCS（精力、社会功能、情感职能和精神健康）所涉及的调查领域。最后，我们对研究确定的三因子模型进行了验证性因子分析。模型拟合指数见表 4。数据对单因子模型的拟合程度较差（SRMR = 0.06、RMSEA = 0.14、CFI = 0.87、NFI = 0.87），而双因子模型的拟合程度较好（SRMR = 0.05、RMSEA = 0.10、CFI = 0.94、NFI = 0.94）。在三个模型中，三因子模型的拟合程度最高（SRMR = 0.04、RMSEA = 0.095、CFI = 0.96、NFI = 0.96）。AIC 值在单因子模型、双因子模型和三因子模型中逐步下降，表明三因子模型在这三个模型中拟合程度最高。

表 4　验证性因子分析的拟合指数

	单因子模型	双因子模型	三因子模型
卡方（df）	4127.9（19）	1887.5（17）	1291.4（13）
AIC	4161.99	1925.46	1337.45
SRMR	0.06	0.05	0.04
RMSEA	0.14	0.10	0.095
CFI	0.87	0.94	0.96
NFI	0.87	0.94	0.96

注：AIC = 最小信息准则；SRMR = 标准化残差均方根（拟合程度良好：< 0.05）；RMSEA = 近似误差均方根（拟合程度良好：< 0.05；拟合程度一般：0.05~0.10）；CFI = 比较拟合指数（拟合程度良好：≥ 0.9）；NFI = 规范拟合指数（拟合程度良好：≥ 0.9）。

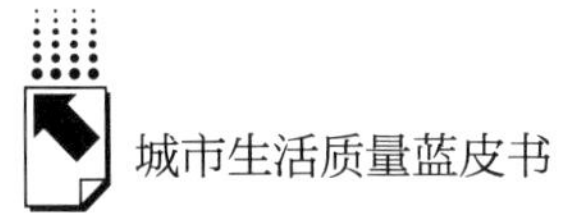

4. 已知族群效度

已知族群效度分析结果见表 5。与预期相同，各年龄组的生理健康呈下降趋势。以 60 岁以上的参与者为参照组，生理健康领域（生理机能、生理职能和躯体疼痛）的效应量基本逐步下降，20~30 岁年龄组的效应量为“中”（ES：0.54~0.60），而 50~60 岁年龄组的效应量为“小”（ES：0.21~0.25）。在心理健康领域（社会功能、情感职能和精神健康），除了 20~30 岁年龄组的社会功能（ES = 0.24）和情感职能（ES = 0.31）外，其他效应量不存在显著差异。从性别来看，女性和男性分量表评分未观察到显著差异（所有 ES < 0.2）。与学历为高中或高中以下的参与者相比，拥有高中以上学历的参与者在生理健康（生理机能、生理职能和躯体疼痛）和情感职能领域的评分较高，尽管对应的效应量较“小”（ES：0.20~0.27）。不同收入群体的分量表评分之间未观察到显著差异（所有 ES < 0.1）。整体而言，各生活质量已知族群在所有领域的评分都随着整体生活质量的提高而有所上升，这与既往的研究结果是一致的。

四　讨论

本研究考察了简体中文版 SF-8 在中国城市居民调查中的内部一致性信度、建构效度和已知族群效度，证明 SF-8 具有非常优异的内部一致性和已知族群效度。此外，我们的研究结果还表明，传统的 SF-8 双因子结构（生理健康和心理健康）适用于中国城市居民，但是三因子模型（生理健康、心理健康和整体健康）比传统双因子模型的数据拟合程度更高。

研究参与者对 SF-8 中的各个项目做出了一致的反应，表现出非常优异的内部一致性信度。精力的总相关系数相对偏低。这是合理的，因为探索性因子分析的结果表明精力有可能属于生理和心理健

表 5　基于 Cohen's d 的 SF-8 已知族群效度

项目	年龄				性别	学历	收入	整体生活质量	
	20~30 岁与 60 岁以上相比	30~40 岁与 60 岁以上相比	40~50 岁与 60 岁以上相比	50~60 岁与 60 岁以上相比	男性与女性相比	高中以上与高中或高中以下相比	>5000 元与≤ 5000 元相比	第 2 位与第 1 位相比	第 3 位与第 1 位相比
生理机能（PF）	0.54	0.31	0.30	0.22	0.02	0.22	0.05	0.28	0.41
生理职能（RP）	0.53	0.25	0.27	0.21	0.01	0.27	0.04	0.30	0.41
躯体疼痛（BP）	0.60	0.39	0.31	0.25	0.04	0.22	0.06	0.30	0.46
一般健康状况（GH）	0.49	0.39	0.28	0.28	0.07	0.12	0.08	0.37	0.55
精力（VT）	0.27	0.28	0.18	0.28	0.14	0.02	0.09	0.29	0.44
社会功能（SF）	0.24	0.12	0.11	0.11	0.04	0.13	0.04	0.29	0.41
情感职能（RE）	0.31	0.13	0.10	0.15	0.03	0.20	0.06	0.32	0.40
精神健康（MH）	–0.06	–0.09	–0.16	–0.06	0.10	0.02	0.01	0.25	0.45

康之外的第三个领域。在分量表评分方面，下限效应（即分量表评分最低或健康状况最差的参与者百分比）很小，而上限效应（即分量表评分最高或健康状况最好的参与者百分比）相对较大，不过我们的百分比结果与之前进行的中国人口 SF-12 研究报告的结果基本一致。SF-8 的设计旨在衡量健康问题对与健康相关生活质量的影响。因此，我们在一般人口样本中观察到较大的上限效应也就不足为奇了。总体而言，中文版 SF-8 能有效地反映中国城市居民的健康状况。

我们的研究首次证实，在美国发现的 SF-36 和 SF-8 双因子结构（生理健康和心理健康）也适用于通过中文版 SF-8 对中国城市居民进行调查。因此，根据双因子模型开发的基于美国范式的评分算法，也可用来计算中国居民生理要素评分（PCS）和心理要素评分（MCS）。这一验证性因子分析结果并不意味着基于美国范式的评分算法是计算中国居民概括性总分的最佳评分方法。但是，使用该算法可以方便很多人对不同人群和国家的与健康相关生活质量进行比较。另外，先前有研究报告称，在双因子模型中基于美国范式的权重和基于国别的样本权重存在显著差异，这可能是由健康观念的文化差异造成的。因此，在解读生理要素评分（PCS）和心理要素评分（MCS）时应当谨慎。单个分量表评分须与概括性总分对照考量。

我们的研究结果表明，三因子模型（生理健康、心理健康和整体健康）与传统的双因子模型相比数据拟合程度更高。与我们的研究结果一致，Wang 等人的研究也发现了三因子模型，并将一般健康状况和精力划归独立的第三个领域。虽然针对 SF-8 因子结构的研究很少，但有许多针对 SF-36 的研究报告称，中国大陆、新加坡、中国台湾和日本等亚洲国家和地区的因子结构与美国和欧洲并不相同。各国 / 地区因子结构的差异引发了人们对 SF-36 三因子模型的支持。Keller 等人基于美国和欧洲的数据，提出应在传统的“生理”和“心理”健康因子之外，添加第三个“整体幸福”因子。Buchcik 等人也谈道，“与健康相关生活质量不只受到心理和生理要素的影响”，“应该包括第三个要素（如整体幸福）”。在亚洲，Huang 等人发现包含 3 个二级因子（“生理”、“心理”和“社会”）和 1 个三级因子（“健康”）的模型最适合中国台湾地区一般人口的 SF-36 数据。因此，整体来看，中国人口适用 SF-8 三因子结构也就不足为奇了。我们的研究结果为此提供了初步的支持。不过，未来还需要进行更多的研究来进一步探索 SF-8 的因子结构。

我们的研究有几个局限性。第一，本研究为横向研究，不允许重复测量。因此，SF-8 调查为一次进行。我们不能评估某些具有潜在重要性的心理测量学特性，比如重测信度或变化敏感度。第二，受调查时长限制，我们没有收集慢性疾病相关数据。因此，我们没有评估 SF-8 在区分患有不同水平慢性疾病的居民方面的作用。未来还需要进行更多的研究来进一步分析 SF-8 中文版的心理测量学特性，包括检验重测信度、采用大型样本等。第三，由于我们的数据收集自随机数字拨号（RDD）电话调查，所以本研究与其他任何 RDD 研究一样，具有选择性偏差等局限性。第四，由于未曾针对我们的目标人群（即成年城市居民）公布人口特征数据，所以我们无法在样本和目标人群之间进行此类特征的比较，也很难评估样本的代表性。不过，考虑到我们对研究设计（多阶段分层抽样方案）和数据收集流程（在调查中心进行 CATI 调查）的严格执行，我们的调查结果应可推广至中国所有城市居民。

五　结论

据我们所知，本研究是首个使用来自中国的大型代表性样本证实 SF-8 传统双因子结构［生理要素评分（PCS）和心理要素评分（MCS）］的研究。我们已证明 SF-8 中文版切实可行、可靠有效。我们的研究结果支持将 SF-8 概括性总分用于评估中国居民一般的与健康相关生活质量。未来还将进行更多的研究来评估 SF-8 三因子结构在中国人口中的效度。

参考文献

[1] 张连城等:《经济发展中的两个反差——中国30个城市生活质量调查报告》,《经济学动态》2011年第7期。

[2] 张连城等:《高生活成本拖累城市生活质量满意度提高——中国35个城市生活质量调查报告》,《经济学动态》2012年第7期。

[3] 张连城等:《生活质量：态势平稳，挑战严峻——中国35个城市生活质量调查报告（2013）》,《经济学动态》2013年第8期。

[4] 张连城等:《生活质量指数趋升空气质量食品安全堪忧——2014中国35个城市生活质量报告》,《经济学动态》2014年第8期。

[5] 张连城等:《经济承压，生活质量满意度稳中有升——2015年中国35个城市生活质量报告》,《经济学动态》2015年第9期。

[6] 赵家章等:《预期稳定挑战犹存——2016年中国35个城市生活质量报告》,《经济学动态》2016年第8期。

[7] 中国经济实验研究院:《中国城市生活质量报告（2012）》，社会科学文献出版社，2013。

[8] 中国经济实验研究院:《中国城市生活质量报告（2013）》，社会科学文献出版社，2014。

[9] 中国经济实验研究院:《中国城市生活质量报告（2014）》，社会科学文献出版社，2014。

[10] 中国经济实验研究院:《中国城市生活质量报告（2015）》，社会科学文献出版社，2015。

[11] 中国经济实验研究院:《中国城市生活质量报告(2016)》,社会科学文献出版社,2017。

[12] 邓大松、张永春、张怡:《居民对公共投资的满意度及其影响因素研究——基于天津市628份问卷调查的数据》,《财政研究》2018年第7期。

[13] 高文涛、郝文武:《努力提高民众的教育满意质量》,《教育科学》2017年第5期。

[14] 国务院发展研究中心中国民生调查课题组:《中国民生调查2018综合研究报告——新时代的民生保障》,《管理世界》2018年第11期。

[15] 谢星全:《基本公共服务质量:多维建构与分层评价》,《上海行政学院学报》2018年第4期。

[16] 赵丹、陈遇春、Barakat Bilal:《基于空间公正的县域义务教育质量均衡评估指标体系构建》,《教育与经济》2018年第2期。

[17] 陈淑云、杨建坤:《住房是否影响了居民健康?——来自中国综合社会调查(2015)的实证分析》,《华中师范大学学报》(人文社会科学版)2018年第5期。

[18] 李礼、陈思月:《居住条件对健康的影响研究——基于CFPS2016年数据的实证分析》,《经济问题》2018年第9期。

[19] 穆滢潭、袁笛:《医疗治理体系、经济社会资本与居民健康——基于CGSS2013数据的实证研究》,《公共行政评论》2018年第4期。

[20] 郑晓冬、方向明:《社区体育基础设施建设、中老年人健康及不平等——基于中国健康与养老追踪调查的实证分析》,《劳动经济研究》2018年第4期。

[21] 周钦、蒋炜歌、郭昕:《社会保险对农村居民心理健康的影响——基于CHARLS数据的实证研究》,《中国经济问题》2018

年第 5 期。
[22] 杜雯雯、曹乾:《贫困、收入差距与城镇居民健康》,《人口与经济》2009 年第 4 期。
[23] 王怀明、王翌秋、徐锐钊:《收入与收入差距对农村居民健康的不同影响——基于夏普里值分解》,《南京农业大学学报》(社会科学版)2014 年第 2 期。
[24] 赵雪雁、王伟军、万文玉:《中国居民健康水平的区域差异:2003~2013》,《地理学报》2017 年第 4 期。
[25] 刘同山:《经济发展、环境污染与居民健康——基于媒体分析法的“癌症村”研究》,《生态经济》2016 年第 7 期。
[26] 范静波:《当前居民医疗卫生公共服务满意度感知结构研究》,《华东师范大学学报》(哲学社会科学版)2018 年第 6 期。
[27] 国务院发展研究中心中国民生调查课题组:《中国民生调查 2018 综合研究报告——新时代的民生保障》,《管理世界》2018 年第 11 期。
[28] 阮荣平、周佩、程郁:《多维度民生状态对政府满意度的影响及其动态效应——基于“中国民生调查”民生关切点入户调查的实证分析》,《世界经济文汇》2017 年第 6 期。
[29] 王哲、周麟、彭芃:《财政支出、标尺比较与公共服务满意度:基于县级医疗数据的分析》,《中国行政管理》2018 年第 3 期。
[30] 谢星全:《基本公共服务质量评价研究——以基本医疗卫生服务为例》,《宏观质量研究》2018 年第 1 期。
[31] 徐龙顺、李婵、卢海阳、宋娜娜:《医疗卫生、住房保障与居民生活满意度关系研究——基于 CGSS2013 数据实证分析》,《西北人口》2017 年第 4 期。
[32] 杨建科、王建:《“医疗服务圈”与城市居民的医疗满意度——基于八城市调查(JSNET2014)的实证分析》,《社会科学战线》

2017 年第 5 期。

[33] 张建洁、李金林、曹雪丽:《患者就医满意度影响因素的实证分析》,《北京理工大学学报》(社会科学版)2018 年第 1 期。

[34] Bullinger M. Assessing health related quality of life in medicine. An overview over concepts, methods and applications in international research. Restor Neurol Neurosci. 2002;20:93–101.

[35] Assessing Quality of Life in Clinical Trials: Methods and Practice. Second Edition. Oxford, New York: Oxford University Press; 2005.

[36] Ware JE, New England Medical Center Hospital, Health Institute. SF-36 physical and mental health summary scales: a user's manual. Boston: Health Institute, New England Medical Center; 1994.

[37] Health Survey Translation - Optum.com - Optum.com [Internet]. [cited 2017 Oct 28]. Available from: https://campaign.optum.com/optum-outcomes/what-we-do/health-survey-translation.html.

[38] Busija L., Pausenberger E, Haines TP, Haymes S, Buchbinder R, Osborne RH. Adult measures of general health and health-related quality of life: Medical Outcomes Study Short Form 36-Item (SF-36) and Short Form 12-Item (SF-12) Health Surveys, Nottingham Health Profile (NHP), Sickness Impact Profile (SIP), Medical Outcomes Study Short Form 6D (SF-6D), Health Utilities Index Mark 3 (HUI3), Quality of Well-Being Scale (QWB), and Assessment of Quality of Life (AQoL). Arthritis Care Res. 2011;63 Suppl 11:S383-412.

[39] Ware J.E., GlaxoSmithKline. How to score and interpret single-item health status measures: a manual for users of the of the SF-8 health survey : (with a supplement on the SF-6 health survey). Lincoln, RI; Boston, MA: QualityMetric, Inc. ; Health Assessment Lab; 2001.

[40] Vallès J., Guilera M., Briones Z., Gomar C., Canet J., Alonso J., et

al. Validity of the Spanish 8-item short-form generic health-related quality-of-life questionnaire in surgical patients: a population-based study. Anesthesiology. 2010;112:1164–1174.

[41] Ellert U., Lampert T., Ravens-Sieberer U. Messung der gesundheitsbezogenen Lebensqualität mit dem SF-8. Bundesgesundheitsblatt - Gesundheitsforschung - Gesundheitsschutz. 2005;48:1330–1337.

[42] Tokuda Y., Okubo T., Ohde S., Jacobs J., Takahashi O., Omata F., et al. Assessing Items on the SF-8 Japanese Version for Health-Related Quality of Life: A Psychometric Analysis Based on the Nominal Categories Model of Item Response Theory. Value Health. 2009;12:568–573.

[43] Roberts B., Browne J., Ocaka K.F., Oyok T., Sondorp E.. The reliability and validity of the SF-8 with a conflict-affected population in northern Uganda. Health Qual Life Outcomes. 2008;6:108.

[44] Shin Y.J., Yoo W.S., Yang Y.R., Kim W.H., Lim J.Y.. Development of Instrument of Function and QOL for the Disabled: Service Report of National Rehabilitation Center and Local Community Health Research Center. Seoul: Hanyang University Institute for Community Health. 2001.

[45] Wang S., Luan R., Lei Y., Kuang C., He C., Chan Y. Development and evaluation of Chinese version of Short form 8. Modern Preventive Medicine. Modern Preventive Medicine. 2007;34:1022–1024.

[46] Bullinger M., Alonso J., Apolone G., Leplège A., Sullivan M., Wood-Dauphinee S., et al. Translating health status questionnaires and evaluating their quality: the IQOLA Project approach. International Quality of Life Assessment. J Clin Epidemiol. 1998;51:913–923.

[47] Szolnoki G., Hoffmann D. Online, face-to-face and telephone

surveys—Comparing different sampling methods in wine consumer research. Wine Econ Policy. 2013;2:57–66.

[48] Keller S.D., Ware J.E., Bentler P.M., Aaronson N.K., Alonso J., Apolone G., et al. Use of structural equation modeling to test the construct validity of the SF-36 Health Survey in ten countries: results from the IQOLA Project. International Quality of Life Assessment. J Clin Epidemiol. 1998;51:1179–1188.

[49] Fayers P.M., Machin D. Quality of Life: The Assessment, Analysis and Reporting of Patient-reported Outcomes. 3 edition. Chichester, West Sussex, UK ; Hoboken, NJ: Wiley-Blackwell; 2016.

[50] Nunnally J.C., Bernstein I.H.. Psychometric Theory. 3rd edition. New York: McGraw-Hill; 1994.

[51] Schermelleh-Engel K., Moosbrugger H., Müller H. Evaluating the Fit of Structural Equation Models: Tests of Significance and Descriptive Goodness-of-Fit Measures. Methods Psychol Res Online. 2003;8:23–74.

[52] Byrne B.M.. Structural Equation Modeling With Lisrel, Prelis, and Simplis: Basic Concepts, Applications, and Programming. 1 edition. Mahwah, N.J: Psychology Press; 1998.

[53] C. MacCallum R., W. Browne M., M. Sugawara H. Power Analysis and Determination of Sample Size for Covariance Structure Modeling. Psychol Methods - PSYCHOL METHODS. 1996;1:130–149.

[54] M. Bentler P, Bonett D. Significance Tests and Goodness-of-Fit in Analysis of Covariance Structures. Psychol Bull. 1980;88:588–606.

[55] Bentler P.M.. Comparative fit indexes in structural models. Psychol Bull. 1990;107:238–246.

[56] Franks P., Gold M.R., Fiscella K. Sociodemographics, self-rated health, and mortality in the US. Soc Sci Med 1982. 2003;56:2505–2514.

[57] Thumboo J., Fong K.Y., Machin D., Chan S.P., Leon K.H., Feng P.H., et al. A community-based study of scaling assumptions and construct validity of the English (UK) and Chinese (HK) SF-36 in Singapore. Qual Life Res Int J Qual Life Asp Treat Care Rehabil. 2001;10:175–188.

[58] Cohen J. Statistical power analysis for the behavioral sciences. Hillsdale, N.J.: L. Erlbaum Associates; 1988.

[59] Fong DYT, Lam CLK, Mak KK, Lo WS, Lai YK, Ho SY, et al. The Short Form-12 Health Survey was a valid instrument in Chinese adolescents. J Clin Epidemiol. 2010;63:1020–1029.

[60] Maruish M.E.. User's Manual for the SF-36v2 Health Survey. Quality Metric Incorporated; 2011.

[61] Taft C., Karlsson J., Sullivan M.. Do SF-36 summary component scores accurately summarize subscale scores? Qual Life Res Int J Qual Life Asp Treat Care Rehabil. 2001;10:395–404.

[62] Li L., Wang H.M., Shen Y. Chinese SF-36 Health Survey: translation, cultural adaptation, validation, and normalisation. J Epidemiol Community Health. 2003;57:259–263.

[63] Yu J., Coons S.J., Draugalis J.R., Ren X.S., Hays RD. Equivalence of Chinese and US–English Versions of the SF-36 Health Survey. Qual Life Res. 2003;12:449–457.

[64] Fuh J.L., Wang S.J., Lu S.R., Juang K.D., Lee S.J. Psychometric evaluation of a Chinese (Taiwanese) version of the SF-36 health survey amongst middle-aged women from a rural community. Qual

Life Res Int J Qual Life Asp Treat Care Rehabil. 2000;9:675–683.

[65] Fukuhara S., Ware J.E., Kosinski M., Wada S., Gandek B.. Psychometric and clinical tests of validity of the Japanese SF-36 Health Survey. J Clin Epidemiol. 1998;51:1045–1053.

[66] Buchcik J., Westenhöfer J., Fleming M., Martin C.R.. Is health-related quality of life the same for elderly polish migrants, Turkish migrants and German natives? Testing the reliability and construct validity of the Sf-36 health survey in a cross-cultural comparison. Farinde A, editor. Cogent Psychol. 2017;4:1280984.

[67] Huang I.C., Frangakis C.,Wu A.. Are there different components for the Taiwan SF-36 compared to western versionsdphysical, mental and social? Qual Life Res. 2004;13:1495.

[68] Grossman, Michael, "On the Concept of Health Capital and the Demand for Health" , Journal of Political Economy, 1972, 80(2), 223-255.

REPORT ON THE QUALITY OF LIFE IN CHINESE CITIES(2018)

Stable QoL Indexes and a Strong Sense of Gain

NATIONAL INSTITUTE FOR ECONOMIC EXPERIMENTATION

Zhang Liancheng　Zhang Ping
Yang Chunxue　Lang Lihua
Zhao Jiazhang　Zhang Ziran

“Blue Book of Quality of Life in Cities” Editorial Committee

Co–authors of the Report

Zhang Liancheng; Zhang Ping; Yang Chunxue; Lang Lihua; Zhao Jiazhang;
Zhang Ziran; Wang Yin; Lu Mingtao; He Yubiao; Wang Yu; Guo Yi;
Gao Meiling; Li Qianqian; Cai Yue; Li Qian; Bian Jiang

National Institute for Economic Experimentation (NIEE)

"National Institute for Economic Experimentation" is set up by Capital University of Economics and Business (CUEB) and Institute of Economics of China Academy of Social Sciences (CASS)

Early in the year of 2006, CUEB co-founded the "Research Center of China Economic Growth and Business Cycle" with Institute of Economics of CASS. From 2007 to 2018, the Center had successfully held 12 sessions of "Forum on China's Economic Growth and Business Cycle" with Hong Kong Economic Herald. In 2010, the two institutes decided to set up another research center - the "Research Center of the Quality of Life in Chinese Cities (QLICC)", and the Center released the quality-of-life indexes of 30 Chinese provincial capitals in the 5th Forum on China's Economic Growth and Business Cycle in 2011. NIEE was established in 2012 on the basis of the above-mentioned research centers.

At present, NIEE consists of research centers such as the "Research Center of China Economic Growth and Business Cycle", the "Research Center of the Quality of Life in Chinese Cities", the "Research Center of Quantitative Economics" and the "WTO Research Center", and other sectors such as the Economic Operation and International Trade Laboratory, the Economic Warning Laboratories, the Economic Data Processing and Computer Simulation Laboratory, the Digital Investigation Center and the Expert

Committee.

All in all, the purpose of NIEE is to promote economic experimentation research and the study of economics, to push forward the reform of China's economic systems, to improve the quality of economic growth and to drive economic development. NIEE aims to turn itself into an open-minded first-class international research institute in economic study through constant efforts.

Abstract

In 2018, the Quality of Urban Life Research Center ("the Center") under the National Institute for Economic Experimentation (NIEE) continued with its survey of the quality of life (QOL) in 35 Chinese cities, and obtained related subjective (satisfaction) and objective (social and economic data) indices. The subjective indices came from random digit dialing (RDD) and online survey of urban residents' opinions on their quality of life. 12,878 effective random samples were collected. Based on statistical analysis of the survey results, the four subjective sub-indices produced were: consumer sentiment, education quality, health conditions and medical services, each representing a different aspect of the urban life quality in China. Among them, consumer sentiment sub-indices were calculated in the same way as the Michigan Consumer Sentiment Index (MCSI), and are comparable internationally. Since the developers of the questionnaire set the US results for Q1 1966 at 100, a score higher than 100 would therefore indicate a stronger consumer confidence than that of US in Q1 1966.

According to the survey results, the weighted mean of consumer sentiment sub-indices was 115.48 in 2018 – the scores of all the 35 cities exceeded 100. The US MCSI was 98.8 in late April and early May, lower than the weighted mean of the Chinese indices. The weighted mean of education quality sub-indices was 69.37 – between "acceptable" (50) and "good" (75). The weighted

mean of health conditions sub-indices was 64.48 – between "good" (50) and "excellent" (75). And the weighted mean of medical services sub-indices was 65.31 – between "acceptable" (50) and "good" (75).

The objective (social and economic data) indices, on the other hand, were calculated based on the social and economic data of the 35 cities released by the authorities, which ensured both the objectivity and the authority of the indices. To be consistent with the subjective index, the objective index also consisted of five sub-indices: living standard, living cost, human capital, social security and living experience. And the five objective sub-indices were in turn made up of 20 social and economic data indicators which represented basically all aspects of the current quality of urban life in China.

In 2018, the mean of the objective indices was 54.85, slightly lower than that of 2017 (54.98). Over the past three years, this value had been quite stable. 31 cities scored over 50 this time, while the scores of Xining, Chongqing, Fuzhou and Zhengzhou were below 50. As a whole, eastern cities still performed better than central/western cities, although contrast existed between the subjective and the objective indices of some cities. The mean values of the five objective sub-indices were, respectively: living standard 54.30, living cost 52.53, human capital 57.03, social security 52.62 and living experience 57.77. Compared with those of 2017, objective living standard and living cost sub-indices continued to rise, while human capital, social security and living experience sub-indices were generally even.

At present, China's economic development has entered a new era. The domestic and international environment has gone through tremendous changes. Effects of the economic structure adjustment and high-quality development have started to appear: operation of the Chinese macro-economy remains stable, so are the QOL indices, and the residents have

a strong sense of gain. At the same time, however, we are still faced with some problems, such as further increases in the cost of living, big gaps in the quality of life among different regions and cities, and relative shortage of high-quality educational resources. As point out in the 19th CPC National Congress, the principal contradiction facing Chinese society now is the contradiction between unbalanced and inadequate development and the people's ever-growing needs for a better life. All this demands, in accordance with the requirements of high-quality development, the promotion of economic transformation and upgrading as well as the sustainable and healthy development of the economy. Besides, there is also a need to constantly improve our public services such as education and healthcare to guarantee the realization of such a better life.

Keywords: Quality of Urban Life (QOUL); Consumer Sentiment Sub-index; Education Quality Sub-index; Health Conditions Sub-index; Medical Services Sub-index

CONTENTS

General Report 

B.1
Report on Quality of Life in Chinese Cities Survey (2018)

Abstract: In 2018, we continued with the survey of the quality of life (QOL) in 35 Chinese cities, and obtained related subjective (satisfaction) and objective (social and economic data) indices. The subjective indices came from random digit dialing (RDD) and online survey of urban residents' opinions on their quality of life. The four subjective sub-indices were: consumer sentiment, education quality, health conditions and medical services. According to the survey results, the weighted mean of consumer sentiment sub-indices of the 35 cities was 115.48 in 2018; the weighted mean of education quality sub-indices was 69.37; the weighted mean of health conditions sub-indices was 64.48 ;the weighted mean of medical services sub-indices was 65.31.

As for the objective indices, the mean was 54.85 in 2018, slightly

lower than that of 2017 (54.98). As a whole, eastern cities still performed better than central/western cities, although contrast existed between the subjective and the objective indices of some cities. The mean values of the five objective sub-indices were, respectively: living standard 54.30, living cost 52.53, human capital 57.03, social security 52.62 and living experience 57.77. As point out in the 19th CPC National Congress, the principal contradiction facing Chinese society now is the contradiction between unbalanced and inadequate development and the people's ever-growing needs for a better life. All this demands, in accordance with the requirements of high-quality development, the promotion of economic transformation and upgrading as well as the sustainable and healthy development of the economy. Besides, there is also a need to constantly improve our public services such as education and healthcare to guarantee the realization of such a better life.

Keywords: Quality of Urban Life (QOUL); Subjective (satisfaction) Index; Objective Index

The *Report on the Quality of Life in Chinese Cities (QLICC)* is a result of continued group studies. Back in 2006, Capital University of Economics and Business (CUEB) and Institute of Economics of Chinese Academy of Social Sciences (CASS) co-founded the Research Center of China's Economic Growth and Business Cycle and by 2018 had successfully held 11 forums. In 2010, the Quality of Urban Life Research Center ("the Center") was set up,

and the first QLICC report was released in 2011 on the 5th Forum on China's Economic Growth and Business Cycle. As of 2018, the Center had conducted its QLICC survey for eight years. The study results have created extensive impact, and are thus of high academic value. From 2012 to 2018, the Research Center has published six annual *Report on the Quality of Life in Chinese Cities* (Chinese/English) in the form of blue books. Having not only enriched the data provided for fellow scholars, but also promoted the research in this filed, the *Report* has been a plus to China's academia. Meanwhile, the researchers involved in the project have also completed many related reports.

As far as China is concerned, the creation of the QLICC system is the first attempt of its kind. More than 20 scholars across the world had looked extensively into the QOL index systems of the European Union, the United States and other countries, while taking into consideration the present social and economic characteristics of China. The system was eventually set up after over a year of research and years of revision, in order to evaluate the quality of life in Chinese cities and provide guidance on the roadmap and direction of QOL improvement. Despite its current defects, the QLICC system has filled in a gap in the field, and provided a reference system and a direction to work on for the assessment of the present quality of urban life, for government decisions and urban development, and for improving the welfare of urban residents and the quality of economic growth. This is consistent with the ruling conception of the Party and the Central Government. Meanwhile, the QLICC system has also laid the foundation for Chinese economists to conduct in-depth study on the QOL of Chinese residents and create a more scientific index system.

Most foreign QOL studies are based merely on satisfaction surveys. In the *Report of the Quality of Life in Chinese Cities* however, the QLICC system

includes both subjective and objective indices. Related comparisons are also made between the two to determine whether the subjective satisfaction in a city is consistent with its objective quality of life, so as to provide more useful information for decision-makers and city managers and to help them better focus on the work of improving residents' quality of life. Besides, in order to build a scientific objective index system, the project team was very careful when making choices among the numerous indicators released by the authorities. And to provide extra proof of the QOL and related expectation of urban residents, special surveys were also carried out on the most influential factors of QOL, house price expectation and job prospects.

The Center conducted a tracking survey of the quality of life in 35 Chinese cities in 2018. It was the 8th annual survey since 2011. Related subjective (satisfaction) and objective (economic data) indices (QLICCs) were obtained through statistical analysis and calculation for the evaluation of China's quality of urban life in 2018. The results were released on the 12th Forum on China's Economic Growth and Business Cycle (2018) and reflected in the report. The survey again included 35 city samples. Same as before, mobile phone users were surveyed through computer-assisted telephone interviews (CATI), more than 100 interviewers worked on the survey and produced 12878 effective random samples.

1.1 Constitution of QLICC (2018)

1.1.1 Adjustments to the subjective index system

1.1.1.1 Previous surveys

The QLICC system created by NIEE in 2011 consists of two parts: the

subjective (satisfaction) index system and the objective (social and economic data) index system. The same systems had been used from 2012 to 2016 (See Table 1).

Table 1 Subjective Index System of QLICC (2012~2016)

Satisfaction (subjective) sub-index	Indicator	Answers & Values				
		100	75	50	25	0
Living standard	Income status (50%)	Excellent	Good	Acceptable	Unacceptable	Poor
	Income expectation (50%)	Very optimistic	Optimistic	Acceptable	Pessimistic	Very pessimistic
Living cost	Living cost	Very low	Low	Acceptable	High	Very high
Human capital	Human capital	Excellent	Good	Acceptable	Unacceptable	Poor
Social security	Healthcare and elderly support (50%)	Excellent	Good	Acceptable	Unacceptable	Poor
	Public order (50%)	Excellent	Good	Acceptable	Unacceptable	Poor
Living experience	Pace of life (50%)	Very slow	Slow	Acceptable	Quick	Very quick
	Living convenience (50%)	Excellent	Good	Acceptable	Unacceptable	Poor

The 2017 survey basically retained the set of adopted techniques, index system setup and sample choosing method used in the past, while making small adjustments. Considering the changes in the communication habits of Chinese residents, mobile phone users were surveyed through the CATI method. In the 11 digits of mobile phone numbers, the first 3 are network

operator codes, while the middle 4 digits are region codes, and the last 4 personal codes. In the 2017 survey, according to the distribution of the samples, the digit segments representing the 35 cities were first selected. And then the last 4 digits of residents' telephone numbers were chosen randomly to generate a sample library, so as to ensure the reasonable and extensive spatial distribution of the survey samples.

In 2017, the QLICC system still consisted of the subjective index system and the objective (social and economic data) index system. A subjective or objective index could be further divided into five sub-indices - living standard, living cost, human capital, social security and living experience (health conditions) - each representing a particular aspect of the urban life quality in China.

There were mainly two changes in the subjective index system. One was in the connotation of the social security subjective index. From 2012 to 2016, this index came from the weighted mean of the subjective healthcare and elderly support index and the subjective urban security index. In 2017, however, the part of questionnaire concerning this index focused mainly on whether residents were satisfied with the non-reimbursable part of their medical insurance, so as to make the question more targeted and generate results of greater practical significance. The other lay in the introduction of the satisfaction survey on residents' health conditions, while replacing the subjective living experience sub-index with the subjective health conditions sub-index. From 2012 to 2016, the subjective index of living experience had been obtained by calculating the weighted mean of the subjective pace of life index and the subjective living convenience index; but in 2017, the health conditions sub-index was generated using the widely accepted Short Form-8 (SF-8) scale instead. The new method could better reflect

residents' actual feelings toward their quality of life, and was easier for international comparison. The health conditions sub-index concerned both physical and mental health (of equal weighting). And the final scores (range: 0-100) were obtained by processing the survey data with the T-score method (see Table 2).

Table 2 Subjective Index System of QLICC (2017)

Satisfaction (subjective) sub-index	Indicator	Answers & Values				
		100	75	50	25	0
Living standard	Income status (50%)	Excellent	Good	Acceptable	Unacceptable	Poor
	Income expectation (50%)	Very optimistic	Optimistic	Acceptable	Pessimistic	Very pessimistic
Living cost	Living cost	Very low	Low	Acceptable	High	Very high
Human capital	Human capital	Excellent	Good	Acceptable	Unacceptable	Poor
Social security	Healthcare	Excellent	Good	Acceptable	Unacceptable	Poor
Living experience	SF-8 physical health (50%)	Range: 0~100. Related values were obtained by processing the survey data with the T-score method.				
	SF-8 mental health (50%)					

1.1.1.2 Adjustments in 2018

In 2018, the QLICC system still consisted of the subjective (satisfaction) index system and the objective (social and economic data) index system. The 2018 survey basically retained the set of adopted techniques, index system setup and sample choosing method used in the past, while making major adjustments to the subjective index system.

In view of further changes in the communication habits of Chinese residents, both telephone interviews and online survey were conducted this time. In the former, mobile phone users were surveyed through the CATI method: According to the distribution of the samples, the digit segments representing the 35 cities were first selected. Then the last 4 digits of residents' telephone numbers were randomly chosen to generate a sample library. In the latter, the IP segments of the 35 cities were screened out first. Then the samples were randomly selected from valid questionnaire responses. The combination of the two methods fully ensured the reasonable and extensive spatial distribution of the survey samples.

In accordance with related international criteria, and for the convenience of international comparison, we made major adjustments to the subjective index system to better represent the current quality of life and the sense of gain among urban residents in China. The 2018 subjective index system was made up of four subjective sub-indices: consumer sentiment, education quality, health conditions and medical services, each representing a different aspect of the urban life quality in China. Among them, consumer sentiment sub-indices were calculated in the same way as the Michigan Consumer Sentiment Index (MCSI), and are comparable internationally. Since the developers of the questionnaire set the US results for Q1 1966 at 100, a score higher than 100 would therefore indicate a stronger consumer confidence than that of US in Q1 1966. Education quality sub-index was a simplification of the five indices proposed by Department II of Basic Education, Ministry of Education in J.J.E. [2013] No.2 of the *Opinions of the Ministry of Education on promoting the Reform of Education Quality Evaluation in Primary and Secondary Schools* for the purpose of "setting up and improving the comprehensive evaluation system of education quality in primary and secondary schools". As for health

conditions sub-index, we adopted a health metric developed by the Centers for Disease Control and Prevention (CDC) – the number of physically or mentally unhealthy days in the past 30 days. If the total number of physically and mentally distressed days was greater than 30, then it was counted as 30 days. Bigger numbers indicated worse physical or mental health in the past 30 days.

1.1.2 Objective index system

The same objective index system was used in 2018, which still consisted of five sub-indices: living standard, living cost, human capital, social security and living experience. And the five sub-indices were in turn made up of 20 social and economic data indicators which represented basically all aspects of the current quality of urban life in China. Same as before, all the sub-indices and the indicators were calculated based on data released by the authorities, which ensured both the objectivity and the authority of the indices.

Table 3 Objective Index System of QLICC

Social and economic data (objective) sub-index	Primary indicator	Secondary indicator	Impact on quality of urban life①
Living standard	Income level	Consumption rate (consumption/income)	+
		Per capita wealth (including per capita savings and per capita housing wealth)	+
		Per capita disposable income	+
	Life improvement	Per capita consumption growth	+
		Per capita wealth growth	+
		Per capita disposable income growth	+

Continued

Social and economic data (objective) sub-index	Primary indicator	Secondary indicator	Impact on quality of urban life[1]
Living cost	Living cost	House price index	-
		Inflation rate	-
		House-price-to-income ratio	-
Human capital	Human capital	Education provision index (including number of schools per 10,000 residents and number of teachers per 10,000 residents)	+
		Ratio of education, culture and entertainment expenditures	+
Social security	Social security	Social security coverage	+
		Basic medical insurance coverage	+
		Unemployment insurance coverage	+
Living experience	Living convenience	Transportation capacity (including per capita road area, number of public transport per 10,000 residents and number of taxies per 10,000 residents)	+
		Number of cinemas and theatres per 10,000 residents	+
		Medical care capacity (including number of hospital beds per 10,000 residents, number of hospitals per 10,000 residents and number of doctors per 10,000 residents)	+
	Eco-environment	Per capita green area	+
		Air quality	+
	Perception of income disparities	Gini coefficient	-

① In the column, "+" stands for positive impact, while "–" stands for negative impact.

At present, China's economic development has entered a new era. The domestic and international environment has gone through tremendous changes. Effects of the economic structure adjustment and high-quality development have started to appear: operation of the Chinese macro-economy remains stable, so are the QOL indices, and the residents have a strong sense of gain. At the same time, however, we are still faced with some problems, such as further increases in the cost of living, big gaps in the quality of life among different regions and cities, and relative shortage of high-quality educational resources. As point out in the 19th CPC National Congress, the principal contradiction facing Chinese society now is the contradiction between unbalanced and inadequate development and the people's ever-growing needs for a better life. All this demands, in accordance with the requirements of high-quality development, the promotion of economic transformation and upgrading as well as the sustainable and healthy development of the economy. Besides, there is also a need to constantly improve our public services such as education and healthcare to guarantee the realization of such a better life.

1.2 Subjective Indices of the 35 Cities (2018)

In 2018, the subjective (satisfaction) index of QLICC was explained from four aspects: consumer sentiment, education quality, health conditions and medical services.

1.2.1 Consumer sentiment sub-index

Table 4 summarizes the results of the 2018 consumer sentiment survey. As shown in the table, the weighted mean of consumer sentiment sub-indices

was 115.48 in 2018 – the scores of all the 35 cities exceeded 100, indicating that consumers had full confidence in current personal incomes and economic situation as well as in future income expectation and economic prospects. In addition, the US MCSI was 98.8 in late April and early May, lower than the weighted mean of the Chinese indices.

In terms of regional distribution, cities ranked top 10 were: Shanghai (122.84), Jinan (122.56), Shenyang (121.14), Changsha (120.53), Nanchang (120.52), Guiyang (119.73), Nanning (118.88), Hefei (118.60), Qingdao (118.09) and Guangzhou (117.99). Among them, there were five eastern cities, three central cities and two western cities. And the bottom 10 cities were: Tianjin (112.76), Shijiazhuang (112.73), Chongqing (112.33), Changchun (112.19), Hangzhou (112.13), Chengdu (111.12), Yinchuan (110.81), Haikou (109.75), Nanjing (108.71) and Xi'an (104.44). Five of them were eastern cities, one were central cities and four were western cities.

Table 4 Consumer sentiment sub-indices of the 35 cities (2018)

2018 Ranking	City	Score	2018 Ranking	City	Score
1	Shanghai	122.84	19	Kunming	115.79
2	Jinan	122.56	20	Xining	115.35
3	Shenyang	121.14	21	Ningbo	114.63
4	Changsha	120.53	22	Urumqi	114.10
5	Nanchang	120.52	23	Fuzhou	113.94
6	Guiyang	119.73	24	Dalian	113.89
7	Nanning	118.88	25	Beijing	113.08
8	Hefei	118.60	26	Tianjin	112.76
9	Qingdao	118.09	27	Shijiazhuang	112.73
10	Guangzhou	117.99	28	Chongqing	112.33
11	Lanzhou	117.56	29	Changchun	112.19

Continued

2018 Ranking	City	Score	2018 Ranking	City	Score
12	Shenzhen	117.36	30	Hangzhou	112.13
13	Taiyuan	116.80	31	Chengdu	111.12
14	Wuhan	116.64	32	Yinchuan	110.81
15	Harbin	116.61	33	Haikou	109.75
16	Hohhot	116.40	34	Nanjing	108.71
17	Xiamen	116.17	35	Xi'an	104.44
18	Zhengzhou	116.10	Mean		115.48

In the QLICC system, consumer sentiment sub-index was composed of five indicators including personal income changes, income expectation, anticipation of China's economic situation in 1-5 years, and timing of purchasing consumer durables. Such a strong consumer confidence mainly came from the faith Chinese urban residents had in both their own future income level and the healthy development of China's economy in the coming 1-5 years.

In addition, according to the survey results, consumer sentiment varied by gender, age group, education background and employment status (see Table 5). By gender, female interviewees had a slightly higher consumer confidence than males. By age, the 20-29 age group had the highest consumer confidence, while the 50-59 age group had the lowest, which indicated that different age groups were faced with varying degrees of pressure. By education, residents with at least junior college education had stronger consumption confidence than the ones with less education. That is to say, during economic slowdown, better-educated residents enjoyed relatively easier lives. And by employment, employed residents had a higher consumer sentiment

than the unemployed. Therefore, people seemed to be more optimistic when having a job.

Table 5　Consumer Sentiment by Gender, Age, Education and Employment

Group		Consumer sentiment sub-index
Gender	Male	117.0
	Female	118.9
Age	20-29	119.9
	30-39	118.7
	40-49	113.9
	50-59	111.9
	>=60	112.6
Education	< Junior college	115.2
	≥ Junior college	119.4
Employment	Unemployed	114.1
	Employed	118.9

A new special survey was conducted by the Center this time on housing purchase intentions. The intention was measured with the question "Is now a good time to buy a home?" The response options were: ① Yes; ② Not sure; ③ No. The results were summarized in Table 6. The mean of the 35 cities was 46.88, which meant that most of the interviewees did not think it was a good time to purchase housing. In terms of region, only 9 out of the 35 cities scored over 50 (indicating an intention to purchase housing). The residents of Jinan responded "Yes" to the question more than the other two options, while 44.5% and 42.6% of the interviewees in Hangzhou and Shenzhen respectively

responded "No", indicating that the residents of these two cities had the least housing purchase intention.

Table 6 Survey on housing purchase timing (2018)

2018 Ranking	City	Score	2018 Ranking	City	Score
1	Jinan	57.53	19	Lanzhou	46.38
2	Shenyang	54.13	20	Qingdao	46.11
3	Nanchang	53.99	21	Haikou	46.02
4	Tianjin	52.24	22	Dalian	45.14
5	Chengdu	50.67	23	Kunming	44.87
6	Hefei	50.5	24	Guangzhou	44.78
7	Guiyang	50.32	25	Taiyuan	44.60
8	Harbin	50.06	26	Urumqi	44.54
9	Changchun	50.05	27	Wuhan	44.50
10	Nanning	49.74	28	Yinchuan	44.20
11	Xining	49.70	29	Shijiazhuang	44.19
12	Xiamen	47.94	30	Shanghai	43.66
13	Hohhot	47.91	31	Nanjing	43.22
14	Zhengzhou	47.66	32	Fuzhou	42.96
15	Changsha	47.59	33	Xi'an	41.15
16	Beijing	47.40	34	Shenzhen	40.27
17	Ningbo	46.94	35	Hangzhou	36.10
18	Chongqing	46.41	Mean		46.88

Different groups of people also had different choices of timing. As shown in Table 7, by gender, both male and female residents thought it was currently not a good time, and the females were slightly more optimistic than the males. By age, the 20-29 age group tended to respond "Yes" to the question, but as

the age increased, less people had such an intention. By education, people of all education background believed it was not a good time, and comparatively speaking, residents with at least junior college education were more optimistic. And by employment, all people agreed that it was not a good time, whether employed or not, although the employed group was more optimistic.

Table 7　Choices of housing purchase timing by gender, age, education and employment

Group		Timing of housing purchase (100: Perfect timing)
Gender	Male	48.3
	Female	49.8
Age	20~29	51.7
	30~39	49.3
	40~49	43.2
	50~59	44.9
	>=60	43.1
Education	< Junior college	48.5
	≥ Junior college	49.3
Employment	Unemployed	46.1
	Employed	49.8

The reason why the interviewees generally thought it was not a good time was mainly that the Central Government had tightened its control over the housing market in the past two years, insisting that "housing is for accommodation rather than speculation". In early 2018, the housing market

was overheated in some cities, and housing speculation was on the rise. Under such circumstances, the Ministry of Housing and Urban-Rural Development (MOHURD) issued the *Notice on the further regulation and control of the housing market*, reiterating that we should adhere to the goal of housing regulation, and putting forward specific requirements for the further control of the housing market[①]. In this context, and in view of the fact that house prices had been booming previously, the market generally believed that house prices would drop under tight regulation, and that it was not a good time to buy homes.

1.2.2 Education quality sub-index

The results of education quality sub-indices were summarized in Table 8. Education quality sub-index was a measure of residents' opinions about whether schools focused on education for all-around development. In terms of scores, 100 stood for "excellent", 75 for "good", 50 for "acceptable", 25 for "unacceptable" and 0 for "poor". As shown in the table, the weighted mean of education quality sub-indices was 69.37 - between "acceptable" (50) and "good" (75). The sub-index was composed of three indicators, namely whether schools focused on moral education, the improvement of both physical and mental health, and the development of students' hobbies and talents. Based on the mean scores of the three indicators, schools were perceived to have done best in moral education (70.96), followed by the improvement of physical and mental health (69.11), and the development of hobbies and talents came last (69.26). All the mean scores fell between "acceptable" (50) and "good" (75).

---

① "China remains committed to housing regulation", People's Daily (overseas edition), May 22, 2018, page 3.

In terms of regional distribution, cities ranked top 10 were: Jinan (74.58), Urumqi (74.14), Lanzhou (72.94), Tianjin (72.91), Nanning (72.65), Hohhot (71.94), Xiamen (71.58), Guiyang (71.56), Taiyuan (71.47) and Kunming (71.24). Among them, there were three eastern cities, one central city and six western cities. And the bottom 10 cities were: Harbin (67.91), Shanghai (67.59), Zhengzhou (67.30), Beijing (67.02), Xi'an (66.81), Qingdao (66.76), Hefei (66.50), Haikou (65.41), Guangzhou (64.54) and Hangzhou (64.22). Six of them were eastern cities, three were central cities, and one was a western city. Beijing, Shanghai and Guangzhou, the three first-tier cities with the most advanced educational resources, ranked 29th, 27th and 34th respectively. In general, residents in western cities were more satisfied with their education quality than the ones in central/eastern regions. In our opinion, the reason was that educational competition was significantly more intense in the eastern region than in the West, which led to a lower satisfaction among eastern residents.

Table 8 Education quality sub-indices of the 35 cities (2018)

2018 Ranking	City	Score	2018 Ranking	City	Score
1	Jinan	74.58	9	Taiyuan	71.47
2	Urumqi	74.14	10	Kunming	71.24
3	Lanzhou	72.94	11	Shenzhen	70.90
4	Tianjin	72.91	12	Chengdu	70.00
5	Nanning	72.65	13	Changsha	70.00
6	Hohhot	71.94	14	Yinchuan	69.93
7	Xiamen	71.58	15	Xining	69.91
8	Guiyang	71.56	16	Chongqing	69.74

Continued

2018 Ranking	City	Score	2018 Ranking	City	Score
17	Shenyang	69.72	27	Shanghai	67.59
18	Nanjing	69.48	28	Zhengzhou	67.30
19	Nanchang	69.29	29	Beijing	67.02
20	Fuzhou	69.17	30	Xi'an	66.81
21	Dalian	69.08	31	Qingdao	66.76
22	Wuhan	68.87	32	Hefei	66.50
23	Shijiazhuang	68.62	33	Haikou	65.41
24	Changchun	68.38	34	Guangzhou	64.54
25	Ningbo	68.38	35	Hangzhou	64.22
26	Harbin	67.91	Mean		69.37

In addition to the survey on education quality, the Center also conducted a special survey on residents' perceptions of three indicators: student workloads, major obstacles to entering prestigious or key elementary/secondary schools, and extra-curricular education expenditure.

Residents' satisfaction with their children's workloads was summarized in Table 9. A higher index indicated a lighter workload. 100 stood for the lightest, and 0 for the heaviest. The mean score of the 35 cities was 29.94 - between "acceptable" and "heavy", but more inclined to the latter. Among the 35 cities, Qingdao ranked 1st (35.82), and Xi'an ranked 35th (25.66). That is, in comparison, residents in Qingdao perceived that their children had the lightest student workloads, while people in Xi'an thought their children had the heaviest. In absolute terms however, all the interviewees felt that the workloads were too heavy. Therefore, there was still a long way to go to further reduce student workloads.

Table 9　Student workload indicators of the 35 cities (2018)

2018 Ranking	City	Score	2018 Ranking	City	Score
1	Qingdao	35.82	19	Shijiazhuang	29.83
2	Nanjing	34.10	20	Guangzhou	29.80
3	Tianjin	33.38	21	Kunming	29.80
4	Urumqi	33.29	22	Jinan	29.49
5	Shenzhen	32.00	23	Shenyang	28.71
6	Fuzhou	31.82	24	Hohhot	28.40
7	Xiamen	31.81	25	Ningbo	28.24
8	Chengdu	31.45	26	Dalian	28.24
9	Wuhan	31.42	27	Xining	28.15
10	Harbin	31.04	28	Chongqing	28.00
11	Nanning	30.68	29	Hangzhou	27.81
12	Zhengzhou	30.56	30	Lanzhou	27.74
13	Beijing	30.46	31	Hefei	27.33
14	Guiyang	30.37	32	Taiyuan	27.23
15	Yinchuan	30.33	33	Nanchang	26.87
16	Haikou	30.11	34	Shanghai	26.60
17	Changsha	30.08	35	Xi'an	25.66
18	Changchun	29.92	Mean		29.94

The major obstacles to entering prestigious or key elementary/secondary schools were summarized in Table 10. "School district" was regarded by 33.5% of the interviewees as the primary obstacle, followed by "household register" (19.2%), "school-selection fee" (17.4%), "academic performance" (17.1%) and "other problems" (12.8%). It was obvious that whether the home was located in the school district and whether the domicile of the household register was applicable, rather than the academic performance, were the major obstacles to entering prestigious or key schools. That is, the balanced development of and the fair play in education were yet to be improved.

Table 10 Perception of major obstacles to entering prestigious or key elementary/secondary schools (2018)

No.	City	%				
		Household register	School district	School-selection fee	Academic performance	Other problems
1	Jinan	19.8	50.1	6.70	15.9	7.60
2	Shanghai	16.6	49.2	13.0	11.7	9.50
3	Hefei	15.1	43.7	15.7	15.8	9.70
4	Dalian	18.2	42.2	6.20	18.5	14.9
5	Nanning	16.1	41.9	13.8	18.4	9.80
6	Shijiazhuang	17.2	40.2	26.0	11.0	5.60
7	Beijing	29.8	38.8	10.1	8.2	13.1
8	Shenyang	14.5	36.5	25.9	11.7	11.4
9	Zhengzhou	17.6	36.3	20.2	12.8	13.1
10	Haikou	19.1	36.2	17.5	14.2	13.1
11	Shenzhen	32.3	35.5	10.2	16.4	5.6
12	Urumqi	21.5	35.4	11.9	13.4	17.8
13	Nanjing	9.90	34.6	28.0	16.4	11.1
14	Hangzhou	14.6	34.3	19.2	15.6	16.3
15	Wuhan	15.3	33.5	18.9	23.3	9.00
16	Chongqing	14.9	33.2	21.3	17.2	13.4
17	Fuzhou	23.3	33.2	9.10	22.4	12.0
18	Taiyuan	23.9	32.6	17.6	14.1	11.8
19	Harbin	21.6	31.9	20.5	10.6	15.5
20	Lanzhou	16.0	31.1	14.3	23.4	15.2
21	Qingdao	16.9	31.0	12.4	21.2	18.5
22	Ningbo	20.2	30.0	12.3	23.6	13.8
23	Changchun	15.6	30.0	28.3	13.2	12.9
24	Chengdu	21.5	29.1	23.8	16.8	8.80
25	Changsha	20.0	29.0	14.7	14.8	21.5
26	Guangzhou	15.2	28.0	19.7	23.9	13.2
27	Yinchuan	18.8	28.0	15.1	22.3	15.8
28	Guiyang	22.0	27.9	22.0	15.2	12.8
29	Xining	19.4	27.2	20.2	21.8	11.4
30	Hohhot	19.0	26.9	18.2	21.4	14.5

Continued

No.	City	%				
		Household register	School district	School-selection fee	Academic performance	Other problems
31	Nanchang	21.7	26.4	11.3	24.2	16.3
32	Xiamen	28.1	25.7	10.0	18.8	17.5
33	Xi'an	14.1	25.4	37.4	13.7	9.50
34	Kunming	17.5	24.6	29.4	12.1	16.3
35	Tianjin	19.8	22.8	15.2	28.6	13.6
Mean		19.2	33.5	17.4	17.1	12.8

Residents' satisfaction with their children's extra-curricular education expenditure was summarized in Table 11. A higher score indicated a lower expenditure. 100 stood for the lowest, and 0 for the highest. The mean score of the 35 cities was 28.77 - between "high" (25) and "acceptable" (50), but more inclined to the former. A number of surveys showed that children's extra-curricular education expenditure had become a major burden to Chinese families.

Table 11 Satisfaction with children's extra-curricular education expenditure (2018)

2018 Ranking	City	Score	2018 Ranking	City	Score
1	Qingdao	35.57	11	Lanzhou	30.48
2	Guangzhou	34.65	12	Jinan	30.25
3	Tianjin	33.27	13	Zhengzhou	30.22
4	Xiamen	32.28	14	Urumqi	30.07
5	Fuzhou	32.17	15	Nanning	29.78
6	Haikou	31.59	16	Ningbo	28.88
7	Xining	31.55	17	Nanjing	28.73
8	Yinchuan	31.30	18	Changchun	28.67
9	Guiyang	30.80	19	Shijiazhuang	28.47
10	Kunming	30.79	20	Hohhot	28.21

Continued

2018 Ranking	City	Score	2018 Ranking	City	Score
21	Changsha	27.27	29	Hangzhou	26.30
22	Hefei	27.14	30	Shanghai	26.20
23	Beijing	26.90	31	Xi'an	25.75
24	Chongqing	26.89	32	Chengdu	25.42
25	Dalian	26.79	33	Shenyang	25.29
26	Wuhan	26.76	34	Nanchang	24.79
27	Shenzhen	26.71	35	Harbin	22.79
28	Taiyuan	26.60	Mean		28.77

Satisfaction of different known-groups with their children's education quality was summarized in Table 12. By gender, males and females had similar opinions. By age, the 30~39 age group was the most satisfied, while the 20~29 and the 40~49 age groups were the least. By education, residents with at least junior college education had significantly lower satisfaction than the ones with less education, indicating that better-educated interviewees had higher requirements of education quality. And by employment, employed residents were more satisfied than the unemployed.

Table 12 Satisfaction with education quality by gender, age, education and employment

Group	Satisfaction with education quality	
Gender	Male	67.6
	Female	67.5
Age	20-29	66.7
	30-39	69.2
	40-49	66.7
	50-59	67.0
	⩾ 60	68.3

Continued

Group	Satisfaction with education quality	
Education	< Junior college	70.5
	⩾ Junior college	66.0
Employment	Unemployed	65.0
	Employed	68.2

1.2.3 Health conditions sub-index

The results of health conditions sub-indices were summarized in Table 13. The health conditions survey observed residents' perception of their own health conditions. 100 stood for "perfect" and 0 for "poor". As shown in the table, the weighted mean of health conditions sub-indices was 64.48 — between "good" (50) and "excellent" (75). In comparison, the result of a survey conducted in the United States in June 2018 was 61.6. Out of the 35 surveyed cities, 29 cities scored higher and six scored lower than the US value. Therefore, as far as interviewees' perceptions were concerned, Chinese urban residents were healthier than the Americans.

In terms of regional distribution, cities ranked top 10 were: Qingdao (70.58), Kunming (69.34), Hefei (69.33), Guiyang (69.20), Shenzhen (69.11), Taiyuan (68.09), Harbin (67.88), Beijing (67.70), Xi'an (67.58) and Jinan (67.45). Among them, there were four eastern cities, three central cities and three western cities. And the bottom 10 cities were: Shenyang (62.58), Chongqing (61.97), Wuhan (61.95), Xining (61.67), Lanzhou (61.56), Haikou (60.83), Shijiazhuang (60.10), Guangzhou (59.32), Yinchuan (56.64) and Hangzhou (53.91). Five of them were eastern cities, one were central cities, and four were western cities.

Table 13 Health conditions sub-indices of the 35 cities (2018)

2018 Ranking	City	Score	2018 Ranking	City	Score
1	Qingdao	70.58	19	Nanning	64.17
2	Kunming	69.34	20	Xiamen	63.96
3	Hefei	69.33	21	Nanjing	63.23
4	Guiyang	69.20	22	Fuzhou	63.20
5	Shenzhen	69.11	23	Urumqi	62.93
6	Taiyuan	68.09	24	Nanchang	62.76
7	Harbin	67.88	25	Ningbo	62.67
8	Beijing	67.70	26	Shenyang	62.58
9	Xi'an	67.58	27	Chongqing	61.97
10	Jinan	67.45	28	Wuhan	61.95
11	Tianjin	66.94	29	Xining	61.67
12	Dalian	66.53	30	Lanzhou	61.56
13	Hohhot	65.92	31	Haikou	60.83
14	Zhengzhou	65.91	32	Shijiazhuang	60.10
15	Chengdu	65.42	33	Guangzhou	59.32
16	Changchun	65.15	34	Yinchuan	56.64
17	Shanghai	64.52	35	Hangzhou	53.91
18	Changsha	64.47	Mean		64.48

Moreover, we adopted a health metric developed by CDC – the number of physically or mentally unhealthy days in the past 30 days – to further investigate residents' health conditions. The results were summarized in Table 14. As shown in the table, the mean value of the 35 cities was 5.5 days, which meant that residents of the 35 cities on average perceived themselves to be either physically or mentally unhealthy in 5.5 out of the past 30 days. And the result of a recent survey conducted in the United States at the same time as ours was 6.6 days – higher than the Chinese mean value. Out of the 35 cities, 26 cities scored higher (healthier) than the US, one was equal, and the rest eight scored lower. In terms of regional distribution, the residents of Nanjing had the least unhealthy days (3.4 days), and the ones in Changchun

had the most (9.7 days). In the top 10 list, there were seven eastern cities, two central cities and one western city; while in the bottom 10 list, there were three eastern cities, four central cities and three western cities. On the whole, eastern residents were of better health conditions.

Table 14 Number of physically/mentally unhealthy days in the past 30 days (2018)

2018 Ranking	City	No. of days	2018 Ranking	City	No. of days
1	Nanjing	3.4	19	Shijiazhuang	5.5
2	Fuzhou	3.7	20	Beijing	5.7
3	Shenzhen	4.0	21	Dalian	5.8
4	Xiamen	4.0	22	Lanzhou	6.0
5	Qingdao	4.1	23	Chongqing	6.3
6	Shanghai	4.1	24	Chengdu	6.4
7	Guiyang	4.1	25	Hohhot	6.5
8	Taiyuan	4.1	26	Wuhan	6.5
9	Ningbo	4.2	27	Harbin	6.6
10	Nanchang	4.3	28	Tianjin	6.8
11	Zhengzhou	4.5	29	Shenyang	6.8
12	Nanning	4.5	30	Haikou	6.9
13	Hefei	4.6	31	Urumqi	7.2
14	Jinan	4.7	32	Changsha	7.5
15	Guangzhou	4.8	33	Yinchuan	7.7
16	Hangzhou	5.0	34	Xi'an	8.1
17	Kunming	5.1	35	Changchun	9.7
18	Xining	5.4	Mean		5.5

Residents' satisfaction with health conditions of different gender, age, education and employment groups was summarized in Table 15. By gender, males were slightly healthier than females. By age, the youngest was generally

healthiest, although the 40-49 age group had the worse health, probably due to mid-age stress of life and work. By education, interviewees with at least junior college education scored lower than the ones with less education, which perhaps resulted from the nature of their jobs. And by employment, the employed was healthier than the unemployed, indicating that a moderate workload is good for both physical and mental health.

Table 15 Satisfaction with health conditions by gender, age, education and employment

Group		Generally healthy	Physically unhealthy	Mentally unhealthy	Generally unhealthy
		(Max 100)	Days (0~30)	Days (0~30)	Days (0~30)
Gender	Male	68.9	2	2.7	4.5
	Female	63.5	2.7	3.7	6.1
Age	20~29	67.7	2.5	3.7	6.0
	30~39	67.2	2.1	2.8	4.7
	40~49	60.9	2.6	3.3	5.4
	50~59	65.1	2.3	2.2	4.2
	⩾ 60	63.2	2.2	1.6	3.6
Education	< Junior college	68.9	2.1	2.4	4.3
	⩾ Junior college	64.9	2.5	3.6	5.8
Employment	Unemployed	64.4	2.7	3.5	5.8
	Employed	66.8	2.3	3.1	5.1

1.2.4 Medical services sub-index

Residents' satisfaction with medical services was summarized in Table 16. The medical services survey mainly investigated residents' opinions on the quality of healthcare services and the non-reimbursable part of medical

insurance. 100 stood for “excellent” and 0 for “poor”. As shown in the table, the weighted mean of medical services sub-indices was 65.31 - between “acceptable” (50) and “good” (75). As for the two indicators, residents were more satisfied with the quality of healthcare services (67.66) than the non-reimbursable part of medical insurance (62.88).

In terms of regional distribution, cities ranked top 10 were: Beijing (70.58), Nanning (69.85), Ningbo (69.49), Jinan (69.43), Xiamen (68.90), Zhengzhou (68.57), Chengdu (67.80), Qingdao (67.52), Shenyang (66.65) and Hohhot (66.55). Among them, there were six eastern cities, one central city and three western cities. And the bottom 10 cities were: Lanzhou (63.54), Shenzhen (63.32), Taiyuan (63.24), Harbin (62.83), Kunming (62.52), Shanghai (62.33), Xining (61.22), Nanjing (60.20), Guiyang (59.43) and Haikou (57.36). Four of them were eastern cities, two were central cities, and four were western cities.

Table 16 Medical services sub-indices of the 35 cities (2018)

2018 Ranking	City	Score	2018 Ranking	City	Score
1	Beijing	70.58	14	Wuhan	66.22
2	Nanning	69.85	15	Hangzhou	66.09
3	Ningbo	69.49	16	Tianjin	66.00
4	Jinan	69.43	17	Chongqing	65.86
5	Xiamen	68.90	18	Shijiazhuang	65.78
6	Zhengzhou	68.57	19	Yinchuan	65.36
7	Chengdu	67.80	20	Hefei	65.11
8	Qingdao	67.52	21	Xi’an	64.86
9	Shenyang	66.65	22	Fuzhou	64.80
10	Hohhot	66.55	23	Guangzhou	64.22
11	Urumqi	66.46	24	Changsha	63.81
12	Changchun	66.35	25	Nanchang	63.58
13	Dalian	66.23	26	Lanzhou	63.54

Continued

2018 Ranking	City	Score	2018 Ranking	City	Score
27	Shenzhen	63.32	32	Xining	61.22
28	Taiyuan	63.24	33	Nanjing	60.20
29	Harbin	62.83	34	Guiyang	59.43
30	Kunming	62.52	35	Haikou	57.36
31	Shanghai	62.33	Mean		65.31

We also investigated the satisfaction of different known-groups. The results were summarized in Table 17. By gender, males were slightly more satisfied than females. By age, all the age groups had similar opinions, although the 40~49 age group scored a bit lower. By education, residents with at least junior college education were less satisfied than the ones with less education. And by employment, the employed had slightly higher satisfaction than the unemployed.

Table 17 Satisfaction with medical services by gender, age, education and employment

Group	Satisfaction with medical services	
Gender	Male	67.1
	Female	65.6
Age	20-29	66.0
	30-39	67.5
	40-49	63.3
	50-59	67.8
	>=60	68.0
Education	< Junior college	68.1
	≥ Junior college	65.6
Employment	Unemployed	65.5
	Employed	66.6

1.3 Objective Indices of the 35 Cities (2018)

Same as in 2017, the objective indices were calculated based on the object data of the 20 secondary indicators released by the authorities of the 35 cities this time, in order to ensure both the objectivity and the authority of the data. In the process of statistical work and index calculation, all population-related data were based on the permanent population of the city, rather than the registered population or the population of the city-governed districts, so as to represent its quality of life more accurately. Scores and rankings of the general objective indices were summarized in Table 18.

Table 18 General objective indices of the 35 cities

City	2018			2017		2016		2015		2014	
	Score	Ranking	Places risen	Score	Ranking	Score	Ranking	Score	Ranking	Score	Ranking
Beijing	67.05	1	0	67.17	1	64.42	1	67.41	1	68.78	1
Hangzhou	61.79	2	2	60.53	4	59.60	5	61.70	4	59.49	13
Nanjing	60.28	3	0	62.25	3	62.79	3	63.37	2	65.52	3
Shenzhen	59.50	4	-2	62.45	2	64.00	2	59.87	7	63.25	4
Kunming	58.99	5	3	58.39	8	58.23	7	59.69	8	60.61	10
Guangzhou	58.54	6	-1	60.15	5	60.76	4	61.08	5	66.39	2
Xi'an	58.34	7	2	58.09	9	57.93	9	62.39	3	61.61	5
Wuhan	58.25	8	-1	58.81	7	57.95	8	58.87	9	60.33	12
Shanghai	57.79	9	-3	59.77	6	58.93	6	59.95	6	61.30	7
Guiyang	57.54	10	0	57.97	10	57.20	10	56.92	14	56.46	18
Shenyang	57.32	11	0	57.21	11	57.04	12	57.22	12	60.41	11
Hohhot	56.76	12	0	56.93	12	57.17	11	58.16	11	60.99	9
Yinchuan	54.42	13	0	55.52	13	55.72	13	57.19	13	56.77	17
Urumqi	54.33	14	3	53.81	17	53.74	18	53.53	21	54.42	26
Changchun	54.17	15	1	54.36	16	54.49	15	55.22	16	57.63	15

Continued

City	2018			2017		2016		2015		2014	
	Score	Ranking	Places risen	Score	Ranking	Score	Ranking	Score	Ranking	Score	Ranking
Ningbo	53.59	16	-2	55.47	14	54.88	14	55.70	15	61.11	8
Changsha	53.59	17	3	53.46	20	53.56	19	58.48	10	59.15	14
Dalian	53.29	18	0	53.73	18	52.69	22	54.38	18	56.15	19
Xiamen	53.17	19	-4	54.84	15	53.91	17	54.32	19	61.58	6
Shijiazhuang	53.08	20	-1	53.51	19	54.03	16	54.00	20	54.44	25
Qingdao	53.00	21	0	53.40	21	53.16	21	55.03	17	55.87	21
Haikou	52.23	22	6	52.14	28	51.64	29	51.28	29	53.72	29
Chengdu	52.14	23	1	52.39	24	52.48	24	53.35	22	54.89	23
Jinan	51.80	24	2	52.26	26	52.50	23	52.72	24	56.10	20
Tianjin	51.61	25	0	52.33	25	52.35	25	51.25	30	55.48	22
Taiyuan	51.53	26	-4	53.39	22	53.53	20	52.15	26	51.62	31
Lanzhou	51.03	27	2	51.82	29	50.73	30	51.22	31	54.79	24
Harbin	50.74	28	-1	52.17	27	52.03	27	51.45	28	53.80	28
Nanchang	50.57	29	1	51.08	30	51.99	28	52.88	23	51.29	32
Hefei	50.49	30	-7	52.64	23	52.23	26	52.69	25	56.83	16
Nanning	50.34	31	0	50.55	31	50.25	31	49.79	32	52.93	30
Xining	49.19	32	1	49.47	33	48.19	34	49.08	33	50.15	34
Chongqing	48.92	33	1	48.78	34	49.17	33	47.93	35	51.04	33
Fuzhou	48.26	34	-2	50.43	32	50.12	32	51.55	27	53.96	27
Zhengzhou	46.55	35	0	47.18	35	46.93	35	48.68	34	48.39	35
Mean	54.85			54.98		54.75		55.84		57.87	

As shown in Table 18, the weighted mean of general objective indices in 2018 was 54.85, slightly lower than that of 2017 (54.98). In terms of dynamic analysis, the objective quality of life had started to stabilize in 2017 and remained stable in 2018, after the declines in 2015 and 2016. The histogram in Figure 1 shows the objective indices in 2012~2018.

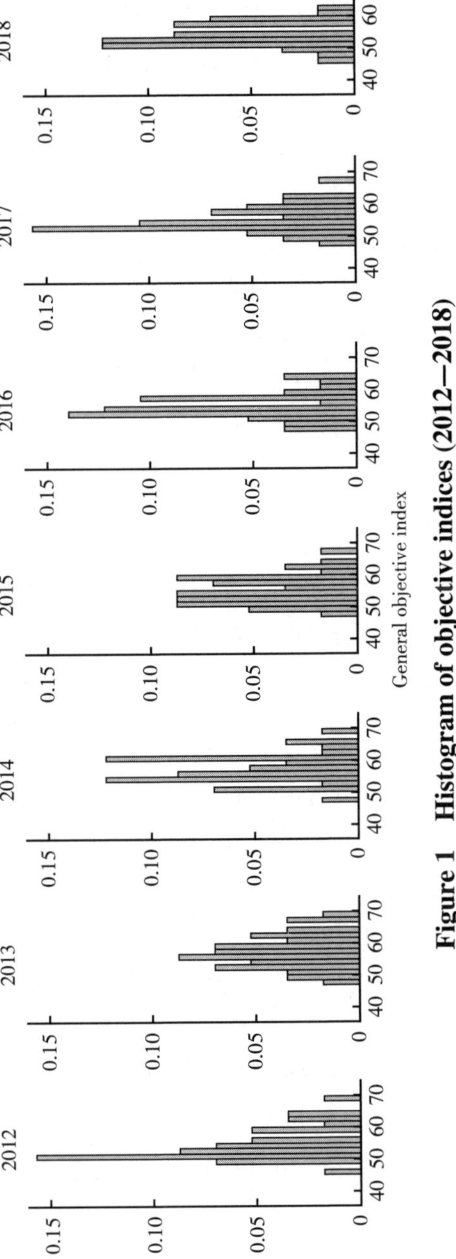

Figure 1　Histogram of objective indices (2012–2018)

According to the ranking of scores, the top 10 cities in the list of general objective indices were: Beijing (1), Hangzhou (2), Nanjing (3), Shenzhen (4), Kunming (5), Guangzhou (6), Xi'an (7), Wuhan (8), Shanghai (9) and Guiyang (10). Beijing topped the list this time, with a gap of over 5 points from Hangzhou (2nd). Compared to the difference between Beijing (1st) and Shenzhen (2nd) in 2017, the gap was obviously widening. And Guiyang had ranked 10th in all the past three years.

The bottom 10 cities were: Taiyuan (26), Lanzhou (27), Harbin (28), Nanchang (29), Hefei (30), Nanning (31), Xining (32), Chongqing (33), Fuzhou (34) and Zhengzhou (35). Harbin, Nanning, Fuzhou, Xining, Zhengzhou and Chongqing had stayed on the list for six years consecutively. And the ranking of Haikou rose from 28th to 22nd.

As shown by the rankings and scores of general objective indices, Beijing had ranked 1st six years in a row. The rankings of most cities did not change much. In the top 10 list, the rankings of three cities had improved, four had declined; and in the bottom 10 list, the rankings of four cities had risen, and four had dropped. Compared to that of 2017, the ranking of Haikou had seen the greatest improvement – from 28th to 22nd; while the ranking of Hefei had experienced the quickest drop – from 23rd to 30th. Moreover, in terms of scores, Fuzhou joined Xining, Chongqing and Zhengzhou this time, falling below 50 points. And the gap between the 1st and the 35th had increased by 0.51 compared to that of 2017.

In terms of regional distribution, among the top 10 cities, there were six eastern cities - Beijing (67.05), Hangzhou (61.79), Nanjing (60.28), Shenzhen (59.50), Guangzhou (58.54) and Shanghai (57.79); one central city - Wuhan (58.25); and three western cities - Kunming (58.99), Xi'an (58.34) and Guiyang (57.54). Among the bottom 10 cities, there were one eastern city - Fuzhou

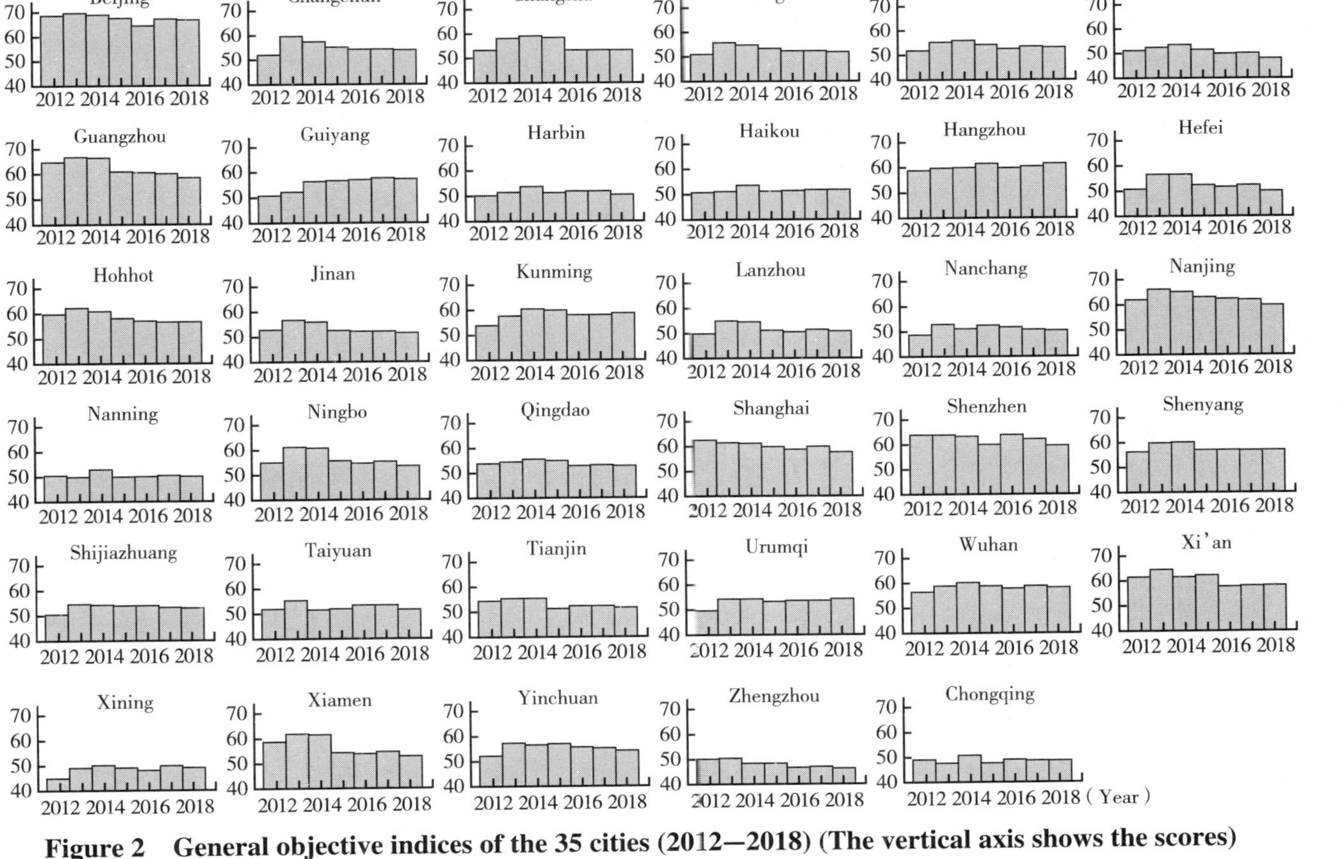

Figure 2 General objective indices of the 35 cities (2012—2018) (The vertical axis shows the scores)

(48.26); five central cities - Taiyuan (51.53), Harbin (50.74), Nanchang (50.57), Hefei (50.49) and Zhengzhou (46.55); and four western cities - Lanzhou (51.03), Nanning (50.34), Xining (49.19) and Chongqing (48.92). The means of the objective indices of eastern, central and western cities were 55.77, 51.99 and 53.83 respectively, indicating that the quality of life was higher in the East than in the Center/the West.

Changes of the general objective indices can be explained by the mean scores of its five sub-indices which were, respectively: living standard (54.30), living cost (52.53), human capital (57.03), social security (52.62) and living experience (57.77).

Trends and score changes of the 35 cities in 2012~2018 were summarized in Figure 2. During the years, there had been fewer cities whose objective indices were going upward than going downward. Overall, the indices of most cities had started to stabilize in 2017 and remained stable in 2018, after the declines in 2015 and 2016.

1.4 Objective Sub-indices of the 35 Cities (2018)

1.4.1 Living standard objective sub-index

The objective living standard sub-index consisted of six secondary indicators: consumption rate, per capita wealth, per capita disposable income and their respective growth. Table 19 shows the scores, rankings and place changes of the living standard objective sub-indices in 2018.

Table 19 Living standard objective sub-indices of the 35 cities (2018)

City	Score	Ranking	Places risen	City	Score	Ranking	Places risen
Beijing	80.00	1	1	Shanghai	67.98	3	-2
Hangzhou	76.01	2	2	Shenzhen	60.07	4	-1

Continued

City	Score	Ranking	Places risen	City	Score	Ranking	Places risen
Ningbo	58.05	5	2	Shijiazhuang	48.54	21	0
Haikou	56.29	6	14	Shenyang	48.39	22	3
Xi'an	56.11	7	17	Harbin	47.81	23	4
Changsha	55.33	8	7	Lanzhou	47.47	24	-1
Tianjin	55.02	9	1	Zhengzhou	46.06	25	-11
Guangzhou	54.50	10	-2	Xining	45.21	26	0
Jinan	53.04	11	1	Dalian	44.65	27	1
Wuhan	52.96	12	-1	Changchun	44.28	28	3
Guiyang	52.50	13	3	Kunming	44.12	29	4
Xiamen	52.34	14	-8	Nanning	43.88	30	2
Nanjing	51.72	15	-10	Taiyuan	41.63	31	4
Chongqing	51.12	16	13	Nanchang	40.62	32	-10
Chengdu	50.67	17	1	Hohhot	40.26	33	-3
Urumqi	50.66	18	1	Yinchuan	40.18	34	0
Hefei	50.01	19	-10	Fuzhou	40.00	35	-22
Qingdao	49.96	20	-3	Mean	54.30		

As shown in the above table, in 2018, the weighted mean of living standard objective sub-indices was 54.30, higher than that of 2017 (52.86), and a significant improvement compared to that of 2016 (50.07). From 2014 to 2016, the weighted means were, respectively: 68.06, 59.83 and 50.07, showing a trend of continuous decline. However, since China's economy had stabilized in 2016, the weighted mean of living standard objective sub-indices was going upward in the past two years. In 2018, the highest scorer was Beijing (80), and the lowest scorer was Fuzhou (40). Out of the 35 cities, four scored over 60, 19 scored over 50, and 16 scored below 50. The histogram in Figure 3 clearly shows the fluctuation of the sub-indices in 2012-2018.

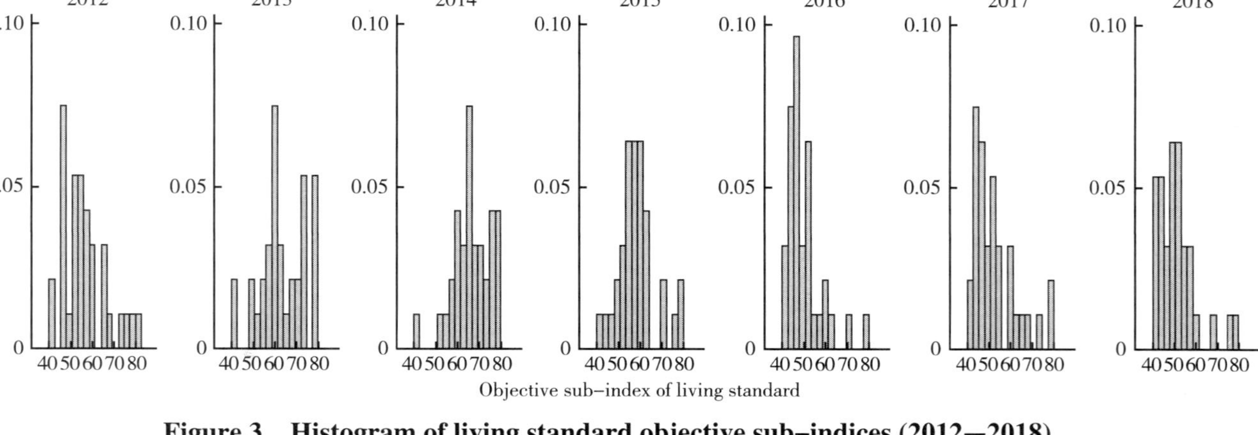

Figure 3　Histogram of living standard objective sub–indices (2012—2018)

In terms of regional distribution, in the top 10 list, there were eight eastern cities - Beijing (80.00), Hangzhou (76.01), Shanghai (67.98), Shenzhen (60.07), Ningbo (58.05), Haikou (56.29), Tianjin (55.02) and Guangzhou (54.50); one central city - Changsha (55.33); and one western city - Xi'an (56.11). And in the bottom 10 list, there were two eastern cities - Dalian (44.65) and Fuzhou (40.00); three central cities - Changchun (44.28), Taiyuan (41.63) and Nanchang (40.62); and five western cities - Xining (45.21), Kunming (44.12), Nanning (43.88), Hohhot (40.26) and Yinchuan (40.18). The means of eastern, central and western cities were 56.04, 47.34 and 47.47 respectively, showing that regions differences were quite significant.

As shown by the scores, large gaps still existed in the objective living standard of different regions and cities. Four first-tier cities, Beijing, Shanghai, Guangzhou and Shenzhen, had ranked top 10 eight years in a row since the first survey, while Nanning and Xining had been on the bottom 10 list for seven years, and Taiyuan for five years. The ranking of Chongqing experienced a great improvement this time from 29th to 16th.

In 2016 and 2017, there were 22 and 17 cities scored below 50 on the living standard sub-index respectively; while in 2018, there were only 16 cities - 1 city less than the previous year. Overall, the sub-index had declined continuously in 2014-2016, and started to climb back up since 2017. The mean of 2018 was 54.3. Although the sub-index continued to pick up, it was still below the pre-2015 values. In this survey, Xi'an (17), Haikou (14), Chongqing (13) and Changsha (7) saw the greatest improvements in the ranking; while Fuzhou (-22), Zhengzhou (-11), Nanjing (-10), Hefei (-10), Nanchang (-10) and Xiamen (-8) experienced the most drastic drops. The bar chart in Figure 4 below illustrates intuitively the changes of the living standard objective sub-indices from 2012 to 2018.

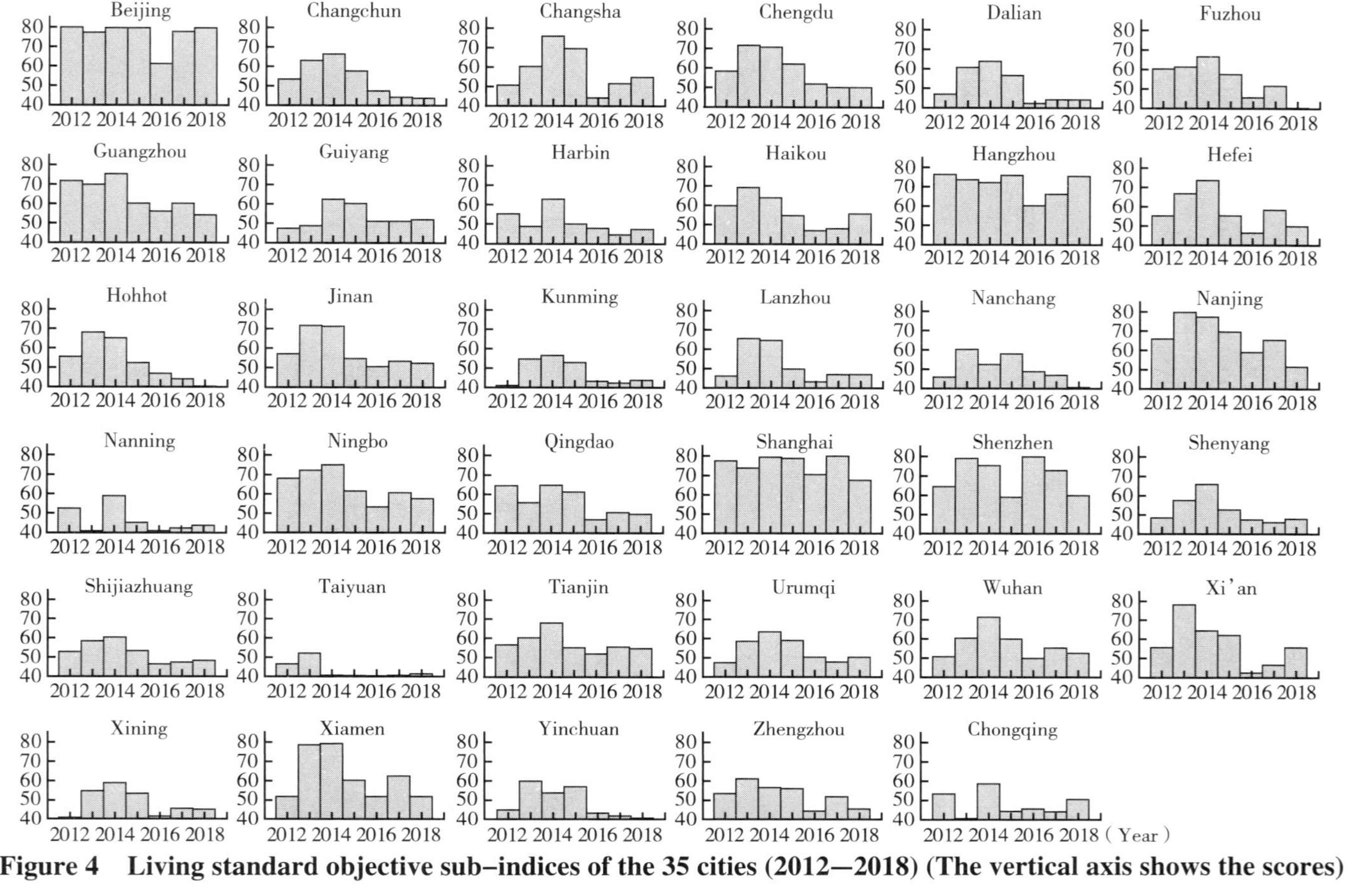

Figure 4 Living standard objective sub-indices of the 35 cities (2012–2018) (The vertical axis shows the scores)

1.4.2 Living cost objective sub-index

The objective living cost sub-index of each city was obtained by calculating its secondary indicators - house price index, inflation rate and house-price-to-income ratio. Table 20 below lists the scores and rankings of the 35 cities in 2018.

Table 20 Living cost objective sub-indices of the 35 cities (2018)

City	Score	Ranking	Places risen	City	Score	Ranking	Places risen
Kunming	80.00	1	0	Wuhan	53.69	19	2
Hohhot	77.15	2	0	Jinan	53.57	20	0
Xining	66.94	3	0	Nanning	53.32	21	-2
Yinchuan	66.42	4	0	Harbin	52.63	22	-9
Urumqi	65.45	5	2	Fuzhou	52.20	23	3
Changsha	63.81	6	-1	Nanjing	50.08	24	8
Nanchang	62.89	7	8	Hefei	48.01	25	3
Shenyang	59.93	8	0	Guangzhou	47.55	26	3
Lanzhou	58.75	9	0	Ningbo	47.37	27	-2
Dalian	58.18	10	2	Taiyuan	47.15	28	-6
Changchun	57.81	11	6	Xiamen	46.51	29	1
Xi'an	57.70	12	-6	Shanghai	45.07	30	4
Qingdao	57.63	13	3	Tianjin	44.36	31	-4
Chengdu	56.63	14	0	Haikou	42.78	32	-8
Chongqing	55.00	15	-5	Beijing	41.89	33	0
Guiyang	54.95	16	-5	Hangzhou	40.98	34	-3
Zhengzhou	54.82	17	6	Shenzhen	40.00	35	0
Shijiazhuang	54.39	18	0	Mean	52.53		

As shown in the above table, the weighted mean of living cost objective sub-indices was 52.53, lower than that of 2017 (57.17) or 2016 (58.74), and the lowest since 2012 (the weighted means of 2012, 2013 and 2014 were 56.10, 58.67 and 53.84 respectively). Out of the surveyed 35 cities, 11 cities scored below 50, and 24 scored over 50 (1 city less than the result of 2017). The histogram in Figure 5 clearly shows that in 2018, the objective living cost indices of the 35 cities generally remained stable despite of a slight decline.

In terms of regional distribution, in the top 10 list, there were two eastern cities - Shenyang (59.93) and Dalian (58.18); two central cities - Changsha (63.81) and Nanchang (62.89); and six western cities - Kunming (80.00), Hohhot (77.15), Xining (66.94), Yinchuan (66.42), Urumqi (65.45) and Lanzhou (58.75). In the bottom 10 list, there was no western city; nine eastern cities - Guangzhou (47.55), Ningbo (47.37), Xiamen (46.51), Shanghai (45.07), Tianjin (44.36), Haikou (42.78), Beijing (41.89), Hangzhou (40.98) and Shenzhen (40.00); and one central city - Taiyuan (47.15). The means of eastern, central and western cities were 48.91, 55.10 and 62.94 respectively - the sub-index of the West was much higher than that of the East, indicating that a significant gap existed in the cost of living among different cities – with Kunming as the lowest. Kunming, Hohhot, Xining, Yinchuan and Changsha had ranked among the top 10 five years in a row. Shenzhen, the city with the highest living cost, had ranked 35th over the past four years. And Shenzhen, Shanghai, Beijing and Hangzhou had stayed on the bottom 10 list (cities of the highest living cost) for six years.

In terms of dynamic changes, the living cost sub-index continued to decline in 2018. That is, the living cost was climbing up, which was consistent with the slight drop in residents' satisfaction with their living cost. The bar chart in Figure 6 below illustrates intuitively the changes of the living cost objective sub-indices in 2012-2018.

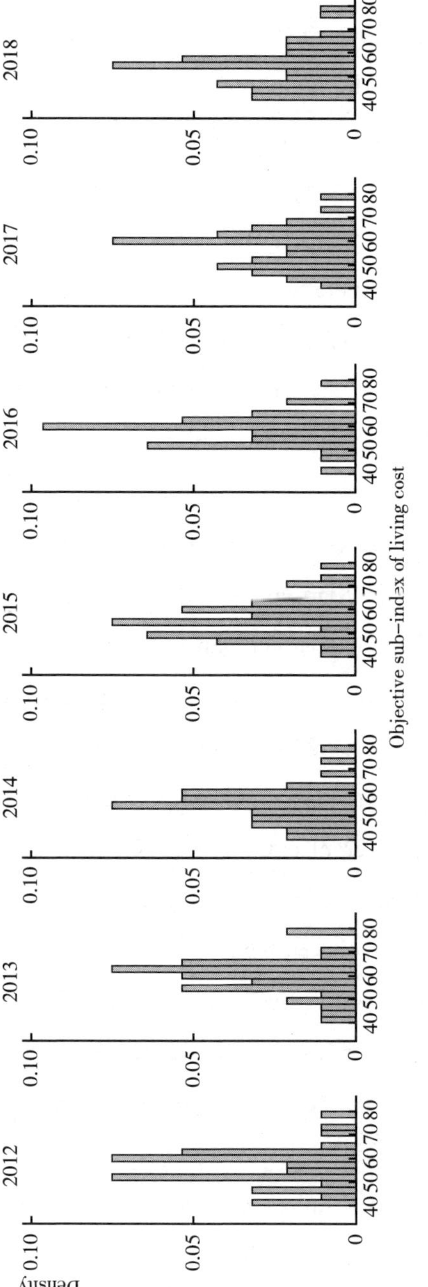

Figure 5　Histogram of living cost objective indices (2012—2018)

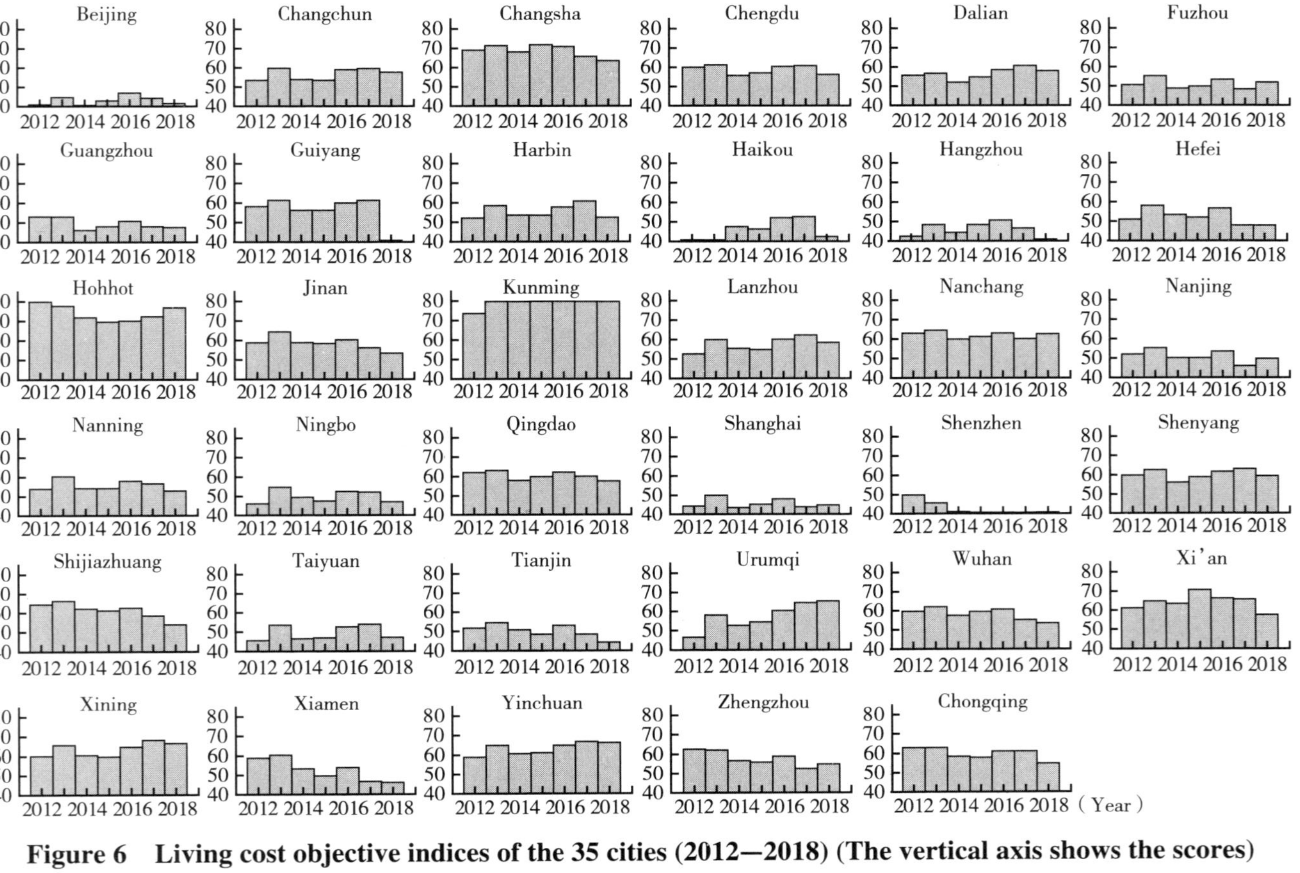

Figure 6 Living cost objective indices of the 35 cities (2012—2018) (The vertical axis shows the scores)

1.4.3 Human capital objective sub-index

The objective human capital sub-index of each city was obtained by calculating its two secondary indicators (education provision index, and ratio of education, culture and entertainment expenditures). This sub-index had been rather stable. However, significant gaps still existed among the cities. Scores and rankings of the 35 cities in 2018 were summarized in Table 21.

Table 21 Human capital objective indices of the 35 cities (2018)

City	Score	Ranking	Places risen	City	Score	Ranking	Places risen
Guiyang	80.00	1	1	Hefei	53.41	19	0
Nanjing	79.37	2	-1	Fuzhou	53.32	20	1
Wuhan	75.22	3	0	Changsha	53.22	21	-1
Kunming	67.17	4	3	Shenzhen	52.73	22	0
Xi'an	66.81	5	-1	Tianjin	52.47	23	0
Beijing	66.58	6	-1	Nanchang	51.55	24	1
Guangzhou	64.51	7	-1	Harbin	51.32	25	-1
Shijiazhuang	63.64	8	1	Ningbo	50.64	26	0
Taiyuan	62.91	9	-1	Chengdu	49.55	27	0
Hangzhou	62.67	10	1	Qingdao	49.24	28	1
Shanghai	61.91	11	-1	Urumqi	48.97	29	-1
Changchun	60.86	12	0	Lanzhou	48.46	30	0
Yinchuan	58.68	13	0	Zhengzhou	48.07	31	0
Dalian	58.11	14	1	Haikou	47.46	32	0
Hohhot	57.44	15	-1	Chongqing	43.12	33	0
Jinan	55.13	16	1	Xiamen	41.17	34	0
Nanning	54.95	17	-1	Xining	40.00	35	0
Shenyang	54.54	18	0	Mean	57.03		

As shown in the above table, in 2018, the weighted mean of human capital objective sub-indices was 57.03, while the past values were respectively 56.92 (2017), 56.98 (2016), 57.34 (2015), 57.33 (2014), 57.78 (2013) and 57.66 (2012). From the perspective of dynamic changes, the sub-index had been quite stable, with a slight increase in 2018 after years of minor declines.

In terms of regional distribution, in the top 10 list, there were five eastern cities - Nanjing (79.37), Beijing (66.58), Guangzhou (64.51), Shijiazhuang (63.64) and Hangzhou (62.67); two central cities - Wuhan (75.22) and Taiyuan (62.91); and three western cities - Guiyang (80.00), Kunming (67.17) and Xi'an (66.81). And in the bottom 10 list, there were four eastern cities - Ningbo (50.64), Qingdao (49.24), Haikou (47.46) and Xiamen (41.17); one central city - Zhengzhou (48.07); and five western cities - Chengdu (49.55), Urumqi (48.97), Lanzhou (48.46), Chongqing (43.12) and Xining (40.00). Top 9 cities remained the same, with merely ranking changes.

A score higher than 76 stood for "excellent", higher than 50 stood for "good", and below 50 stood for "unacceptable". According to the 2018 results of human capital sub-index calculation, two cities (Guiyang and Nanjing) scored over 76, 26 scored over 50, and nine scored below 50.

In terms of ranking changes, the ranking of Kunming saw the biggest improvement and rose by three places, while the rankings of all the other cities remained roughly unchanged. Xining (40.00) was the lowest scorer. Guiyang (80.00) took the place of Nanjing (ranked 1st in the previous 4 years) and became the highest scorer. The histogram in Figure 7 and the bar chart in Figure 8 show that both the human capital sub-indices and their relative rankings did not fluctuate greatly.

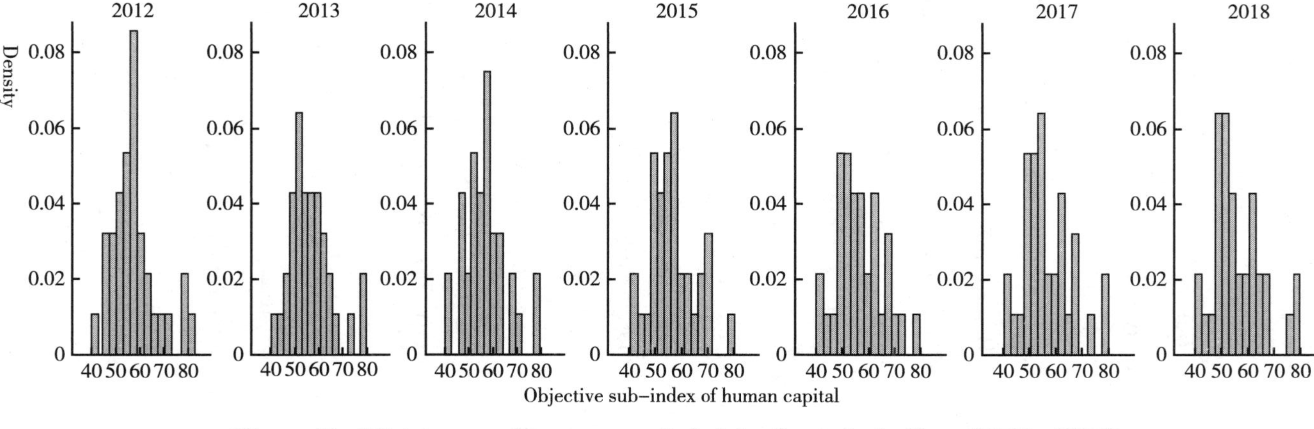

Figure 7　Histogram of human capital objective sub-indices (2012—2018)

Figure 8 Human capital objective indices of the 35 cities (2012—2018) (The vertical axis shows the scores)

1.4.4 Social security objective sub-index

The objective social security sub-index of each city was obtained by calculating its secondary indicators (social security coverage, basic medical insurance coverage and unemployment insurance coverage). Scores and rankings of the 35 cities in 2018 were summarized in Table 22.

Table 22 Social security objective sub-indices of the 35 cities (2018)

City	Score	Ranking	Places risen	City	Score	Ranking	Places risen
Shenzhen	80.00	1	0	Taiyuan	47.95	19	-3
Hangzhou	68.78	2	0	Wuhan	47.76	20	-3
Xiamen	68.22	3	0	Nanning	46.64	21	0
Beijing	66.77	4	0	Guiyang	45.83	22	1
Shanghai	60.20	5	0	Changsha	45.71	23	1
Shenyang	59.23	6	2	Hefei	45.49	24	2
Guangzhou	58.36	7	-1	Hohhot	45.37	25	-3
Ningbo	56.60	8	-1	Chongqing	45.25	26	1
Tianjin	56.01	9	0	Fuzhou	44.69	27	-2
Dalian	53.70	10	1	Haikou	43.90	28	2
Nanjing	53.54	11	-1	Zhengzhou	43.79	29	2
Chengdu	52.26	12	1	Kunming	43.76	30	-2
Yinchuan	50.38	13	-1	Lanzhou	43.47	31	-2
Xi'an	50.31	14	1	Shijiazhuang	41.77	32	0
Urumqi	49.68	15	-1	Nanchang	41.55	33	1
Jinan	49.10	16	2	Harbin	41.12	34	-1
Changchun	48.70	17	2	Xining	40.00	35	0
Qingdao	48.18	18	2	Mean	52.62		

As shown in the above table, in 2018, the weighted mean of social security objective sub-indices was 52.62, remarkably higher than that of 2017 (50.49) and 2016 (50.43). In terms of dynamic changes, the sub-index had kept declining since 2015. This time, however, it started to climb back up, although not yet reaching the level of 2013 (55.26) or 2014 (54.66). Similar to the results of 2015-2017, out of the surveyed 35 cities, 14 cities scored over 50 and 21 scored below 50. Such a trend was clearly illustrated in Figure 9.

In terms of regional distribution, all the top 10 cities - Shenzhen (80.00), Hangzhou (68.78), Xiamen (68.22), Beijing (66.77), Shanghai (60.20), Shenyang (59.23), Guangzhou (58.36), Ningbo (56.60), Tianjin (56.01) and Dalian (53.70) - were in the eastern region, and the top 5 remained the same. In the bottom 10 list, there were three eastern cities - Fuzhou (44.69), Haikou (43.90) and Shijiazhuang (41.77); three central cities - Zhengzhou (43.79), Nanchang (41.55) and Harbin (41.12); and four western cities - Chongqing (45.25), Kunming (43.76), Lanzhou (43.47) and Xining (40.00). Hangzhou, Shanghai, Shenyang, Tianjin, Chengdu, Jinan, Changchun and Kunming had seen continuously improvements for four years since 2015.

In terms of ranking changes, Shenyang (2), Jinan (2), Changchun (2), Qingdao (2), Hefei (2), Haikou (2) and Zhengzhou (2) experienced the biggest rises; while Taiyuan (-3), Wuhan (-3) and Hohhot (-3) had the quickest drops. Generally speaking, the rankings remained stable as shown in Figure 10.

1.4.5 Living experience objective sub-index

The objective living experience sub-index of each city was obtained by calculating its secondary indicators, in cluding living convenience, eco-environment and perception of income disparities. Scores and rankings of the 35 cities in 2018 were summarized in Table 23.

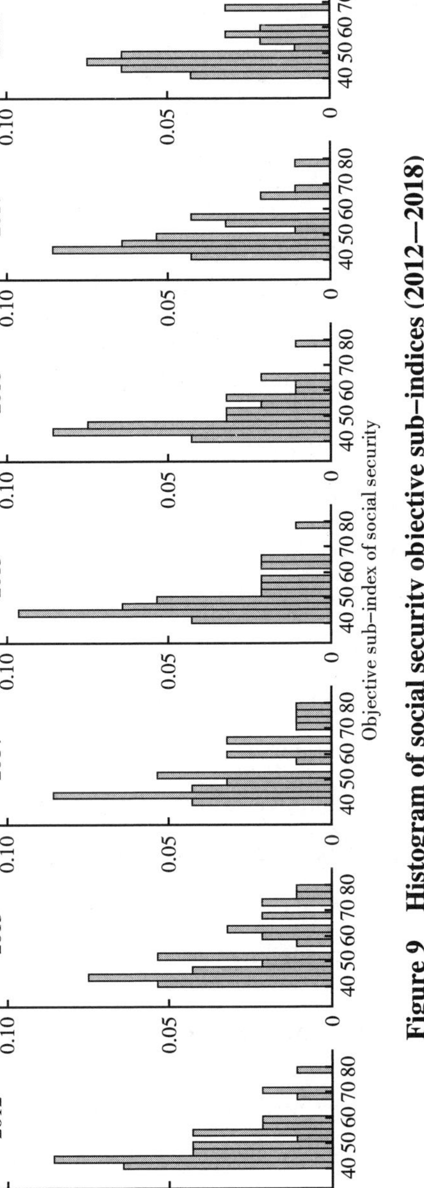

Figure 9 Histogram of social security objective sub–indices (2012—2018)

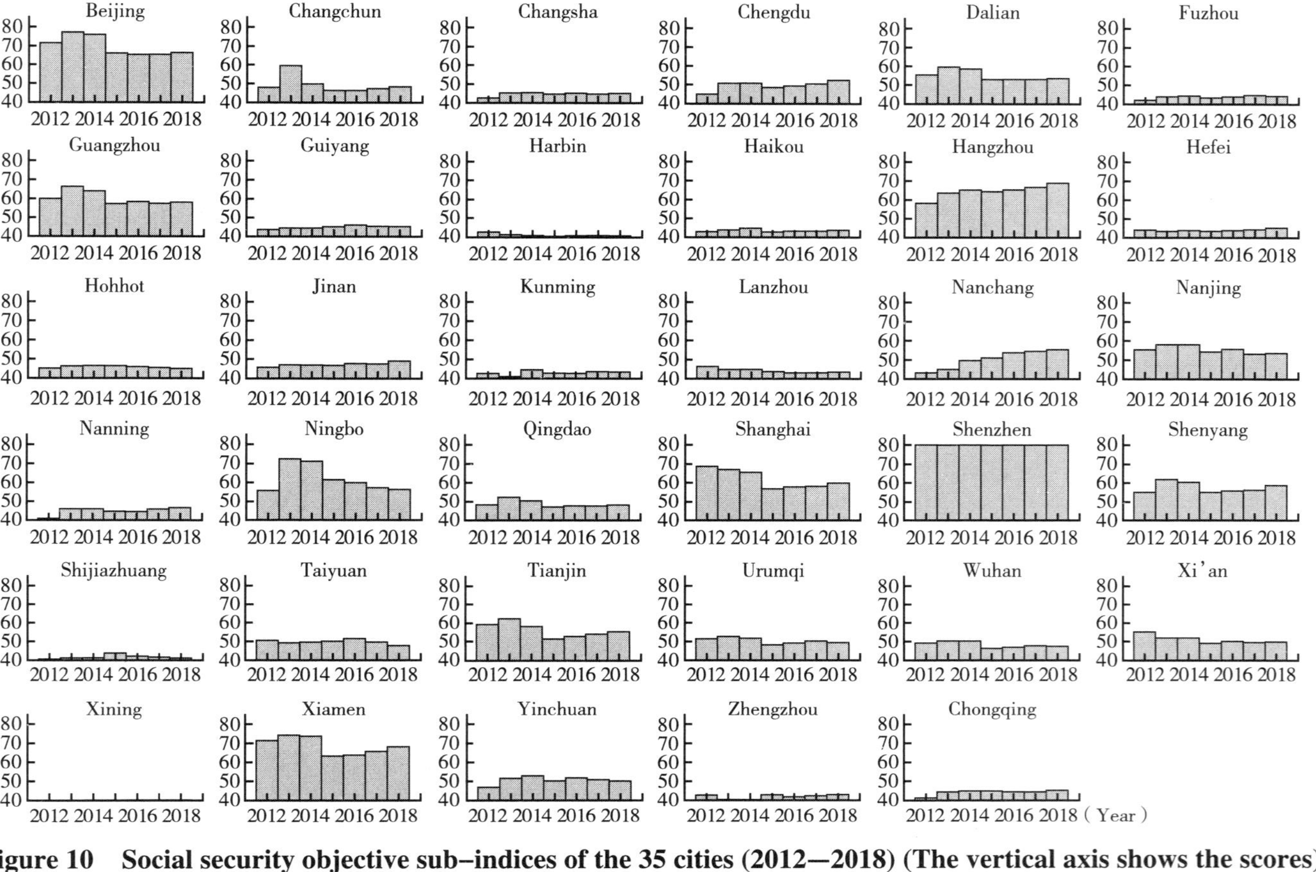

Figure 10 Social security objective sub–indices of the 35 cities (2012—2018) (The vertical axis shows the scores)

Table 23 Living experience objective sub-indices of the 35 cities (2018)

City	Score	Ranking	Places risen	City	Score	Ranking	Places risen
Beijing	80.00	1	0	Urumqi	56.92	19	1
Haikou	70.71	2	0	Yinchuan	56.41	20	-4
Guangzhou	67.78	3	0	Nanchang	56.26	21	1
Nanjing	66.70	4	1	Hefei	55.51	22	-3
Shenzhen	64.72	5	-1	Ningbo	55.28	23	0
Shenyang	64.50	6	0	Guiyang	54.45	24	1
Hohhot	63.59	7	0	Xining	53.82	25	1
Wuhan	61.64	8	1	Shanghai	53.80	26	-2
Harbin	60.82	9	-1	Nanning	52.90	27	1
Xi'an	60.75	10	2	Dalian	51.82	28	1
Hangzhou	60.50	11	0	Chengdu	51.61	29	1
Qingdao	59.96	12	1	Fuzhou	51.09	30	-3
Kunming	59.89	13	-3	Tianjin	50.18	31	0
Changchun	59.19	14	1	Chongqing	50.12	32	1
Taiyuan	58.04	15	-1	Changsha	49.86	33	-1
Xiamen	57.61	16	1	Jinan	48.17	34	0
Shijiazhuang	57.05	17	4	Zhengzhou	40.00	35	0
Lanzhou	56.98	18	0	Mean	57.77		

As shown in Table 23, in 2018, the weighted mean of living experience objective sub-indices was 57.77, similar to that of 2017 (57.49) and 2016 (57.54). In terms of dynamic changes, different from the other four sub-indices, the objective index of living experience had remained stable in the recent three years and slightly improved. Out of the 35 surveyed cities, three

cities scored over 67, 32 scored over 50, and three scored below 50. Figure 11 clearly shows that from 2012 to 2018, there had been no significant changes in the objective living experience sub-index, or in its max/min values or the concentration of the scores.

In terms of regional distribution, in the top 10 list, there were six eastern cities - Beijing (80.00), Haikou (70.71), Guangzhou (67.78), Nanjing (66.70), Shenzhen (64.72) and Shenyang (64.50); two central cities - Wuhan (61.64) and Harbin (60.82); and two western cities - Hohhot (63.59) and Xi'an (60.75). In the bottom 10 list, there were five eastern cities - Shanghai (53.80), Dalian (51.82), Fuzhou (51.09), Tianjin (50.18) and Jinan (48.17; two central cities - Changsha (49.86) and Zhengzhou (40.00); and three western cities - Nanning (52.90), Chengdu (51.61) and Chongqing (50.12). The weighted means of eastern, central and western cities were 59.99, 55.17 and 56.13 respectively.

In terms of ranking changes, Shijiazhuang (4) and Xi'an (2) saw the greatest rises; while Yinchuan (-4), Kunming (-3), Hefei (-3) and Fuzhou (-3) experienced the quickest drops. Same as in 2017, Beijing, Haikou and Guangzhou ranked the top three. On the whole, the scores and rankings of most cities had improved, as shown by the bar chart in Figure 12.

1.5 Primary Indicator Radar Charts of the 35 Cities (2018)

The following radar charts present the primary indicators of the subjective or the objective indices of the 35 cities in 2018. It can be easily discerned that living cost is still a key factor that pulls down the subjective and the objective indices in major cities. (The following charts were arranged according to the rankings of the objective indices)

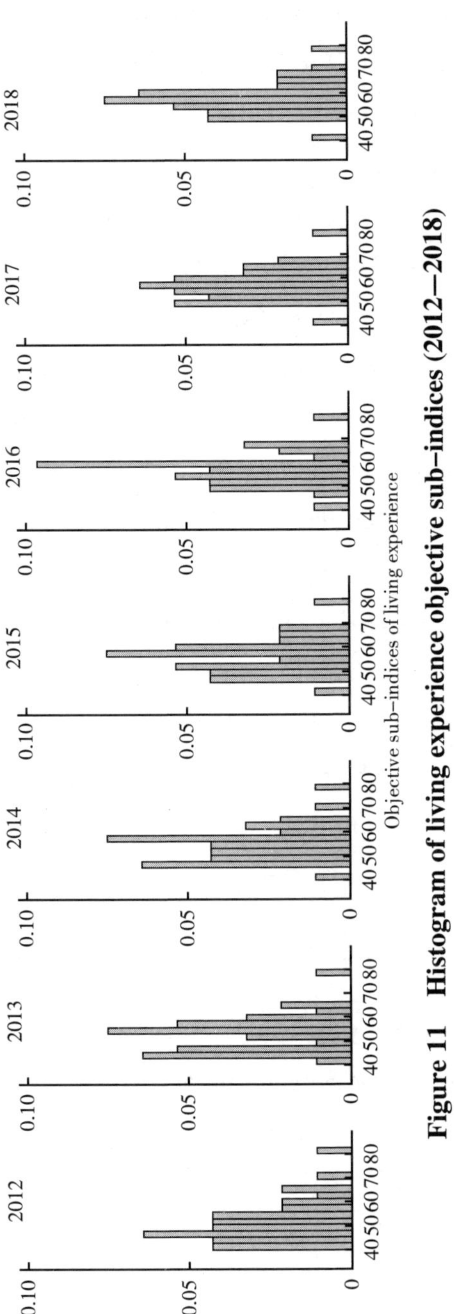

Figure 11　Histogram of living experience objective sub–indices (2012—2018)

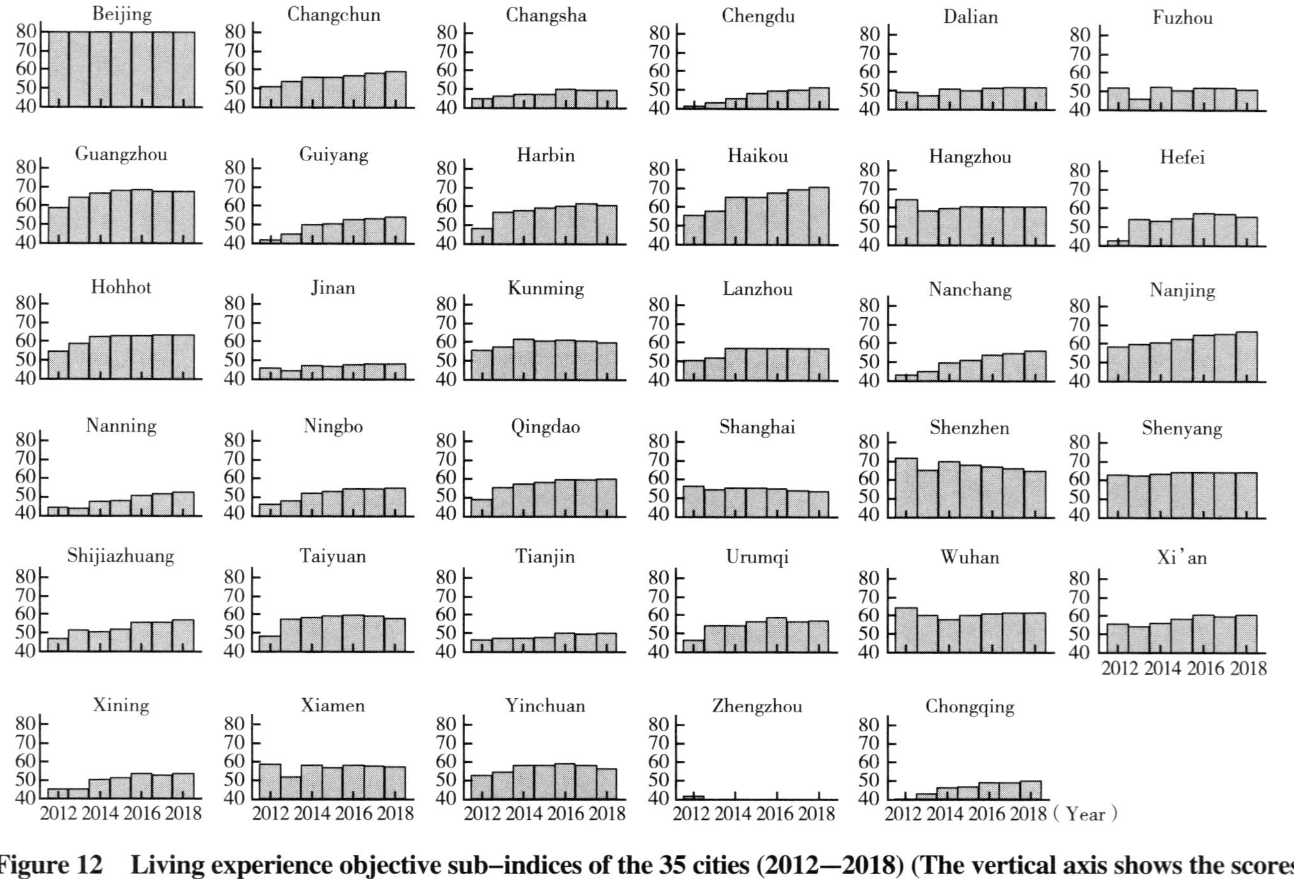

Figure 12 Living experience objective sub-indices of the 35 cities (2012—2018) (The vertical axis shows the scores)

Subjective index of Beijing

Consumer sentiment
150
100
50
0
Health conditions
Education quality
Medical services

Objective index of Beijing

Living standard
80
60
40
20
0
Living experience
Living cost
Social security
Human capital

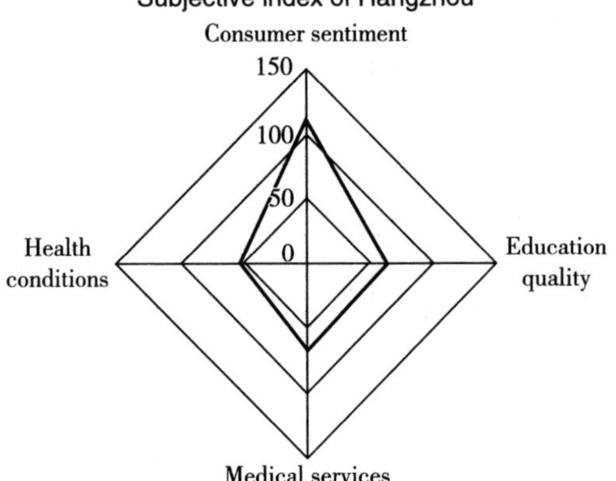

Objective index of Hangzhou

Living standard

80
60
40
20
0

Living experience

Living cost

Social security

Human capital

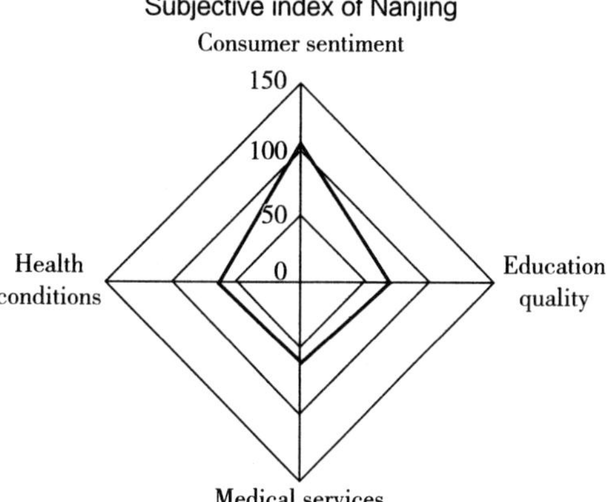

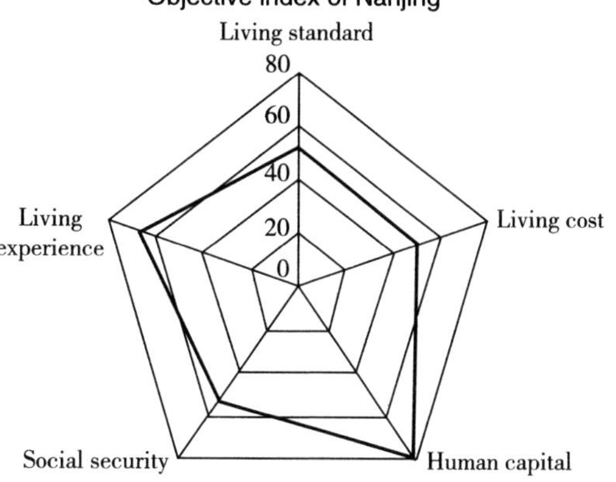

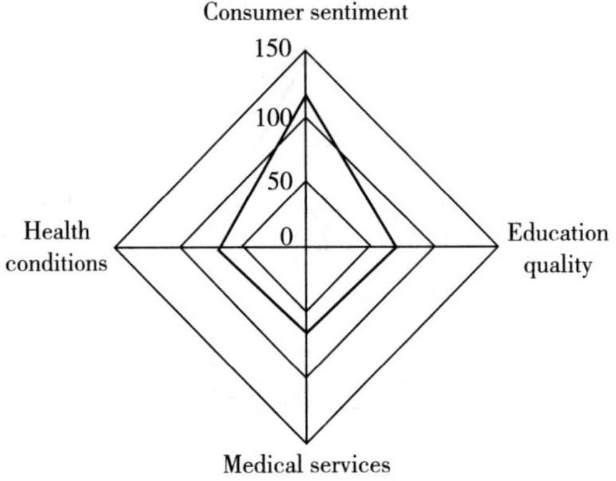
Subjective index of Shenzhen
Consumer sentiment
150
100
50
0
Health conditions
Education quality
Medical services

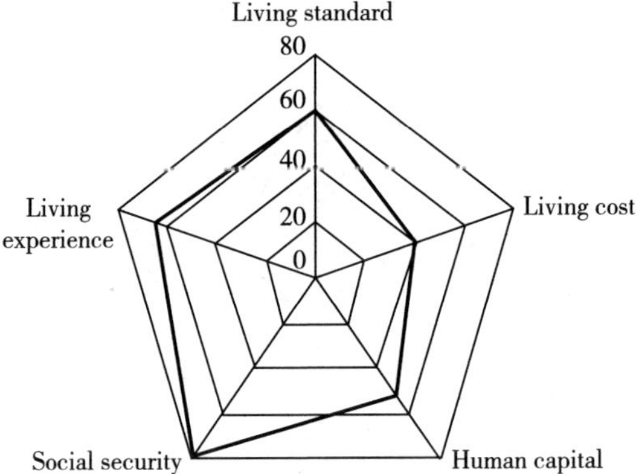
Objective index of Shenzhen
Living standard
80
60
40
20
0
Living experience
Living cost
Social security
Human capital

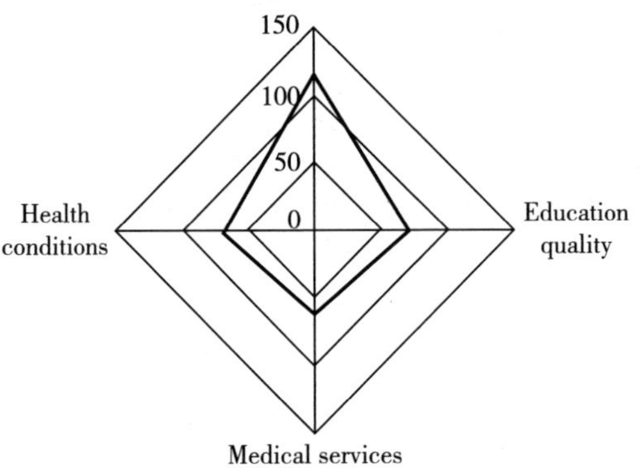
Subjective index of Kunming
Consumer sentiment
150
100
50
0
Health conditions
Education quality
Medical services

Objective index of Kunming

Living standard
80
60
40
20
0
Living cost
Human capital
Social security
Living experience

Subjective index of Guangzhou

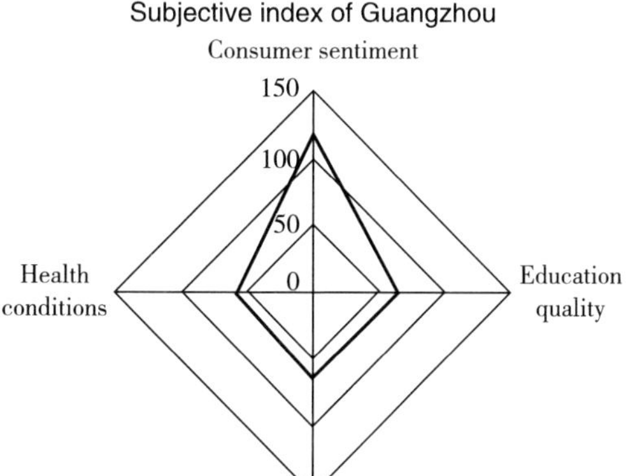
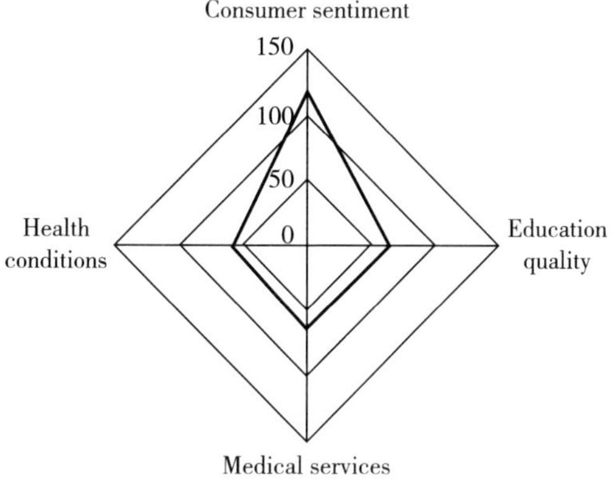

Objective index of Guangzhou

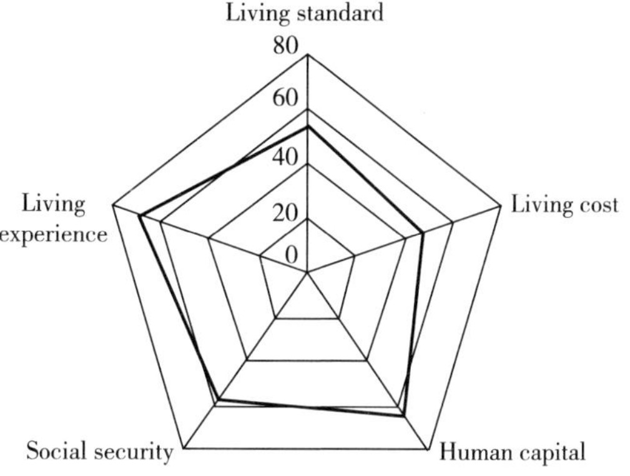

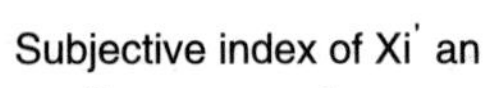
Subjective index of Xi' an

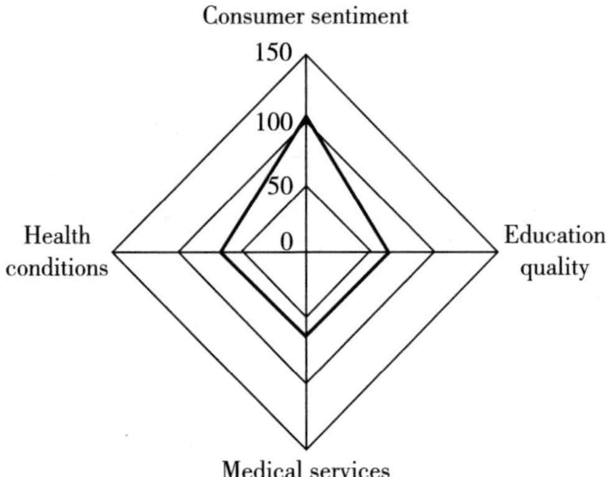
Consumer sentiment
150
100
50
0
Health conditions
Education quality
Medical services

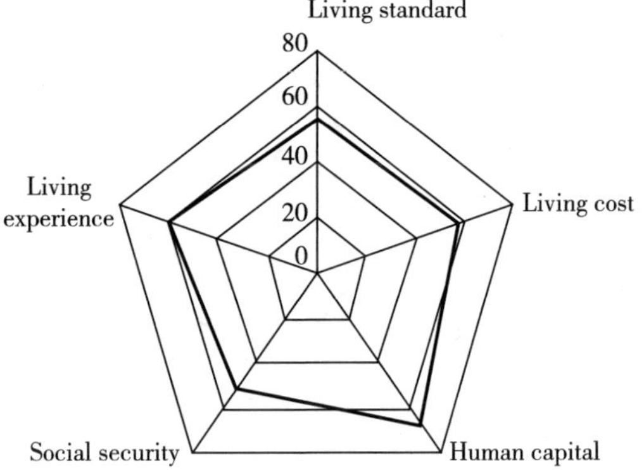
Objective index of Xi' an
Living standard
80
60
40
20
0
Living experience
Living cost
Social security
Human capital

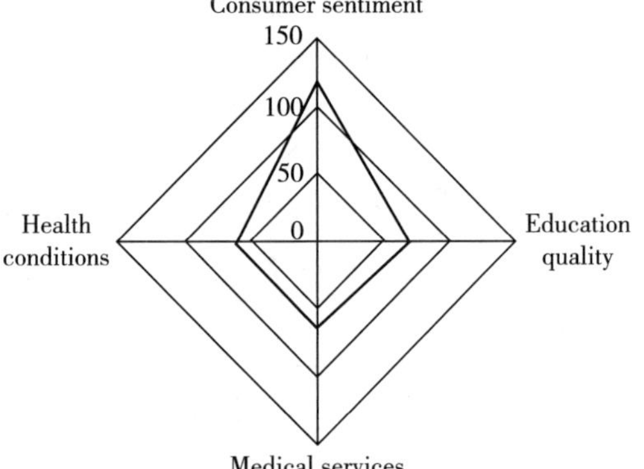
Subjective index of Wuhan
Consumer sentiment
150
100
50
0
Health conditions
Education quality
Medical services

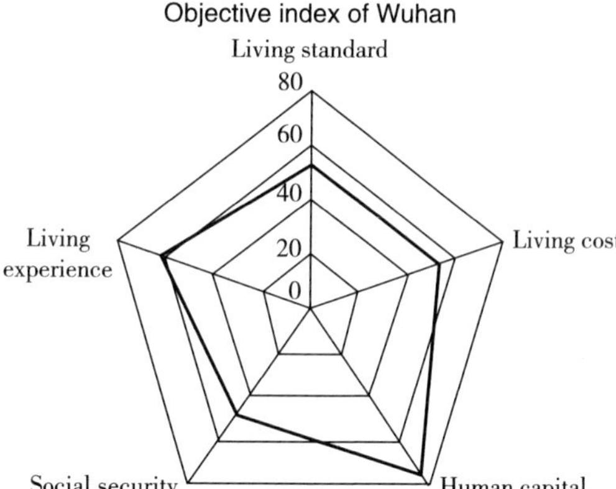
Objective index of Wuhan
Living standard
80
60
40
20
0
Living cost
Human capital
Social security
Living experience

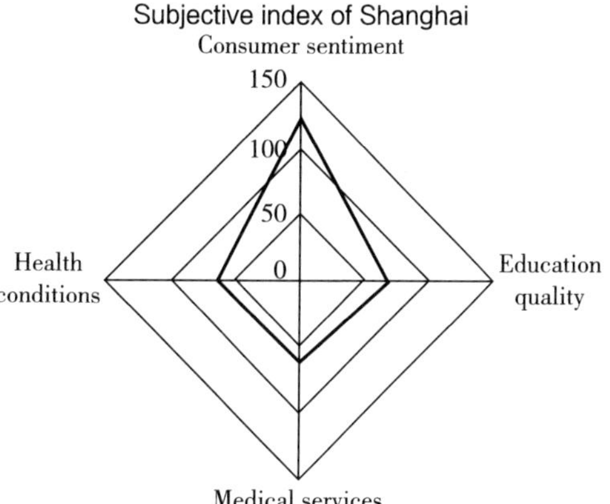
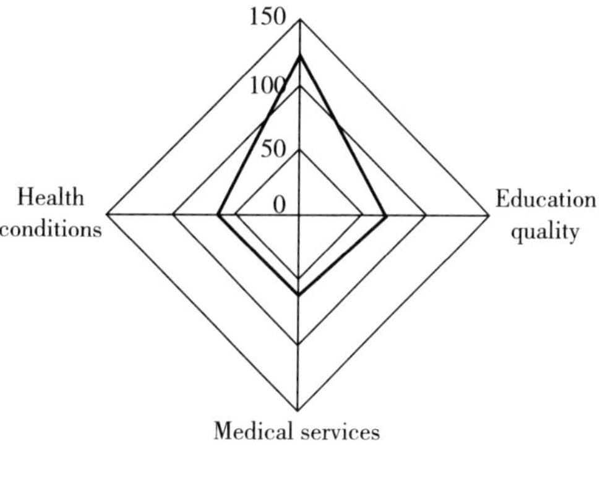
Subjective index of Shanghai
Consumer sentiment
150
100
50
0
Education quality
Medical services
Health conditions

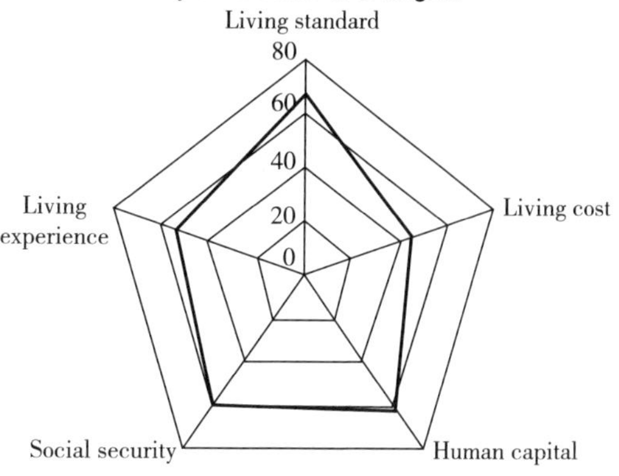
Objective index of Shanghai
Living standard
80
60
40
20
0
Living cost
Human capital
Social security
Living experience

Subjective index of Guiyang

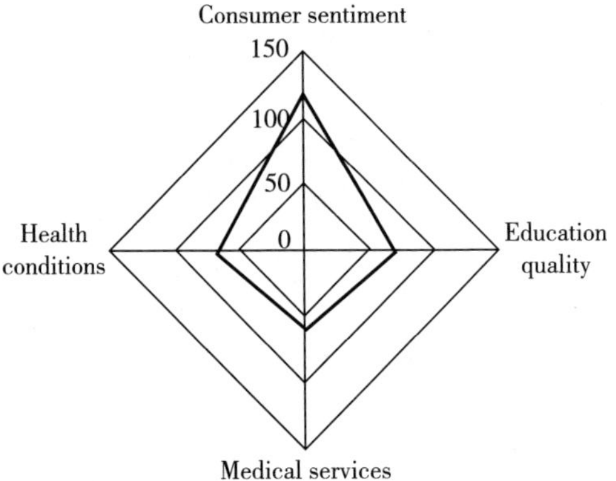

Objective index of Guiyang

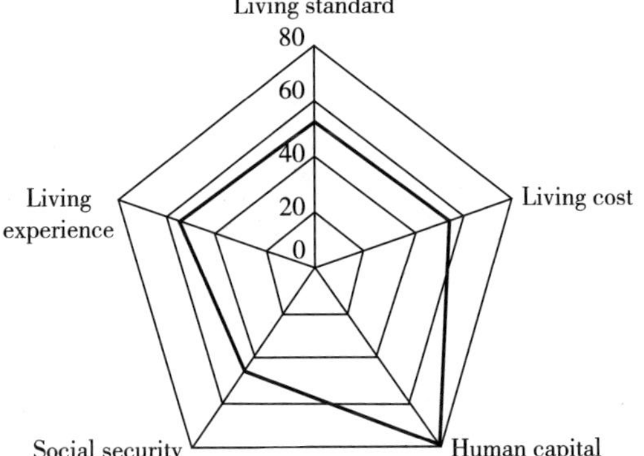

Subjective index of Shenyang

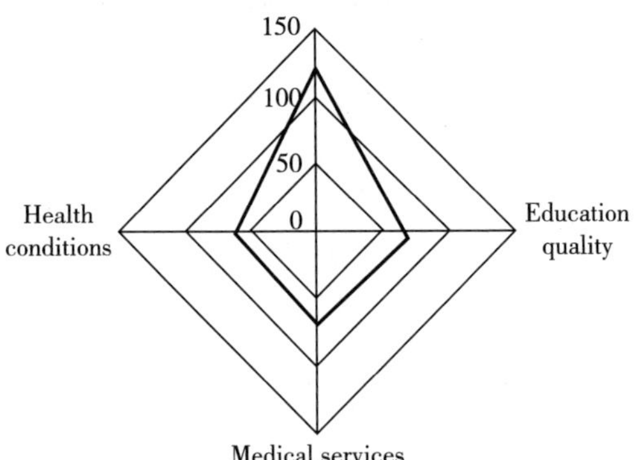

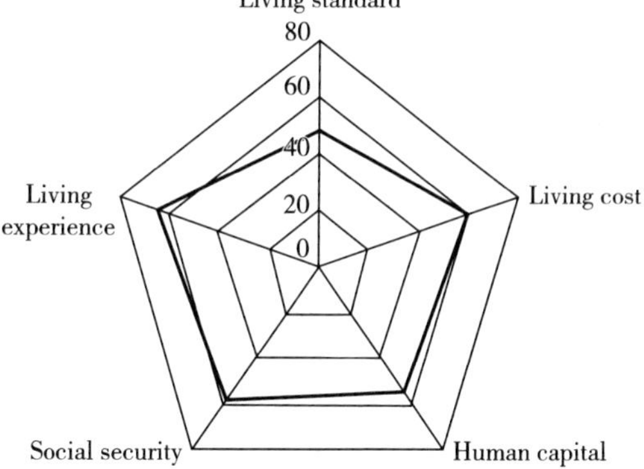
Objective index of Shenyang
Living standard
80
60
40
20
0
Living cost
Human capital
Social security
Living experience

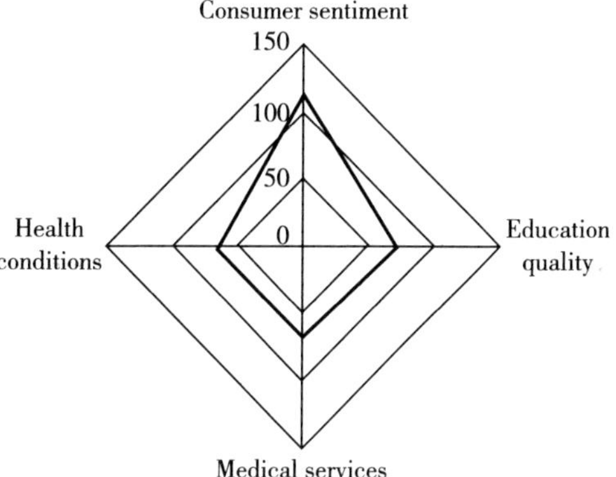
Subjective index of Hohhot
Consumer sentiment
150
100
50
0
Education quality
Medical services
Health conditions

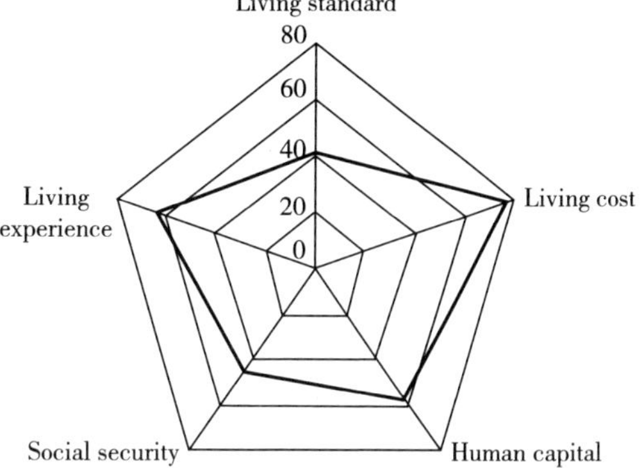
Objective index of Hohhot
Living standard
80
60
40
20
0
Living cost
Human capital
Social security
Living experience

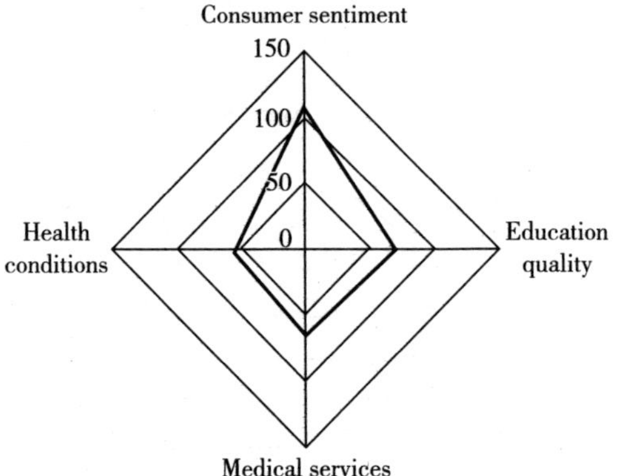
Subjective index of Yinchuan
Consumer sentiment
150
100
50
0
Health conditions
Education quality
Medical services

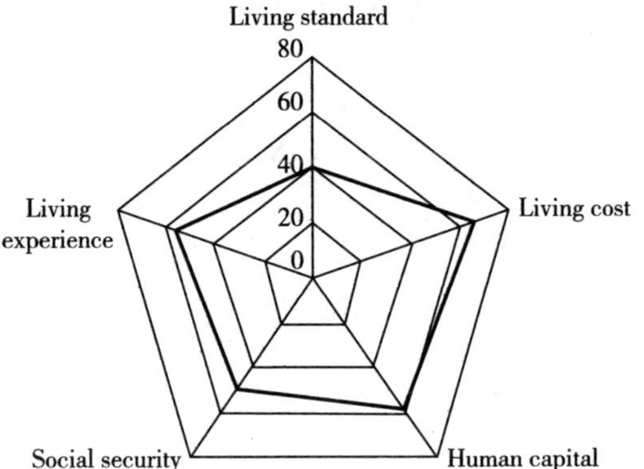
Objective index of Yinchuan
Living standard
80
60
40
20
0
Living experience
Living cost
Social security
Human capital

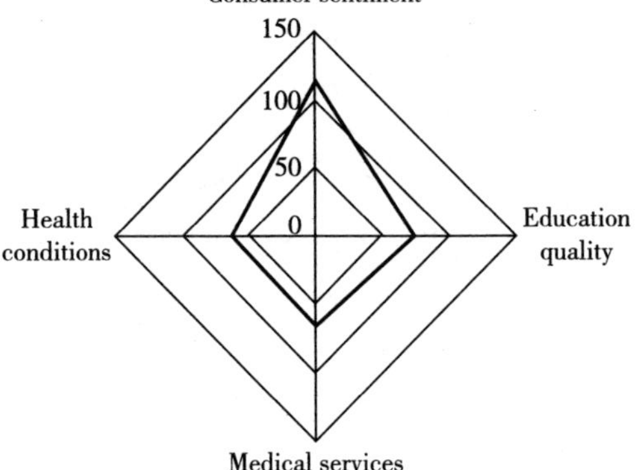
Subjective index of Urumqi
Consumer sentiment
150
100
50
0
Health conditions
Education quality
Medical services

Objective index of Urumqi

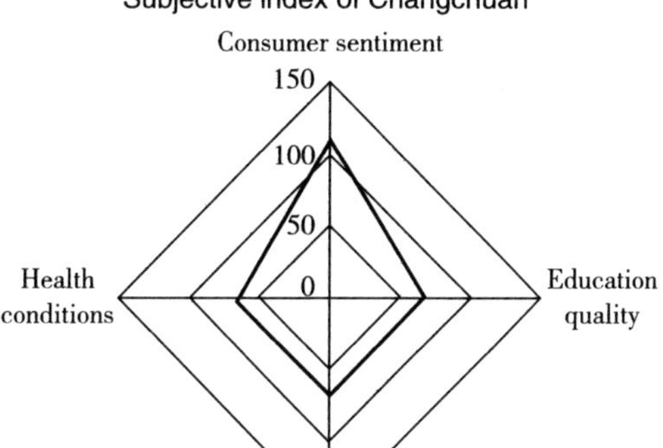

Subjective index of Changchuan

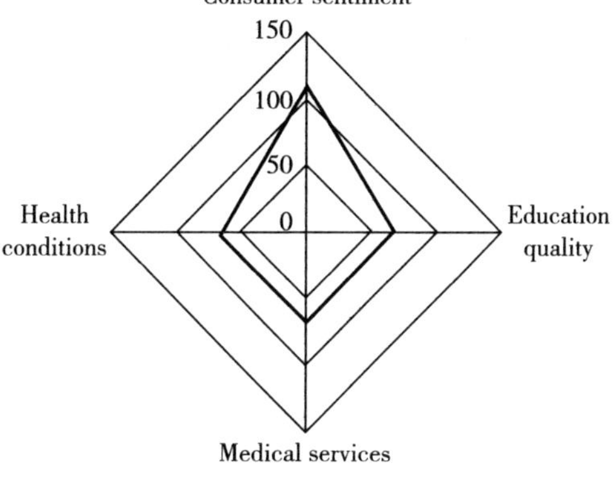

Objective index of Changchun

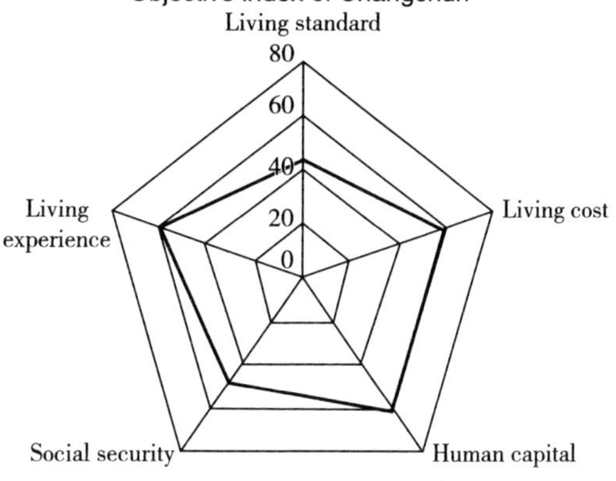

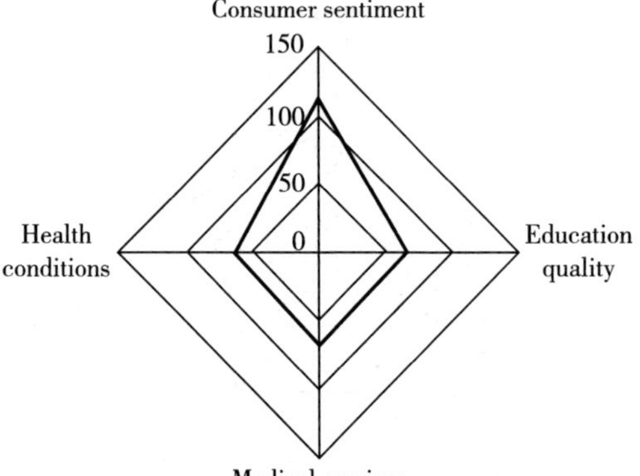
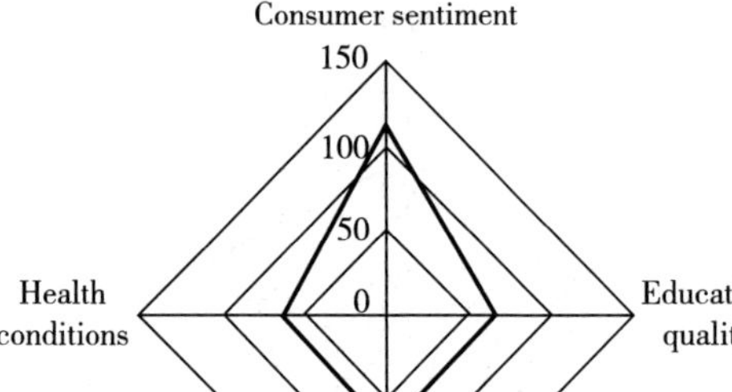

Subjective index of Ningbo
Consumer sentiment
150
100
50
0
Health conditions
Education quality
Medical services

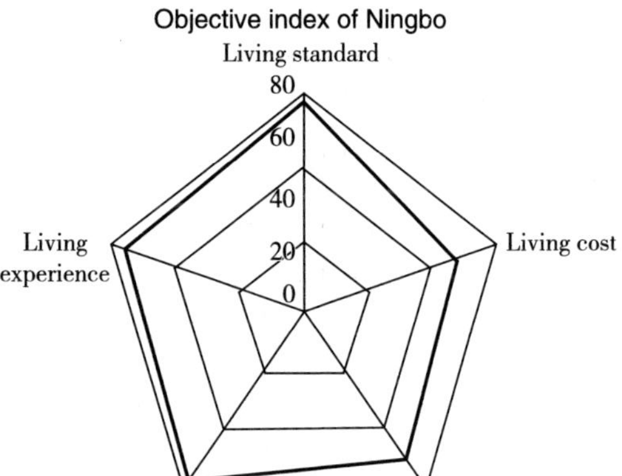

Objective index of Ningbo
Living standard
80
60
40
20
0
Living experience
Living cost
Social security
Human capital

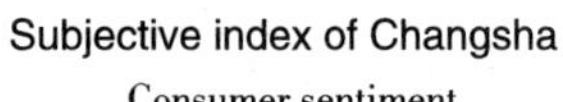

Subjective index of Changsha

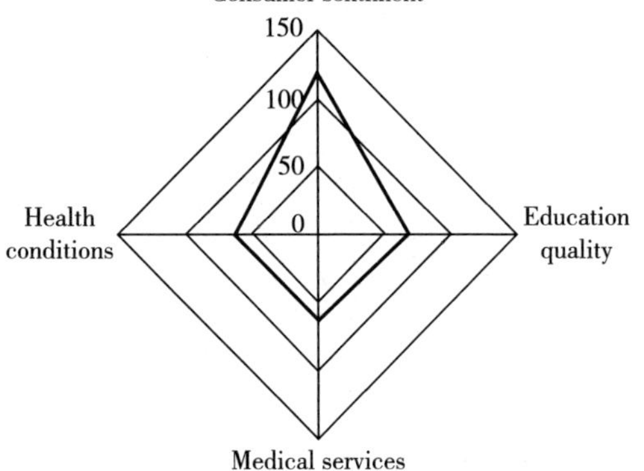

Consumer sentiment
150
100
50
0
Health conditions
Education quality
Medical services

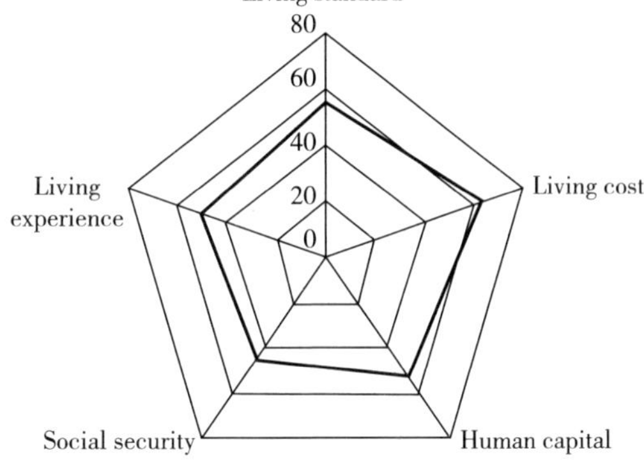
Objective index of Changsha
Living standard
80
60
40
20
0
Living cost
Human capital
Social security
Living
experience

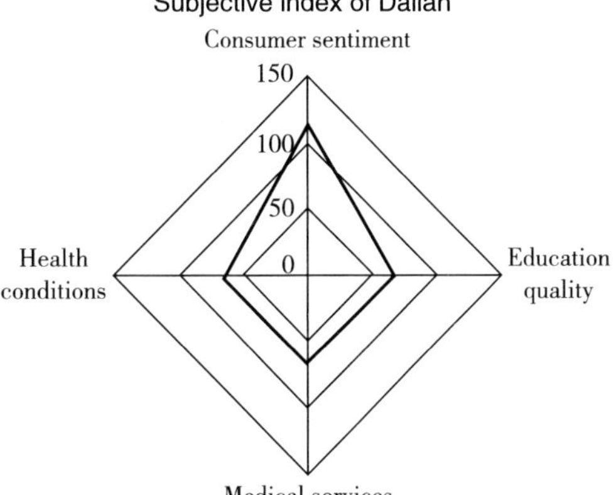
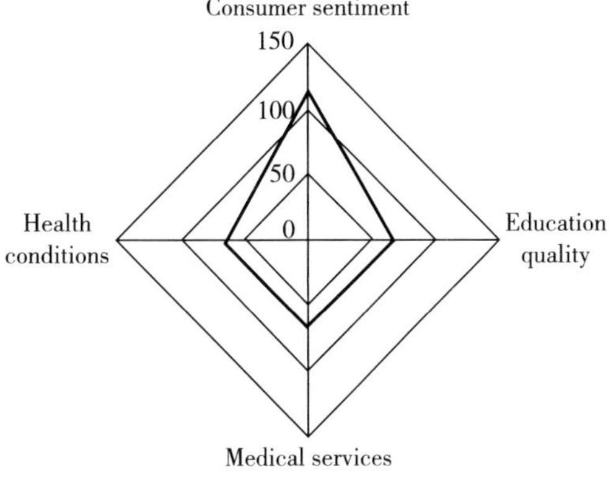
Subjective index of Dalian
Consumer sentiment
150
100
50
0
Education
quality
Medical services
Health
conditions

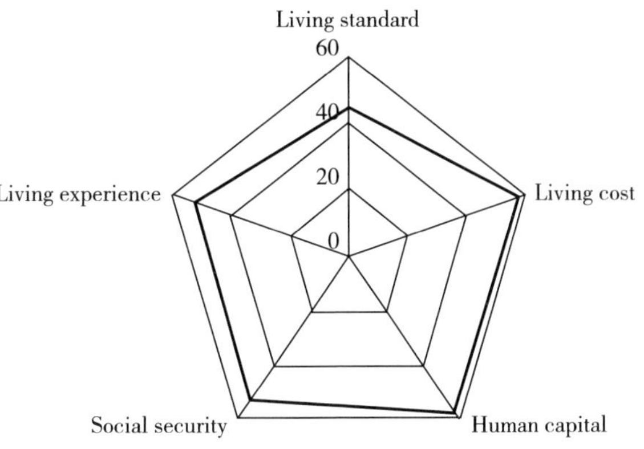
Objective index of Dalian
Living standard
60
40
20
0
Living cost
Human capital
Social security
Living experience

Subjective index of Xiamen

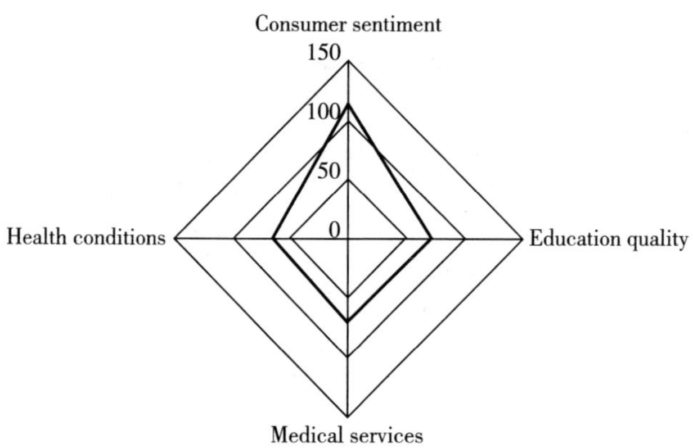

Objective index of Xiamen

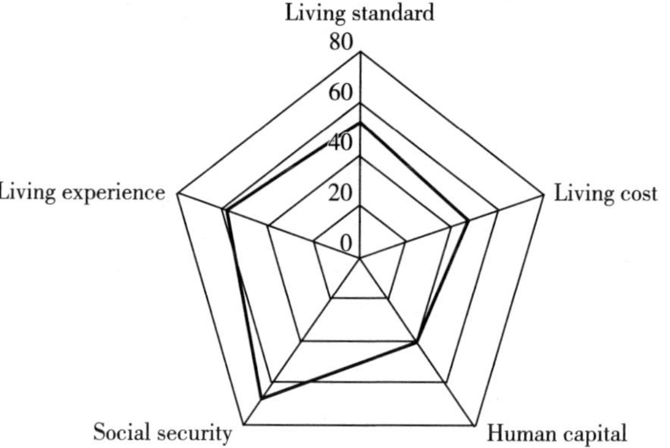

Subjective index of Shijiazhuang

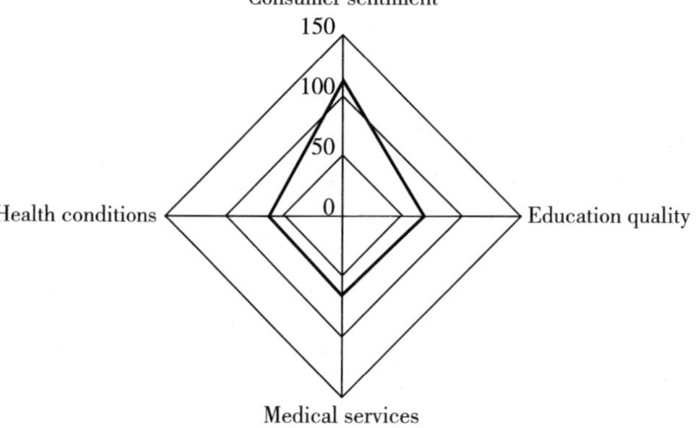

Objective index of Shijiazhuang

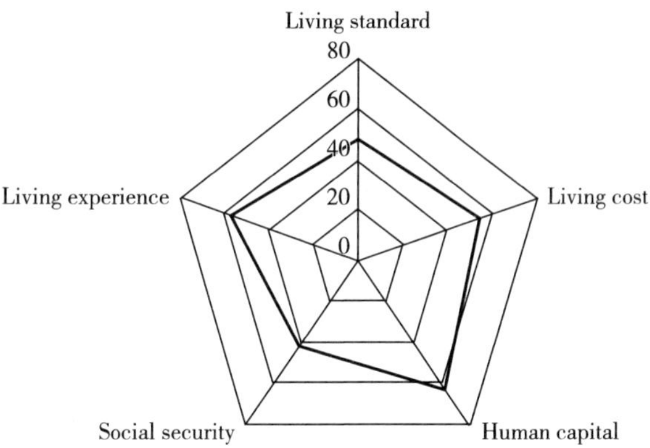

Subjective index of Qingdao

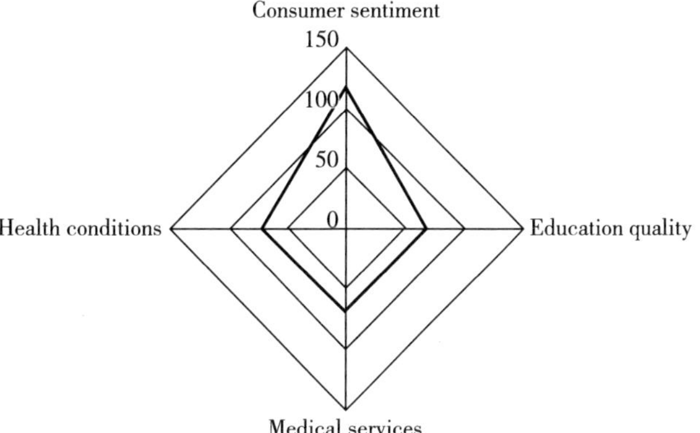

Objective index of Qingdao

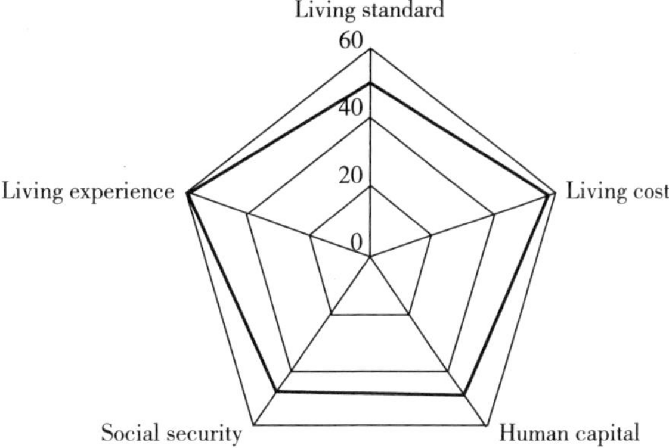

Subjective index of Haikou

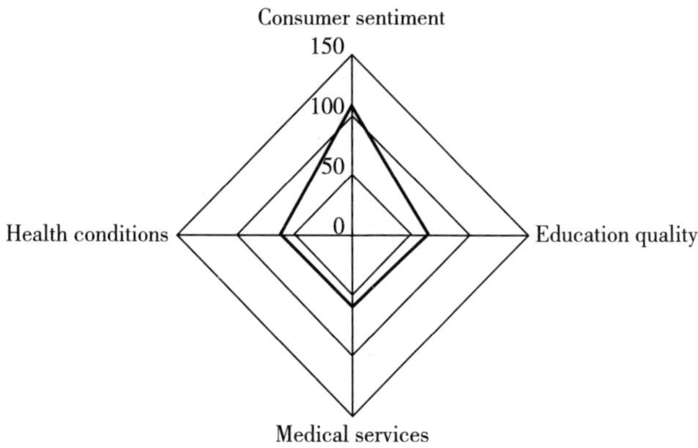

Objective index of Haikou

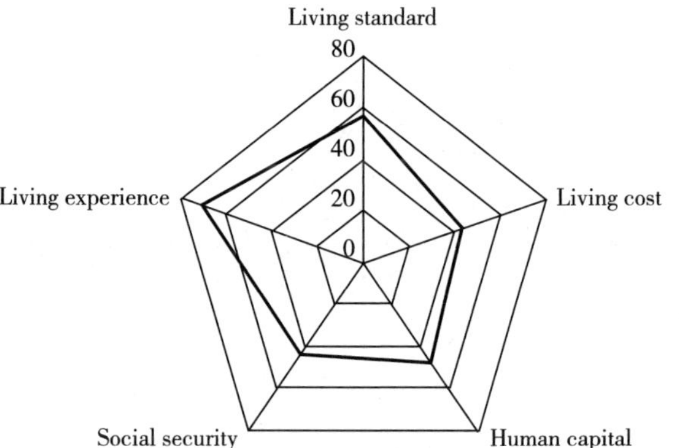

Subjective index of Chengdu

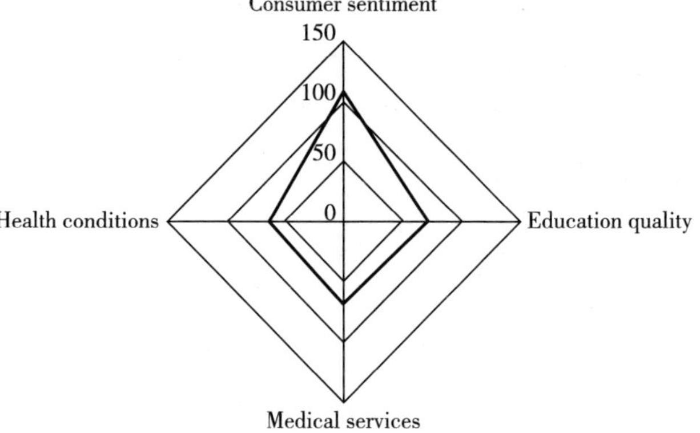

Objective index of Chengdu

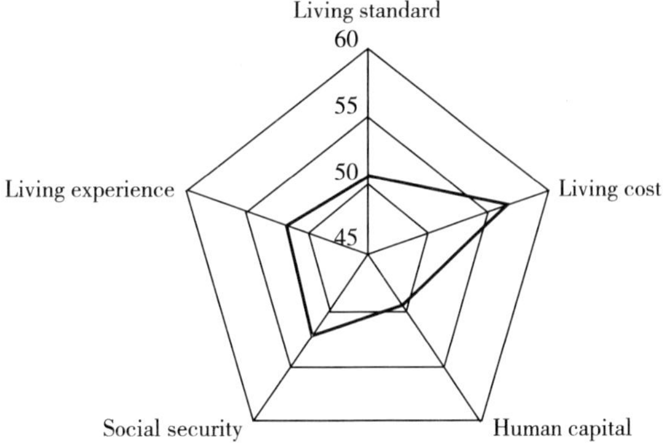

Subjective index of Jinan

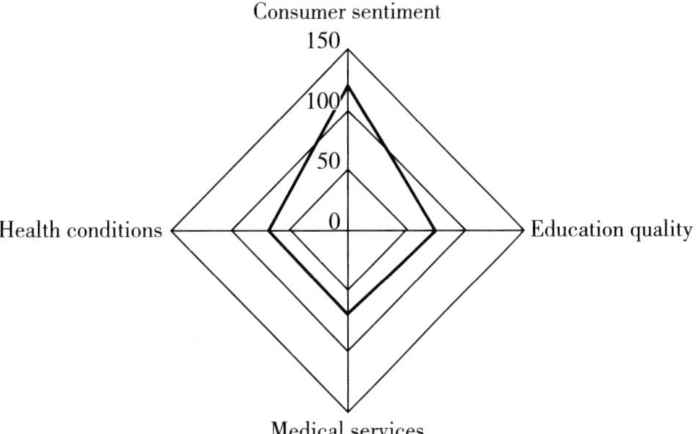

Objective index of Jinan

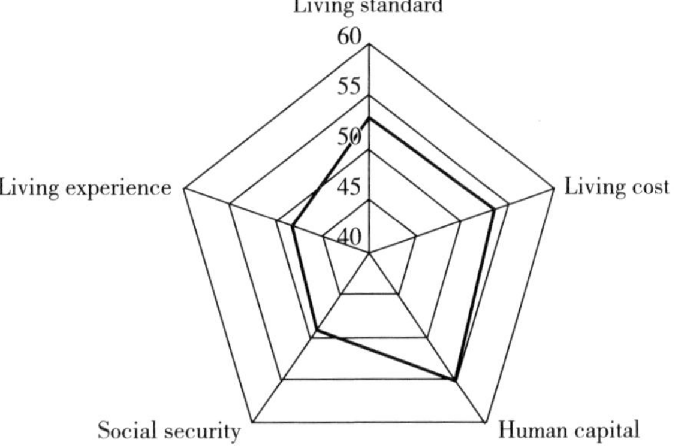

Subjective index of Tianjin

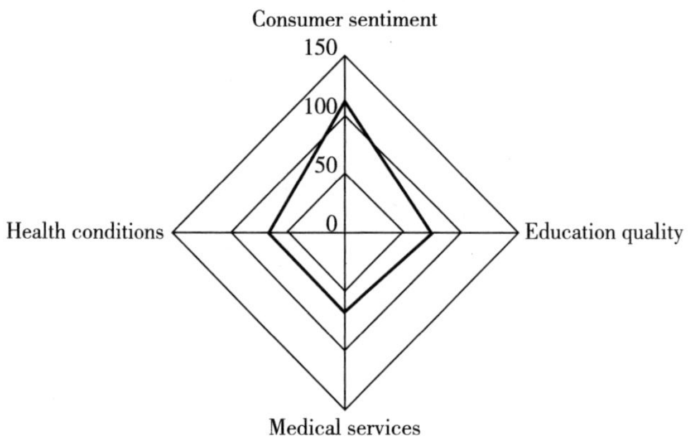

Objective index of Tianjin

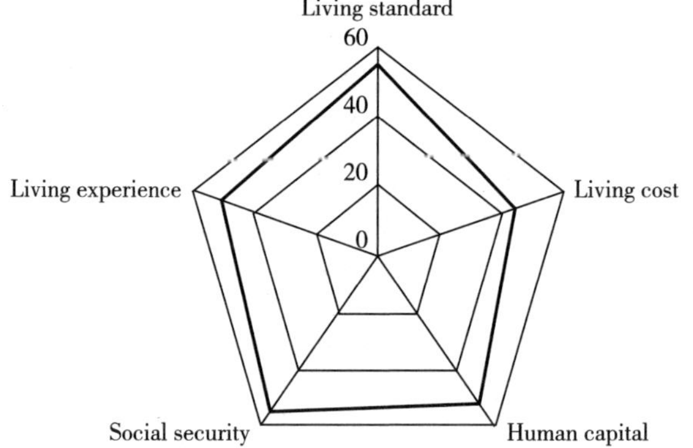

Subjective index of Taiyuan

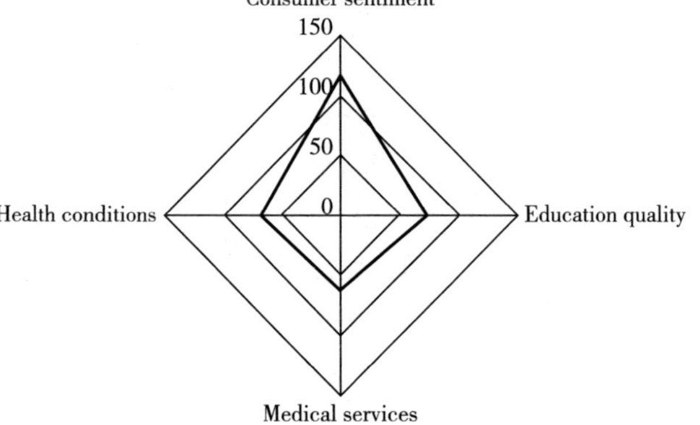

Objective index of Taiyuan

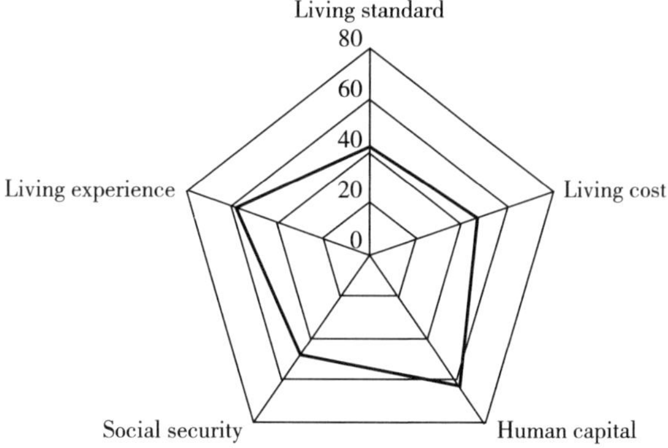

Subjective index of Lanzhou

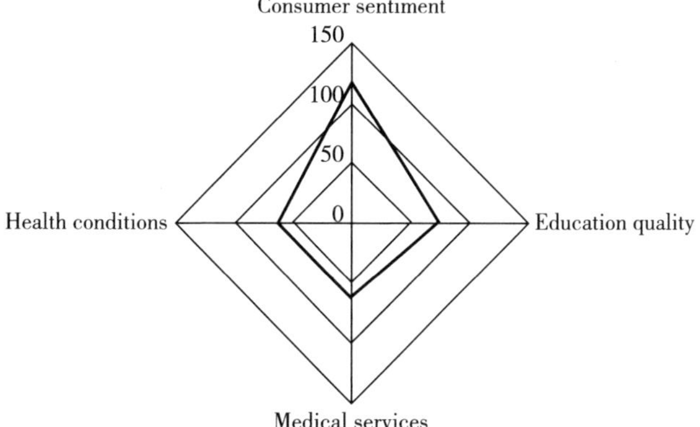

Objective index of Lanzhou

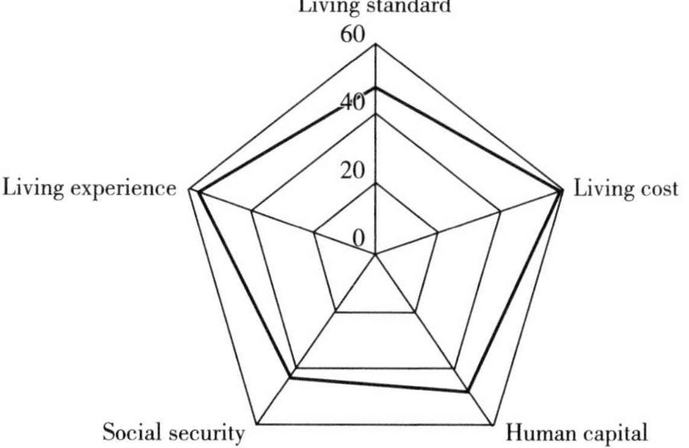

Subjective index of Harbin

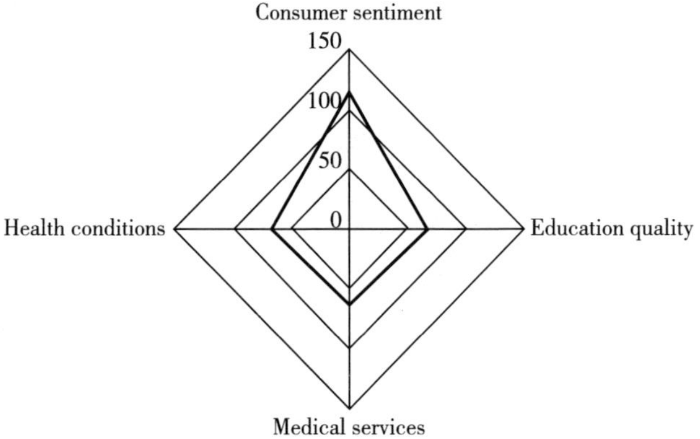

Objective index of Harbin

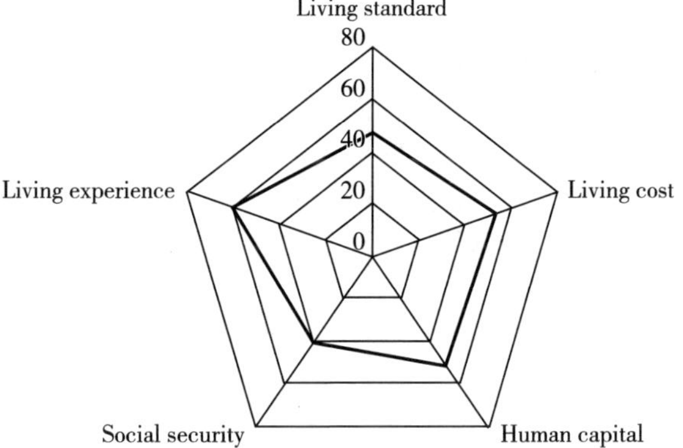

Subjective index of Nanchang

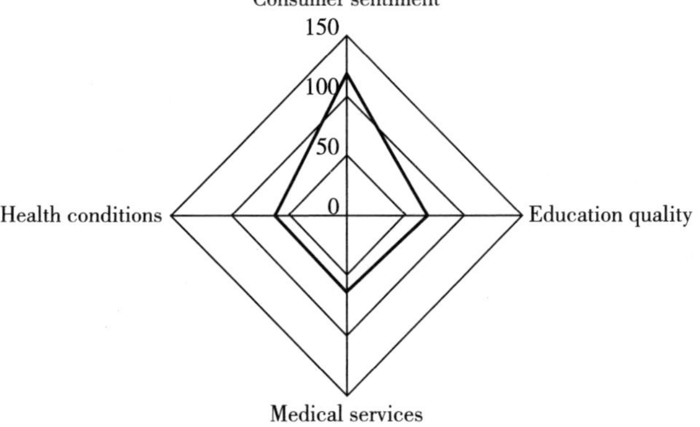

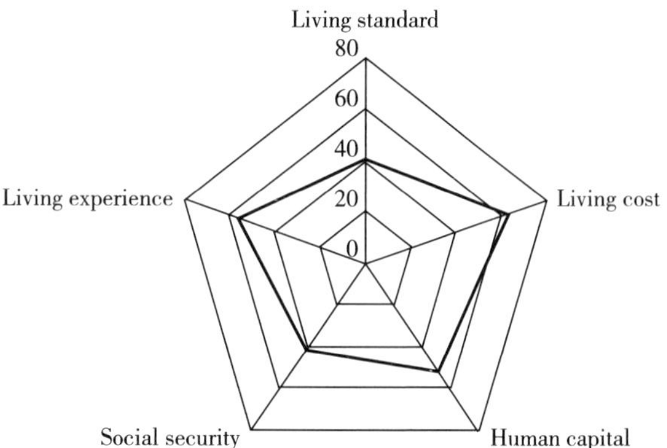
Objective index of Nanchang
Living standard
80
60
40
20
0
Living experience
Living cost
Social security
Human capital

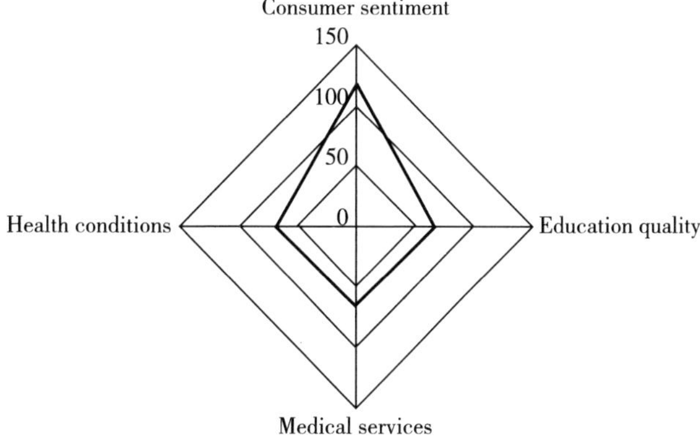
Subjective index of Hefei
Consumer sentiment
150
100
50
0
Health conditions
Education quality
Medical services

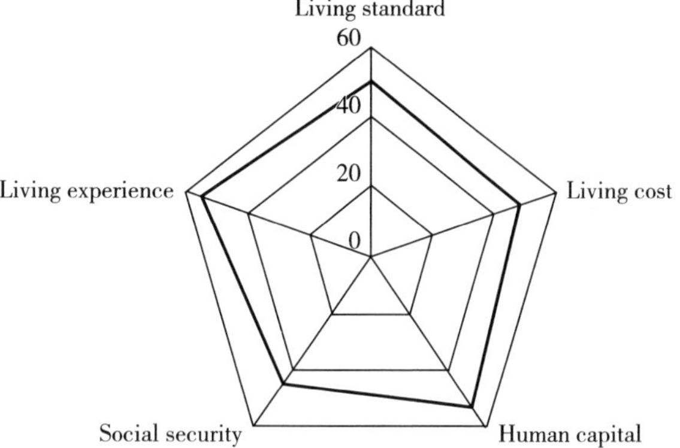
Objective index of Hefei
Living standard
60
40
20
0
Living experience
Living cost
Social security
Human capital

Subjective index of Nanning

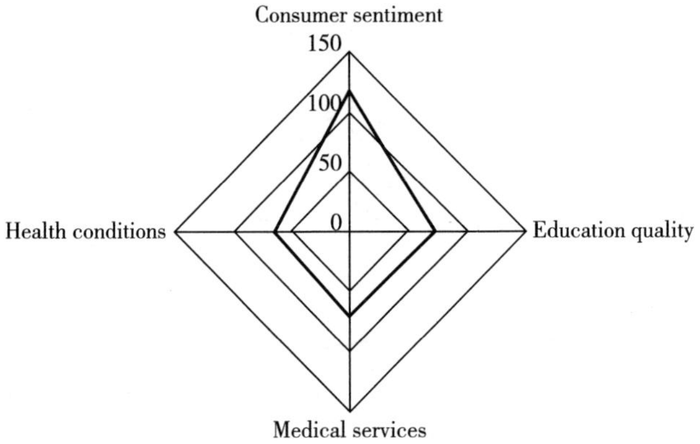

Objective index of Nanning

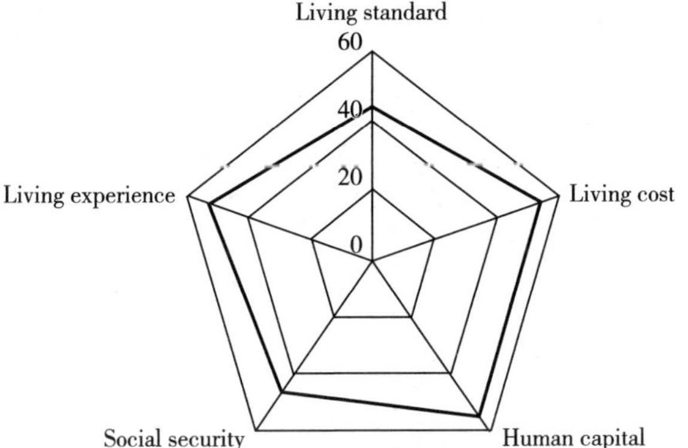

Subjective index of Xining

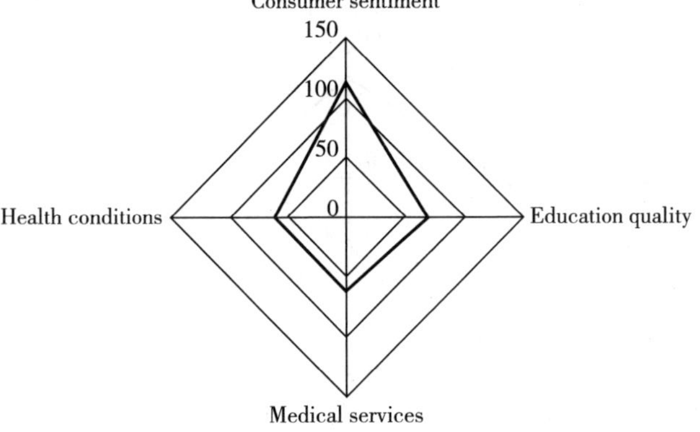

Objective index of Xining

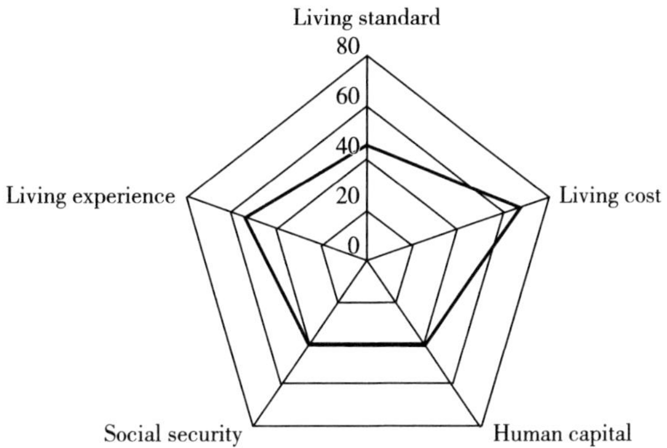

Subjective index of Chongqing

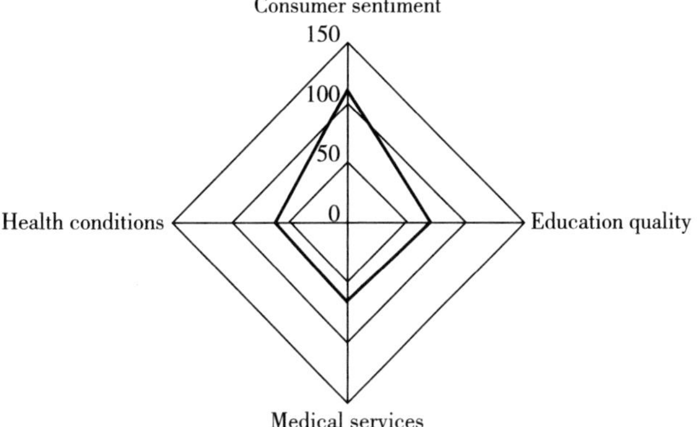

Objective index of Chongqing

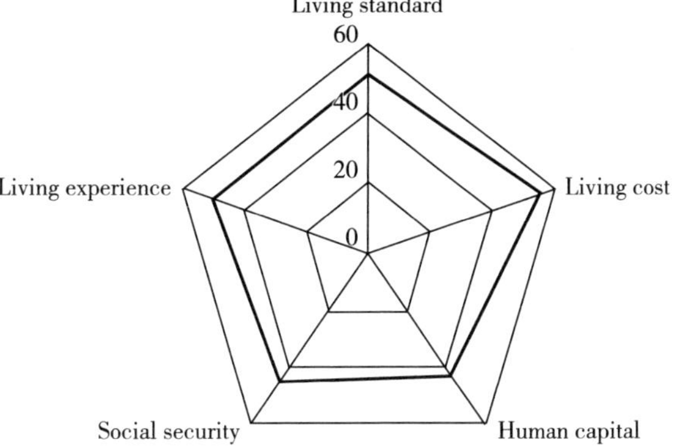

Subjective index of Fuzhou

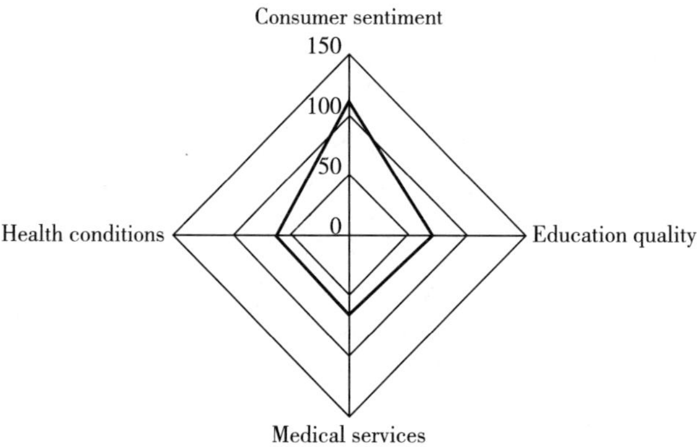

Objective index of Fuzhou

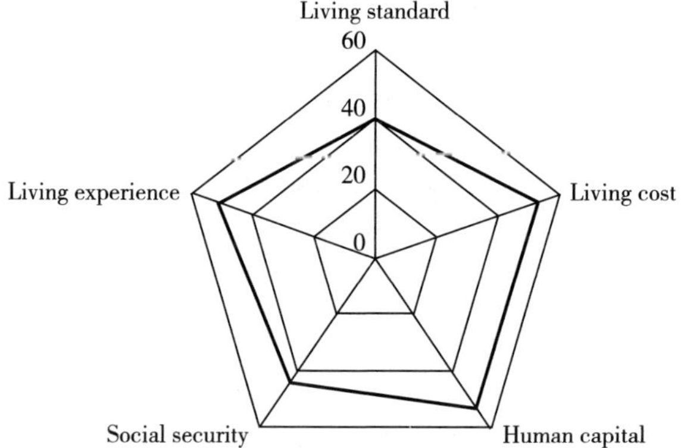

Subjective index of Zhengzhou

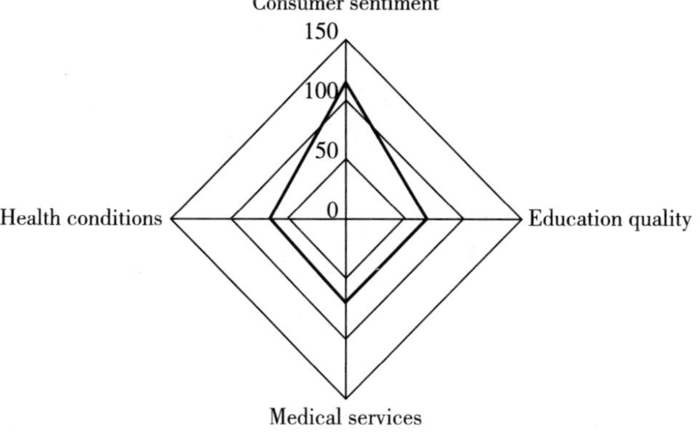

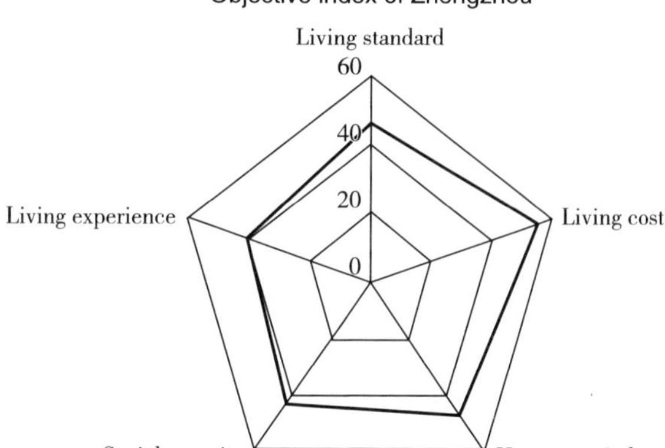

Figure 13　Radar Charts for the First Level Indicators of 35 Cities

B.2
Report on Satisfaction Sub-index of Education Quality

Abstract: To raise the satisfaction with education quality is an indispensable part in the improvement of urban residents' quality of life and a requirement of the 19th CPC National Congress. This report investigated the satisfaction with education quality in the 35 cities through a questionnaire survey. According to the results, the weighted mean of education quality sub-indices was 69.37–between "acceptable" (50) and "good" (75), with western cities performing better than eastern ones. The report also used objective indicators of the sub-index—the proportion of education expenditure to local fiscal expenditure ("spending/gdp") , the number of teachers in primary/secondary schools ("schoolteachers"), the total stock of books in public libraries ("stock of books"), year-end registered population ("population")

and the average income of in-service staff ("income") – as the explanatory variables, and the satisfaction sub-index of education quality as the explained variable. Through regression analysis, it can be concluded that , "income" and "spendinggdp" are of the most significant effects on the explained variable, and that improvements in these aspects can be achieved by increasing "stock of books" to provide better nourishment for students' mind, upgrading the infrastructure and the management of schools and providing better training to teachers. To improve resident' satisfaction with education quality, it is also very important for schools and the government to work together to provide a better educational environment for the students.

Keywords: satisfaction with education quality; education input; education expenditure

2.1 Introduction

The 19th CPC National Congress clearly specified that education should be run "to the satisfaction of the people". And the most intuitive measurement of that is residents' satisfaction with education quality. In the era of China's rejuvenation, to raise people's satisfaction with education quality, or to "run education to the satisfaction of the people", is one of the first and foremost tasks of social construction, and an indispensable part in the improvement of China's quality of urban life.

To meet people's need for a better life, how to "run education to the

satisfaction of the people" becomes a hot research topic in the new era. These studies may help identify the determinants of education quality by analyzing the correlation between residents' satisfaction and the corresponding educational development status and education input factors of the region, and then provide a direct and effective policy instrument to enhance residents' satisfaction. They are also of great practical significance for the implementation of the spirit of the 19th CPC National Congress - to "run education to the satisfaction of the people". This report aimed to explore how to raise residents' satisfaction with education quality by analyzing the determinants of the satisfaction data collected in the 2018 QLICC survey.

First, the collected subjective data was processed and interpreted in a scientific and reasonable manner. Then, the subjective survey data (explained variable) was combined with the objective data (explanatory variable), and the Least-Squares method was introduced to explore the correlation between the subjective and the objective data and to find the influential factors of residents' satisfaction with education quality. Finally, solutions were worked out based on the factors to raise people's satisfaction.

2.2 Literature review

Scholars across the world have conducted quite a few in-depth researches on the satisfaction with education quality. As a matter of fact, great differences exist between China and other countries in educational investment structure and residents' attention to education, as well as in the determining mechanism of educational quality. Considering all this, we decided to focus primarily on the satisfaction of Chinese residents. Due to limitations of the survey and the data, residents' satisfaction with education quality here generally referred to

that of basic education.

As shown by the literature, numerous surveys have confirmed that education quality is an important concern of Chinese families in the compulsory education stage. The China Livelihood Survey research group (2018) of DRC (Development Research Center of the State Council) found that education expense was the third largest burden on Chinese households, next only to housing and food. And the top two "most unacceptable factors" in compulsory education or ordinary high school education were "poor teaching quality. Gao Wentao and Hao Wenwu (2017), based on the "Survey on the satisfaction with basic education in rural areas along the Silk Road" conducted by teachers and students of Shaanxi Normal University, found that some of the most unacceptable factors were teachers' salaries, students' academic achievements and infrastructure construction. Among them, rural residents were least satisfied with their children's academic achievements, which highlighted the importance residents attach to the quality of education. Besides, another study suggested that the objective evaluation of education quality was essential to "run education to the satisfaction of the people", and that the evaluation system of educational quality should be built on the basis of ten key factors, including physical/time/social distance to school, educational resources, process and results of schooling and satisfaction with education (Zhao Dan, Chen Yuchun and Bilal Barakat, 2018).

On how to improve the satisfaction with education quality, Xie Xingquan (2018), based on the results of the basic public education services module in the 2013 Chinese General Social Survey (CGSS 2013), observed that: the perceived ease of access to basic public services had a direct impact on residents' satisfaction with the matter; the equilibrium allocation perceived by residents could directly affect the output of basic public services at the macro

level and thus indirectly affect residents' satisfaction with it; the perceived adequacy of basic public service input could affect the equilibrium allocation of basic public services directly, and the output of and the satisfaction with basic public services indirectly; the perceived basic public education supply mode – public- rather than market-oriented – could better enhance residents' satisfaction with basic public education services.

Other studies did not investigate residents' satisfaction with education quality, but conducted surveys on the satisfaction of education input/output and analyzed relevant determinants. These studies also served as good references to our research. For example, Deng Dasong, Zhang Yongchun and Zhang Yi (2018), based on the data from 628 questionnaires in Tianjin, found that the public was more satisfied with urban infrastructure and educational/scientific research indicators, and that the influential factors included the transparency and standardization in the utilization of public investment funds, the scale of public investment, the scope of public investment projects, the construction quality of public investment projects, the maintenance and management of public investment projects, and the ease and convenience public investment brought to the life of urban residents. From the perspective of demographic characteristics, residents' satisfaction was not affected by their political status or education, while age and occupation had little influence, either. In addition, residents' satisfaction with public investment was stratified in Tianjin.

2.3 Model building

In order to analyze the determinants of the satisfaction with education quality, we matched the objective data of each city with its subjective data, and used a group

of objective data to measure the satisfaction observed in the subjective survey.

In this report, we built three regression models. Model One used the number of teachers in primary/secondary schools ("schoolteachers"), the total stock of books in public libraries ("stock of books"), year-end registered population ("population"), the average income of in-service staff ("income"), and the proportion of education expenditure to local gross product ("spending/gdp") as explanatory variables. By using Stata, we found out the correlation between residents' satisfaction with education quality and the five explanatory variables. The reason why these variables were chosen was that: "schoolteachers" has a direct impact on the quality of students' learning and can thus affect parents' judgement on the quality of education; "stock of books" is an important source of extracurricular reading for students; "population" includes a number of primary/secondary school students and teachers; "income" will impact parents' input and investment into their children's education; and may influence government's attention to local education.

Model Two used "schoolteachers", "stock of books", "income" and "spending/gdp" as the explanatory variables. By using Stata, we found out the correlation between the satisfaction and the four explanatory variables. The second model was built on the basis of the first model, while removing the variable of "population", in order to explore the influence of the variables directly related to education.

Model Three used the subjective data of education quality as the explained variable, and the objective data of "stock of books", "population", "income" and "spending/gdp" as the explanatory variables. By using Stata, we found out the correlation between the satisfaction with education quality and the four explanatory variables. The third model was also built on the basis of the first model, while removing the variable of "schoolteachers"

because the number of primary/secondary school teachers was not the only influential factor of education quality. Since teaching quality might also affect the comprehensive quality of education, it was hard to identify the accurate impact of the variable.

2.4 Data analysis

This report contains both subjective and objective data. The subjective data refers to the education quality sub-index of each city (the weighted mean of the answers to the four survey questions made by interviewees with one or more children currently receiving compulsory or high school education) obtained in the 2018 QLICC survey.

7. Is your child currently receiving ordinary primary/secondary education (elementary/middle school or ordinary high school)? (If you have more than one child, please choose the oldest)

8. In your opinion, do ordinary primary/secondary schools nowadays (or the one your child is in) pay attention to moral education (e.g. proper behaviors, citizenship and civility, personal virtues, ideals and beliefs)?

9. In your opinion, do ordinary primary/secondary schools nowadays (or the one your child is in) pay attention to the comprehensive development of both physical and mental qualities (e.g. physique and body functions, healthy lifestyle, aesthetic accomplishment, emotion management, interpersonal communication)?

10. In your opinion, do ordinary primary/secondary schools nowadays (or the one your child is in) pay attention to the development of hobbies and talents (e.g. initiative and curiosity in learning, personal hobbies, potential development)?

The objective data came from CEIC and *China City Statistical Yearbook (2017)*, including:

"Spending/gdp" – national education expenditure divided by total public expense.

"Schoolteachers" – the sum of secondary and primary school teachers - representing the scale of basic education input.

"Stock of books" – a substitute variable used to represent the quality of education investment, since we had no access to teachers' salary information.

"Population" – a variable that reflects the potential impact of population size on education.

"Income" – a variable that reflects the level of local economic development.

The descriptive statistics used in the study were summarized in the following table ("spending/gdp" stands for the proportion of education expenditure to local gross product), "schoolteachers" for the number of teachers in primary/secondary schools, "stock of books" for the total stock of books in public libraries , "population" for year-end registered population, "income" for the average income of in-service staff , and "y" for the satisfaction with education quality.

Table 1 Descriptive statistics

Variable	Unit	Obs	Mean	Std.Dev.	Min	Max
Spending/gdp	—	35	0.0236	0.0055	0.0161	0.0353
Stock of books	1000 volumes/pieces	35	13500.03	16057.79	484.00	76764.00
Population	10000 persons	35	748.94	568.62	167.00	3392.00
Income	CNY	35	74762.09	14680.87	56213.00	122749.00
Schoolteachers	Persons	35	60739.63	40121.35	17333.00	238283.00
Y	—	35	69.44	2.54	64.22	74.58

2.5 Findings

Since the data of the 35 cities were cross-sectional, the Least-Squares method was adopted. The results were summarized as follows:

Table 2 Regression Results

Model	Model 1		Model 2		Model 3	
	Coef.	P>|t|	Coef.	P>|t|	Coef.	P>|t|
Spending/gdp	188.7353	0.029	189.1603	0.026	180.6841	0.033
ln*schoolteachers*	-1.864558	0.450	-2.084175	0.038	—	—
ln*stock of books*	1.472663	0.068	1.468402	0.064	1.362569	0.083
ln*population*	-0.2022814	0.922	—	—	-1.643552	0.054
ln*income*	-7.614193	0.065	-7.545547	0.059	-7.900314	0.053
R-square	0.2566	—	0.2563	—	0.2415	—

Through the regression of Model One, it can be concluded that for the explanatory variables "stock of books", "income" and "spending/gdp" $p < 0.1$, indicating that the three variables had significant effects on the explained variable Y (satisfaction with education quality) or had strong explanatory power over Y, and were of statistically significance; for the explanatory variables "schoolteachers" and "population" $p > 0.1$, indicating that the two variables had insignificant effects on the explained variable Y or had little explanatory power over Y, and were not statistically significant.

As shown by the coefficients, for every 1% increase in "schoolteachers", the satisfaction with education quality dropped by 1.86%; for every 1% increase in "stock of books", the satisfaction rose by 1.47%; for every 1% increase in "population", the satisfaction decreased by 0.20%; for every 1% increase in "income", the satisfaction fell by 7.61%; and for every 1 unit increase in

"spending/gdp", the satisfaction went up by 158.58. From Model One, it can be concluded that "stock of books", "income" and "spending/gdp" had significant effects on the satisfaction with education quality. This was because increase in "stock of books" could provide better nourishment for students' mind; increase in "income" would lead to higher education expenditure (the coefficient symbol was contrary to the expectation, because contrast existed between the objective and the subjective data, which, according to previous experience, would gradually decrease over time); and the higher the "spending/gdp" was, the richer the education resources and the higher the satisfaction would be.

Through the regression of Model Two, it can be concluded that the explanatory variables for "schoolteachers", "stock of books", "income" and "spending/gdp" $p < 0.1$, indicating that the four variables had significant effects on the explained variable Y or had strong explanatory power over Y, and were of statistically significance. As shown by the coefficients, for every 1% increase in "schoolteachers", the satisfaction with education quality decreased by 2.08%; for every 1% increase in "stock of books", the satisfaction rose by 1.47%; for every 1% increase in "income", the satisfaction dropped by 7.55%; and for every 1 unit increase in "spending/gdp", the satisfaction went up by 189.16. From Model Two, it can be concluded that "schoolteachers", "stock of books", "income" and "spending/gdp" had significant effects on the explained variable Y. This was because the more "schoolteachers" there were, the better attention each student would get (the coefficient symbol was contrary to the expectation, because contrast existed between the objective and the subjective data, which, according to previous experience, would gradually decrease over time); increase in "stock of books" could provide better nourishment for students' mind; increase

in "income" would lead to higher education expenditure (the coefficient symbol was contrary to the expectation, because contrast existed between the objective and the subjective data, which, according to previous experience, would gradually decrease over time); and the higher the "spending/gdp" was, the richer the education resources and the higher the satisfaction would be.

Through the regression of Model Three, it can be concluded that the explanatory variables for "stock of books", "population", "income" and "spending/gdp" $p < 0.1$, indicating that the four variables had significant effects on the explained variable Y or had strong explanatory power over Y, and were of statistically significance. As shown by the coefficients, for every 1% increase in "stock of books", the satisfaction with education quality improved by 1.36%; for every 1% increase in "population", the satisfaction dropped by 1.64%; for every 1% increase in "income", the satisfaction decreased by 7.90%; and for every 1 unit increase in "spending/gdp" , the satisfaction went up by 180.68. "Stock of books", "population", "income" and "spending/gdp" had significant effects on the explained variable Y. This was because increase in "stock of books" could provide better nourishment for students' mind; the bigger the "population" was, the more the students would be, and the less education resources would be allocated to each student; increase in "income" would lead to higher education expenditure (the coefficient symbol was contrary to the expectation, because contrast existed between the objective and the subjective data, which, according to previous experience, would gradually decrease over time); and the higher the "spending/gdp" was, the richer the education resources and the higher the satisfaction would be.

2.6 Conclusion and discussion

Through the analysis of the subjective and the objective data, it can be concluded that: First, the mean of the education quality sub-indices of the 35 cities was 69.37, indicating that the interviewees were in general quite satisfied with the current education quality. All the 35 cities scored over 50, with western cities performing better than eastern and central cities. And there was no significant difference between eastern and central regions. First-tier cities, such as Shanghai, Beijing and Guangzhou, were not ranked high in the list. Overall, student workloads were quite heavy, especially in central/western cities. And extra-curricular education expenditure was generally high, with that of central cities significantly higher than that of eastern and western cities.

As shown by the regression results of subjective and objective data, ”schoolteachers” and “income” had a significant negative correlation with the satisfaction with education quality, which proved the existence of the contract between the subjective and the objective data; while “stock of books” and “spendinggdp” had significant positive correlations and “population” had a significant negative correlation with residents’ satisfaction.

In view of the objective conditions, the reasons for all this were:

(1) Increase in “schoolteachers” provided each student with more education resources and better attention, resulting in higher learning efficiency and higher satisfaction with education quality.

(2) Increase in “income” allowed parents to invest more in their children’s education. When more education resources became available, parents tended to have higher satisfaction with education quality.

(3) “Stock of books” was a public education resource. The more books there were, the more information students would get on average, and the

higher the satisfaction with education quality would be.

(4) Higher "spending/gdp" indicated a bigger education input, more education resources, better infrastructure, and thus higher satisfaction with education quality.

(5) A bigger "population" reduced the education resources allocated to each student, and would therefore lower parents' satisfaction with education quality.

Considering both the subjective and the objective factors, the satisfaction with education quality can be improved by:

(1) Increasing the "stock of books" and cultivating students' interest in extracurricular reading. Supplementary reading is an important part of studying. Increasing the "stock of books" can improve students' interest in reading and enrich their extracurricular activities. Libraries may introduce e-books while increasing the amount of p-books, making their collections more diversified.

(2) Improving learning environment and increasing education investment. To parents, learning environment is the most intuitive measurement of education quality. Therefore, schools need to invest more in the hardware, including teaching buildings, dormitories, sports facilities and lab equipment, and conduct regular inspection of the infrastructure to ensure student safety. In addition, schools also need to offer higher salaries to teachers and other staff to help them better focus on education.

(3) Strengthening education management and improving teaching quality. To parents, teaching quality is another major criterion of education quality. Teachers need to tailor study plans to individual students, set up a defined system of rewards and penalties, cultivate students' interest in learning, optimize curriculum arrangement, and take education reform a step further to

suit the needs of students' intellectual development.

(4) Training teaching staff on a regular basis and building better teacher ethics and behaviors. Teaching staff includes not only teachers, but also administrators and government officials. Schools need to build better teacher ethics and behaviors, deal seriously with violations of campus rules and damages to students' rights or interests, and revoke the teaching certificates of serious violators. The education authorities need to have the correct attitude of "serving the people" and pay more attention to the improvement of the education system. And reasonable feedbacks/suggestions of students need to be seriously treated and responded in time, so as to safeguard students' basic rights.

Education quality is an indispensable part of the quality of urban life, and concerns the future of every one of us. Therefore, in the future, we need pay more attention to the development of education quality, so as to improve the quality of urban life and achieve the sustainable development of ourselves, our households and the entire country.

B.3

Report on Satisfaction Sub-index of Health Conditions

Abstract: The health of the people has always been a major concern of the society and is closely related to the future development of the country and the nation. In recent years, however, industrialization, urbanization, population aging, as well as disease spectrum, eco-environment and lifestyle changes, have brought new challenges to the maintenance and promotion of health. Since the economic, political, cultural and ecological environments vary greatly from city to city across the country, this report probed into residents' health conditions in different regions based on the data obtained in the 2018 QLICC survey, and identified the determinants of health conditions sub-index by studying the impacts of population, transportation capacity, eco-environment, economic development, employment situation and medical care capacity. Through our analysis, it was found that the health of the residents was not determined by merely one factor. To improve residents' health, collaborative efforts need to be made from different aspects such as ecology and employment. To find out feasible ways to improve the health conditions sub-index, and to provide targeted policy suggestions to meet people's

needs for a better life, local authorities may have to continuously implement and focus on the new concepts proposed in the report of the 19th CPC National Congress about ecological civilization building, public infrastructure construction and employment, and take relevant measures to improve residents' health. It is also necessary to probe into other related aspects on this basis, so as to achieve health of higher quality and higher level.

Keywords: satisfaction with health conditions; health conditions; subjective index; objective index

3.1 Introduction

The report of the 19th CPC National Congress pointed out that the health of the people was an important indicator of national prosperity and power. Health is closely related to the national economy and people's livelihood. To a country, health is not only wealth, but also the basis of social progress. Whether a country can achieve stable and sustainable development and have strong national power depends on the health conditions of its people. Health is a vital part of human capital. Since the reform and opening-up, the living standard as well as the health conditions of the people has been remarkably improved with the rapid development of the economy. According to the *Healthy China 2030 Planning Outline* issued by the Party Central Committee and the State Council, in 2015, China had generally surpassed middle- and high-income countries in life expectancy, IMR (infant mortality rate), U5MR (under-5 mortality rate) and MMR (maternal mortality rate). In recent

years, however, industrialization, urbanization, population aging, as well as disease spectrum, eco-environment and lifestyle changes, have brought new challenges to the maintenance and promotion of health. Therefore, it is of great significance to the development of the economy and the society to improve national health conditions, and protect people's physical and mental health from potential threats of environmental hazards, malnutrition or excessive workloads.

In the new era, the principal contradiction facing Chinese society now is the contradiction between unbalanced or inadequate development and the people's ever-growing needs for a better life. The economic, political, cultural and ecological environments vary greatly from city to city across the country. To evaluate residents' subjective health conditions and relevant determinants of different cities is of great significance to understand the differences in the ideals of life, find out the determinants of residents' health conditions, and improve their satisfaction with health conditions and the sense of well-being.

To get an in-depth understanding and evaluation of the health conditions and relevant determinants among Chinese urban residents, and to provide targeted policy suggestions to meet people's need for a better life, this report probed into residents' health conditions in different regions based on the data obtained in the 2018 QLICC survey, identified the determinants of the health conditions sub-index, and worked out feasible ways to improve the sub-index for future development.

3.2 Literature review

Health includes both physical and mental health. Health and its determinants are important research topics in health economics. The most representative

framework in this field is based on Grossman's model of health production (1972) - a health demand model in essence – which explained health with income, education and many other variables. On this basis, scholars across the world have carried out lots of in-depth research on the economic factors behind residents' health conditions and reached quite a few meaningful conclusions.

In terms of physical health, Du Wenwen and Cao Qian (2009) surveyed households in nine provinces around China and found that poverty and large income gaps had negative impacts on residents' health. Wang Huaiming, Wang Yiqiu and Xu Ruizhao (2014) conducted a survey among rural residents over the age of 18 and found that income disparities widened with the increase of income, and that residents' health conditions deteriorated as a result of large income gaps. By studying cancer villages and analyzing their pollution sources, Liu Tongshan (2016) concluded that the comprehensive effect of water and air pollution was the major cause of "cancer villages". Through data analysis, it was also found that the number of cancer villages was positively correlated with the provincial total rather than the per capita GDP. Zhao Xueyan, Wang Weijun and Wan Wenyu (2017) analyzed Chinese residents' health conditions and the influence of space-time difference by means of coefficient of variation (CV), spatial autocorrelation analysis and Taylor index. It was found that residents' health conditions varied greatly among eastern, central and western China, and deteriorated from the East to the West, from the North to the South. Zheng Xiaodong and Fang Xiangming (2018) confirmed the benefit of community sports infrastructure to the health of the middle-aged and the elderly based on the China Health and Retirement Longitudinal Study (CHARLS) data. Chen Shuyun and Yang Jiankun (2018) proved the influence of self-owned housing on residents' health on the basis of the CGSS 2015

data. And Mu Yingtan and Yuan Di (2018), based on the individual micro-data of CGSS 2013 and the macro-data of each province, concluded that factors such as local medical management and the proportion of health expenditure to local fiscal expenditure had a significant impact on residents' health conditions.

In terms of mental health, Zhou Qin, Jiang Weige and Guo Xin (2018) studied the impact of social insurance on the mental health of rural residents using the 2011 and 2013 CHARLS data. It was found that the New Rural Social Pension Insurance significantly improved the mental health of the rural elderly, especially among the females and the population with lower economic status, while the New Cooperative Medical Scheme (NCMS) was of little effect. Li Li and Chen Siyue (2018) used the data from CFPS (China Family Panel Studies) 2016 follow-up survey to examine the impact of housing conditions on health. They conducted an Oprobit regression analysis of the effect on self-assessed health and mental health, in addition to an Probit regression analysis of the impact on physical health, from the perspectives of individual housing conditions and community environmental conditions. And it was found that these factors were indeed correlated.

To sum up, there have been quite a few in-depth studies in China on the determinants of residents' health. However, most of them focused merely on the analysis of micro-variables, while in fact, the macro-variables might have a greater impact on the region, and were the major causes of the regional differences in the health conditions sub-index. Therefore, in this report, residents' health conditions of the 35 cities and the related factors were analyzed from both mental and physical health.

3.3 Model building

To analyze the determinants of physical and mental health indices of different cities, we first built models with hypothetical variables. Then regression analysis was conducted to observe whether and why the selected variables were correlated with residents' physical or mental health. Finally, suggestions were made on how to further improve the health conditions of Chinese people according to our findings.

The report used the models built on the basis of Grossman's health production function (1972), and explained residents' physical and mental health with factors such as population, transportation capacity, eco-environment, economic development, employment situation and medical care capacity. The model function created was as follows:

$$Health = a + \beta 1 \ln population + \beta 2\, green\ area + \beta 3 \ln road + \beta 4 \ln wage$$
$$+ \beta 5 \ln SO_2 + \beta 6 \ln dust + \beta 7\, medical\ beds + \beta 8 \ln employee + \beta 9 \ln GDP + \varepsilon$$

In the function, "health" was the explained variable, including both mental and physical health. "Population" stood for the urban population of each city, while "green area" stood for the per capita green area, "road" for the year-end actual urban road area, "wage" for the average income of in-service staff, "SO_2" for the volume of industrial sulphur dioxide emission, "dust" for the volume of industrial soot (dust) emission, "medical beds" for the number of hospital beds per 10000 residents, "employee" for the average number of in-service staff, and "GDP" for the gross domestic/regional product. Since health conditions concerns both physical and mental health, if the sub-index as a whole was set as the explained variable for regression analysis, the result

may not be accurate. Therefore, in this report, physical health sub-index and mental health sub-index were both set as the explained variables and regressed with different objective indicators respectively to observe the correlation between the subjective and the objective variables.

For physical health, we chose factors of potential impacts on residents' physical health, such as "population", "green area", "wage", "SO_2" and "medical beds" of each city, as the key indicators for regression analysis; while for mental health, variables such as "green area", "road", "wage", "dust", "employee" and "GDP" were selected that might influence residents' mental health.

Since the impact of objective indicators on physical and mental health may be correlated, in order to spot the exact indicators related to physical and mental health respectively among all the objective indicators, in the first model, we set mental health sub-index and physical health sub-index as the explained variables, and "green area", "income", "road", "dust", "employee", "GDP", "population", "SO_2" and "medical beds" as the explanatory variables, to reflect the relationship between physical and mental health indices and the population, transportation capacity, eco-environment, economic development, employment situation and medical care capacity of each city.

In the second model, after eliminating the insignificant variables, we conducted regression analysis of the indicators related to physical and mental health respectively. According to the regression results of Model One, in the analysis of the mental health sub-index, we only kept "green area", "income", "road", "dust", "employee", "GDP" and "medical beds" as the explained variables to analyze the specific impacts of eco-environment, employment situation, transportation capacity, economic development and medical care

capacity on residents' mental health, since the regression results of other objective indicators were insignificant. And in the analysis of the physical health index, we kept "green area", "road", "employee" and "SO_2" as the explained variables to analyze the relationship between eco-environment, employment situation, transportation capacity and residents' physical health.

3.4 Data analysis

This section mainly deals with the health conditions aspect of the QLICC survey. The health conditions sub-index concerned both physical and mental health. In this section, residents' health conditions were measured with a questionnaire of four survey questions: 14. In general, would you say your health is: ① excellent, ② very good, ③ good, ④ fair, and ⑤ poor. 15. During the past 30 days, how much of the time were you physically sick or wounded (physically unhealthy)? 16. In the past 30 days, how much of the time did you feel anxious, depressed or out of control (mentally unhealthy)? 17. In the past 30 days, how much of the time did your physical or mental health problem limit you in daily activities (e.g. self-care, work or entertainment)?

We used a health metric developed by CDC – the number of physically or mentally unhealthy days in the past 30 days – and obtained the health conditions sub-index by adding up the responses to Q15 (physically unhealthy days) and Q16 (mentally unhealthy days). If the sum was over 30, it was counted as 30 days. The bigger the sum, the unhealthier the resident was physically or mentally in the past 30 days.

The explanatory variable data used in the report mainly came from the official website of the National Bureau of Statistics of China (NBS), *China Urban Construction Statistical Yearbook*, *China Economic and Social Development*

Yearbook and *China Health and Family Planning Yearbook*. First, we took population, transportation capacity, eco-environment, economic development, employment situation and medical care capacity as primary indicators. Then we assigned proper secondary indicators to each primary indicator. The secondary indicators chosen were: "population", "green area", "road", "income", "SO_2", "dust", "medical beds", "employee" and "GDP" (See Table 1).

Table 1 Variable definitions and descriptive statistics

	Variable	Definition	Mean	Standard deviation	Min	Max
Explained variable	*Physical health*	Physical health index (day)	3.0360	0.8554	1.8300	5.2500
	Mental health	Mental health index (day)	2.5246	0.7062	1.5500	4.4300
Explanatory variable	ln*population*	Logarithm of urban population (10,000 residents)	6.3948	0.6350	5.1180	8.1292
	Green area	Per capita green area (m^2/person)	50.3701	48.9731	11.9682	254.1558
	ln*road*	Logarithm of year-end actual urban road area (10,000m^2)	8.6352	0.6506	6.9402	9.7856
	ln*wage*	Logarithm of average income of in-service staff (CNY)	2.1528	0.0770	1.9373	2.2809
	lnSO_2	Logarithm of industrial sulphar dioxide emission (ton)	2.1528	0.0770	1.9373	2.2809
	ln*dust*	Logarithm of industrial soot (dust) emission (ton)	0.7661	0.0362	0.6613	0.8246
	Medical beds	Number of hospital beds per 10,000 residents	75.9878	16.4670	46.0469	109.7547
	ln*employee*	Logarithm of average number of in-service staff (10,000 residents)	4.3051	0.2262	3.8297	4.6982
	ln*GDP*	Logarithm of gross regional product (10,000 CNY)	1.4584	0.0532	1.3428	1.5472

Among them, "population" represented the demographic situation of each city. Most of the 35 cities chosen were provincial capitals, municipalities or coastal cities with better economic development. These cites usually have a relatively large population, and stronger competition may result in extra stress on the residents and affect their mental health. On the other hand, such cities are often of better medical environment and facilities and more professional healthcare services which help to improve residents' physical health.

"Green area", SO_2" and "dust" represented the eco-environment of each city. Cities with larger "green area" usually have better infrastructure. And in theory, green area has a positive impact on residents' physical and mental health, while the emission of industrial SO_2 or soot (dust) does great harm to people's health. Among the 35 cities, those in the North such as Beijing, Shijiazhuang and Jinan have worse air quality, mainly due to industrial problems. And the hazard is highly seasonal - often occurring in winter or fall - probably due to the great need for coal heating in the cold winter. Living in an environment of poor air quality for a long time may have a negative impact on mental health.

"Road" represented the transportation capacity of each city. In theory, every one of the 35 cities chosen has a bigger population. And the smaller road area, the greater the possibility of traffic jams, which has a negative impact on residents' mental health.

"Wage" and "employee" represented the employment situation of each city. Generally speaking, the bigger the income gap and the workplace stress, the greater the negative impact on mental health. And where there is more workplace stress, there is usually more working overtime, which results in lower physical health.

"Medical beds" was chosen to represent the medical care capacity of each city. In general, the more the medical beds per capita, the easier access people have to medical services, and the better it is for physical health.

"GDP" represented the level of economic development in each city. Usually, the higher the GDP, the healthier the development is in all the industries, and the more timely and effective the treatment residents get when they have physical health problems. On the other hand, however, since there is more pressure in such cities, people tend to have more severe mental health problems. As mental problems are usually more difficult to deal with, reaction formation may occur as a result.

3.5 Findings

Since the data of the 35 cities were cross-sectional, the Least-Squares method was adopted. The results are as follows:

3.5.1 Regression of Model One

The first model made regression analysis of physical and mental health indices as well as all the variables. The results were summarized in Table 2.

Table 2 Regression results of Model One

Variable	Model 1 (mental)		Model 1 (physical)	
	Coef.	P>|t|	Coef.	P>|t|
Constant	3.3040	0.812	-1.7991	0.865
Green area	-0.0040	0.341	-0.0040	0.210
ln*wage*	-1.5245	0.271	-0.2051	0.844
ln*road*	0.8690	0.040	1.3913	0.000
ln*dust*	-0.3448	0.119	-0.1249	0.450
ln*employee*	-1.8396	0.009	-1.1955	0.022
ln*GDP*	0.9545	0.098	0.1339	0.754
ln*population*	0.5673	0.354	0.0319	0.945
lnSO_2	-0.0400	0.878	-0.1539	0.440
Medical beds	0.0122	0.197	-0.0017	0.814
R-square	0.4732	—	0.5524	—

(1) Mental health

As shown in Table 2, the variables of the least significant correlation to the mental health index was "SO_2", followed by "population", "green area", "wage" and "medical beds", indicating the variables had little effect on residents' mental health. On the other hand, the P values of "road", "employee" and "GDP" were comparatively small, that is, at the significant level of 5%, these variables were of moderately significant correlation with the mental health index. In Model Two, we removed the insignificant variables for targeted regression analysis.

(2) Physical health

Table 2 also indicates that currently "road" and "employee" were the only two variables significantly correlated with residents' physical health. Since too many variables seemed to be insignificant, it might be that certain significant factors were under the influence of other ones. Therefore, in Model Two, we conducted regression analysis after removing the insignificant variables one by one.

3.5.2 Regression of Model Two

In the second model, we performed a more detailed regression analysis of the physical and mental health indices as well as the variables of significant correlation (see Table 3).

Table 3 Regression results of Model Two

Variable	Model 2 (mental)		Model 2 (physical)	
	Coef.	P>|t|	Coef.	P>|t|
Constant	7.2040	0.577	-2.0188	0.183
Green area	-0.0067	0.038	-0.0042	0.041

Continued

Variable	Model 2 (mental)		Model 2 (physical)	
	Coef.	P>|t|	Coef.	P>|t|
ln*wage*	-2.0950	0.089	—	—
ln*road*	0.9944	0.012	1.3280	0.000
ln*dust*	-0.3477	0.008	—	—
ln*employee*	-1.6073	0.010	-1.0283	0.000
ln*GDP*	2.1650	0.027	—	—
ln*population*	—	—	—	—
ln*SO2*	—	—	-0.2570	0.011
Medical beds	0.0094	0.279	—	—
R-square	0.4543	—	0.5389	—

(1) Mental health

From Model One, it was found that "population" and 2" were the least significantly correlated variables with residents' mental health. After removing the two variables, the above analysis results were obtained. According to the P values, all the other variables were significant, except for "medical beds". Another observation was that some of the coefficient symbols of these significant variables were consistent with those predicted above, while others were contrary to our predictions. We will analyze them one by one in the following passages.

"Green area" was consistent with our prediction, and the coefficient was negative, indicating the larger the per capita green area, the healthier the residents mentally. "Road" was contrary to the prediction. The reason might be that big cities had not only more road area, but also larger population and more traffic jams, resulting in negative emotions among the residents. "Wage" was consistent with the prediction, and

the coefficient was negative, indicating that the higher the income, the better the mental health. "Dust" was inconsistent with the prediction - its significance could not be explained by the coefficient. The reason might be that the questionnaire asked about the unhealthy days in "the past 30 days", and air quality was highly seasonal. In the past 30 days prior to our questionnaire survey, the air quality of most cities in China was quite good. That explained why the symbol of the variable was opposite to our expectation. "Employee" was also contrary to the prediction, probably due to the fact that in better-developed cities, residents had more job-hunting or workplace stresses, but they also enjoyed better welfare and made more money. All this might ease their stresses or even bring great psychological comfort. "GDP", on the other hand, was consistent with our prediction, since the more developed the economy, the greater the pressure in all aspects, and the worse the mental health.

(2) Physical health

As there were only a few variables with significant correlation with physical health in Model One, we conducted regression analysis after removing the insignificant variables one by one, and chose the most reasonable combination of objective variables out of all the possibilities. As shown in Table 3, "Green area" was consistent with our prediction, indicating the larger the per capita green area, the healthier the residents physically. "Road" was a significant variable, but the actual result was contrary to our prediction. The reason might be that residents in big cities were under greater pressure in all aspects. They enjoyed faster and more convenient transport, but had less time to exercise, and were therefore more vulnerable to all kinds of physical discomfort. "Employee" was consistent with the prediction. Cities with better employment situation

usually had good medical services and insurance coverage, thus leading to better physical health. Unlike the results of mental health, although both "dust" and "SO_2" were air quality issues, the latter had a bigger influence on residents' physical health. The reason might be that the former could be observed more intuitively than the latter, and therefore caused stronger antipathy and a more significant result on mental health; while the latter was less preventable than the former, thus did more harmful to residents' physical health.

To sum up, the variables of eco-environment, transportation capacity, employment situation and economic development had more significant correlation with residents' mental health; and the factors of eco-environment, transportation capacity and employment situation were more closely correlated with residents' physical health.

3.6 Conclusion and discussion

3.6.1 Conclusion

As the health conditions sub-index was usually evaluated as a whole, based on the above results, the three indicators of the most significant correlation were: eco-environment, transportation capacity and employment situation.

To mental health, the most correlated variable was eco-environment. Larger per capita green area could not only provide people with a more comfortable environment to live and work in, but also improve the ecological environment of the city. All these factors would add to psychological comfort and lead to better mental health. Air quality had been an issue of public concern in recent years, especially in Beijing, Shijiazhuang and other cities where the "haze" problem was quite severe. Despite of all the protective measures taken,

residents living in an area with poor air quality for a long time would certainly suffer damage to their physical health. Large cities with better-developed economy usually had a large population and higher population density which resulted in "rush hours" in the morning and the evening. Higher transportation capacity could, to a great extent, alleviate traffic congestion. Therefore, in theory, the bigger the "road" was, the less anxious the residents on the road were. Through analysis however, we found that the opposite was true. The reason might be that although cities with better economic development such as Beijing, Shanghai, Guangzhou and Shenzhen had more road area, the continuous influx of migrant workers had reduced the per capita urban road area. Compared to other cities, these cities in fact had worse traffic congestion. That was why bigger "road" eventually led to lower mental health. As to employment situation, the reason why bigger "employee" led to better mental health might be that large cities such as Beijing, Shanghai, Guangzhou, and Shenzhen offered more employment opportunities and were more developed in all walks of life. Therefore, the residents were in general more likely to find a job with higher pay and better welfare, which could effectively compensate for the stress of work.

To physical health, the most correlated variable was transportation capacity. The reason why larger actual road area led to lower physical health might be that in most of the large cities with better-developed economy, the majority of people went to work by car, bus, subway or other convenient modes of transport and had little opportunity to exercise after work. This way of life, coupled with other pressures, often increased the risk of "sub-health". The second most significant variable was employment situation. Roughly consistent with our prediction, the bigger the "employee" was, the lower the physical health would be. Cities with better employment situation were

generally under bigger pressure which might lead to physical "sub-health". The last correlated variable was eco-environment. The larger the "green area" was, the better the physical health would be. When a city offered more parks and green area, usually people would be more willing to exercise. And most plants could purify the air and to an extent alleviate the air quality problem. "SO_2" was a significant variable, but the coefficient symbol was inconsistent with our prediction. Since the excessive emission of sulfur dioxide would inevitably cause damage to physical health, the reason for this inconsistency might be that the carcinogenic effect of sulfur dioxide would not show in the short term, and medical services in big cities could provide residents with timely and effective treatment. Therefore, it was significant in the regression analysis, while the symbol was opposite to our expectation.

In summary, to improvement the health conditions sub-index, we need to start from three aspects: eco-environment, transportation capacity and employment situation. That is, to promote President Xi Jinping's thought on socialism with Chinese characteristics for a new era, fight a good battle for ecological and environmental protection, create a sound production and living environment for the people, and strive to build a beautiful China; to carry forward the comprehensive construction of public transport and other infrastructure, alleviate the pressure of urban traffic, and build a faster and more convenient transport system with diversified options; and to raise the income level and employment quality, adhere to the employment priority strategy and proactive employment policy, and achieve fuller employment of higher quality.

3.6.2 Policy suggestions

To improve the overall health of the residents, attention needs to be paid to both physical and mental health. Local authorities may have to continuously

implement and focus on the new concepts proposed in the report of the 19th CPC National Congress about ecological civilization building, public infrastructure construction and employment, and take relevant measures to improve residents' health. It is also necessary to probe into other related aspects on this basis,, so as to achieve health of higher quality and higher level.

We need to speed up the transformation of economic development mode, improve the efficiency and effect of resource utilization, and build a resource-saving society; while implementing the strategy of innovation-driven development, continuous improving resource utilization efficiency through scientific innovation and technological progress, developing a circular economy, making rational use of the resources, and reducing industrial pollution. We need to encourage, support and guide the development of the non-public sectors of the economy (NPSOE), promote the employment rate with the development of small and micro businesses, and reduce the unemployment rate; to readjust the income structure, cut down taxes, promote the development of the central/western regions, upgrade the social security system, alleviate poverty and narrow income disparities; and to focus on the development of education, adhere to the strategy of "rejuvenating the country through science and education", and improve the expertise and accomplishment of relevant professionals.

We need to advocate a simple and comfortable, green and low-carbon mode of transport, promote scientific and technological innovation, and upgrade our means of transport and road facilities with advanced technology, particularly in areas with less developed infrastructure. Local governments need to provide people with faster and more convenient modes of transport, formulate and strictly implement traffic management laws and regulations, so

as to enhance the awareness of traffic safety, regulate people's travel behavior, guarantee traffic safety and enable traffic management.

We need to provide life-cycle health services to the people, transform our system gradually from disease-orientation to prevention-orientation, and combine disease prevention with treatment. We believe there is a need to make comprehensive planning of the full life cycle and of sustained human capital investment that covers all stages of life from pre-birth to old age, in order to establish a large-scale life-cycle health strategy system, and provide our citizens with state-run health management services from birth to the end of their lives.

The government needs to ensure the public welfare nature of primary healthcare services, continue to upgrade the public medical system and raise service quality, so as to improve the fair access to high-quality services among the general public. The authorities also need to focus on addressing the deficiencies, bring more healthcare resources to rural or poor areas, and increase medical aid support in poor regions. A comprehensive public healthcare system may guarantee the realization of the above objectives.

In addition, we need to implement a system of strict ecological and environmental protection, which is of great significance to the health of the people. The government needs to establish a sound eco-environment protection system, strengthen the prevention and control of air/water pollution, accelerate the speed of land greening, and solve the prominent environmental threats to the health of our people. Local authorities need to formulate and implement scientific environmental protection plans, and make comprehensive arrangement for the protection and construction of the eco-environment; to improve the efficiency of energy and resource utilization and reduce pollutant emission by implementing environmental

technology policies; to strengthen environmental supervision and put an end to environmental violations; and to encourage public engagement in environmental supervision.

B.4

Report on Satisfaction Sub-index of Medical Services

Abstract: Satisfaction with medical service is an important aspect of QLICC. Through a comprehensive questionnaire survey of the 35 major cities across the country, the subjective medical services sub-index of each city was obtained, which to an extent represented the satisfaction of urban residents with local medical services. Nevertheless, a simple survey could not accurately reflect the objective situation of medical services, and most of the existing studies paid attention only to micro-reason analysis. In order to make a better explanation of the sub-index, six objective data indicators were selected from the macro perspective in relation to medical care capacity, government investment and economic development. Then two multivariable linear regression model and Stata were used to analyze the correlations between the subjective sub-index and the objective indicators. According to the regression results, the satisfaction with urban medical services was of significant positive correlation with the number of practicing doctors per 10,000 residents ("number of doctors"), and of moderately significant positive correlation with the number of hospitals; but it was not necessarily positively correlated with the living standard

of urban residents or the number of hospital beds per 10,000 residents ("beds"). Although it was positively correlated with the medical expenditure of the government, the correlation was not insignificant. To improve the quality of urban medical services, it is necessary to enhance our efforts in the construction of best-in-class hospitals, in the utilization efficiency of healthcare providers, in the training of healthcare professionals (HCPs) and in the optimized utilization of medical investments.

Keywords: Satisfaction with Medical Services; Subjective Index; Objective Knowledge; Quality of Medical Services

4.1 Introduction

The report of the 19th CPC National Congress pointed out that "As socialism with Chinese characteristics has entered a new era, the principal contradiction facing Chinese society has evolved. What we now face is the contradiction between unbalanced and inadequate development and the people's ever-growing needs for a better life. As a result of this contradiction, our people are faced with many difficulties in employment, education, healthcare, housing and elderly support. Therefore, residents' satisfaction with medical services is an important content of the quality of urban life. Since in recent years, people pay increasing attention to their physical health partly due to the prevalence of cancer and other major diseases, the quality of urban life becomes even more closely linked to urban health services.

In 2017, the total health expenditure in China was expected to reach CNY

5159.88 billion, equal to 6.2% of our GDP① - 0.8% higher than the 2012 proportion of 5.4%. However, the proportion of health expenditure to local GDP ("health expenditure/gdp") in other countries in 2012 , with 7.6% in South Korea, 10.3% in Japan and 17% in the United States, was already much higher than our current performance. That is to say, China needs to greatly increase its investment in health care. Raising residents' satisfaction with medical services is closely related to optimizing related financial investment, increasing the number of doctors, upgrading the treatment of major diseases and improving the service courtesy. And to improve urban medical services, the government needs to focus on the effective transformation of health expenditure into quality healthcare resources and the comprehensive improvement of medical services. The 19th CPC National Congress also proposed to pay more attention to the health of our people and build a "Healthy China". Therefore, to answer the call of our times, the authorities should continue to improve the quality of our medical services and speed up its development.

Cities with developed healthcare industry are usually of higher medical care capacity and diagnosis & treatment capability, as well as better hospital environment. All this will result in higher satisfaction with medical services. In addition, when people can afford higher treatment cost, they tend to be more satisfied with medical services. Therefore, residents' satisfaction with medical services can, to a certain extent, represent their quality of life. However, subjective surveys cannot accurately reflect the objective aspects of medical services. That is why in this study, we also chose the objective indicators of

---

① National Health Commission, *Statistical Bulletin on Healthcare Development* (2017), http://www.nhc.gov.cn/guihuaxxs/s10743/201806/44e3cdfe11fa4c7f928c879d435b6a18.shtml.

medical care capacity, government investment and economic development as a necessary complement to the medical services sub-index, and used Stata to analyze their correlations. Then we combined the subjective and the objective results, worked out the problems represented by the subjective medical services sub-indices and the objective medical capabilities of all the cities concerned, and made reasonable suggestions accordingly. We hope our study will help improve medical services according to the needs of the residents, and be of great significance to meeting the medical needs and protecting the health of our people.

4.2 Literature review

In China, there have been quite a few in-depth studies using micro-data to analyze the correlation between medical service quality and residents' satisfaction. Based on the household survey data of people's livelihood concerns from the China Livelihood Survey (2014 and 2015) of DRC, Ruan Rongping, Zhou Pei and Cheng Yu (2017) found that healthcare was the most influential variable to residents' satisfaction with the government, second only to income. The China Livelihood Survey research group (2018) also confirmed that healthcare was the biggest concern on family life next only to income for both urban and rural residents, and that medical expense was regarded by 28.1% of the residents as the most stressful item in family expenditure, while high cost and poor access were seen as the most unacceptable aspects of medical services. Fan Jingbo (2018), based on the data from CGSS 2013, observed that among the 11 medical and health public service categories, health supervision co-ordination, drug safety management and essential drug system were of the lowest mean scores. The satisfaction perception structure

of the residents was composed of two parts - “satisfaction with disease prevention and management” and “satisfaction with drug management and health supervision”, with the former having a more significant impact on the overall satisfaction.

On the satisfaction with medical services, Xu Longshun et al. (2017) empirically analyzed the logical relationship among health care, housing and residents’ QOL satisfaction based on the survey data of 9600 residents from CGSS 2013. It was found that health care might positively impact residents’ QOL satisfaction mainly through the indirect influence of intermediate variables such as individual circumstances, social attitude and government services, and that the adequate and balanced supply of and the easy access to healthcare and housing services were the major influential factors of residents’ QOL satisfaction. Yang Jianke and Wang Jian (2017), based on the empirical analysis of data JSNET 2014, an eight-city survey led by Prof. Bian Yanjie, concluded that it was difficult to observe regular differences in residents’ satisfaction with medical services among different cities, and that population size, city tier and economic development might serve as the explanatory variables. From a micro perspective, family income was an important determinant, while factors such as age, education, regular physical check-up and intake of raw materials were also of significant influence. Zhang Jianjie, Li Jinlin and Cao Xueli (2018), based on data from both online and offline questionnaire survey of patients with medical experience, confirmed that during the patient journey, comfortable medical environment, reasonable medical cost, friendly services and standardized diagnosis & treatment would enhance patients’ overall satisfaction. Wang Zhe, Zhou Lin and Peng Peng (2018) examined the determinants of public service satisfaction based on the data from CGSS 2005 and the geographical, macro and demographic

data from county statistical yearbooks and bulletins. It was found that simply increasing the expenditure on people's livelihood could not significantly improve the satisfaction of the people, and that residents' satisfaction was more likely to be affected by the differences in medical expenditure between the county and the neighboring areas. That is to say, it was more important to equalize medical expenditure among different regions. Xie Xingquan (2018), based on the data from the public service sector of CGSS 2013, confirmed that the overall performance of primary healthcare provided by the county government (including resource adequacy, balance of distribution and ease of access) had significant impacts on residents' satisfaction with medical services. Residents who had medical insurance were more satisfied with primary healthcare services than the uninsured, but the specific difference was subject to external factors such as macro-performance and values.

To sum up, most existing studies focused on the micro influential factors of residents' satisfaction with medical services rather than the macro-policy factors such as the economy, population or financial input of the regions. There was thus little systematic analysis on the regional differences in residents' satisfaction among Chinese cities, mainly due to the lack of comprehensive data. The 2018 QLICC survey included a rather comprehensive investigation into the satisfaction with medical services in 35 major cities across China. With its sample size and data quality, it might provide sufficient support to the analysis of residents' satisfaction with medical services. That is where the significance of this report lies.

4.3 Model building

In order to better explain the medical services sub-index, this report used

several multivariate regression models to analyze the determinants of residents' satisfaction with medical services. Due to the lack of individual demographic, social and economic variables in the data structure, we mainly explained the regional differences of the related determinants with a series of macro variables. On the basis of all the literature available, we built two models as follows:

Model One mainly analyzed the influence of primary healthcare resources and the proportion of health expenditure to fiscal expenditure ("health expenditure/fiscal expenditure") on the medical services sub-index. The subjective sub-index was the explained variable, while the objective data of medical capabilities served as the explanatory variables, including the number of hospitals, "beds", "number of doctors" and "health expenditure/fiscal expenditure", so as to reflect the correlations between the sub-index and the medical care capacity and government investment of the city.

In addition, Model Two introduced two objective variables representing respectively the objective economic development of the city and the importance of healthcare in the economic development: (the logarithm of) per capita GDP and "health expenditure/gdp". The subjective medical services sub-index was the explained variable, while six objective indicators — (the logarithm of) per capita GDP, "health expenditure/gdp", the number of hospitals, "beds", "number of doctors" and "health expenditure/fiscal expenditure" – served as the explanatory variables. Then we conducted regression analysis with Stata. Model Two included indicators not only related to medical care capacity and government investment, but also representing the economic development of the city, so as to analyze the relationship between the objective economic development and the subjective medical services sub-index.

4.4 Data analysis

This report contains both subjective and objective data. The subjective data was obtained through the 2018 QLICC survey. The medical services sub-index came from the weighted mean of the answers to the two specific survey questions, namely: "19. Considering your latest medical experience (your own or when accompanying a friend/family), were you satisfied with the service of the healthcare provider (including diagnosis & treatment, service attitude and medical environment)?" and "20. In general, are you satisfied with the non-reimbursable part of the medical insurance?" The answers to these questions showed what medical choices people made, and whether they were satisfied with the treatment and services of the healthcare providers or the non-reimbursable proportion of their medical insurance. These subjective choices on medical satisfaction represented people's views on the objective medical services, which in turn reflected the QOL of the city.

Data of the six objective data indicators were summarized in Table 1. When choosing the objective indicators, there were mainly two considerations: some indicators were correlated with primary healthcare resources and represented the medical care capacity, including "number of doctors", "beds" and the number of hospitals; the others were correlated with medical input and economic development, including "health expenditure/fiscal expenditure", (the logarithm to) per capita GDP and "health expenditure/gdp". The data came from CNKI database, the NBS official website, *China City Statistical Yearbook* (2017) and *China Health and Family Planning Yearbook* (2017).

The descriptive statistics of all the variables were summarized in Table1.

Table 1 Descriptive statistics of the variables

Variable	Definition	Obs	Mean	Std. Dev.	Min	Max
Number of doctors	Number of practicing doctors per 10,000 residents (person)	35	43.438	13.486	20.208	76.601
Beds	Number of hospital beds per 10,000 residents	35	75.988	16.944	46.047	109.755
Health expenditure/ fiscal expenditure	Proportion of health expenditure to fiscal expenditure	35	0.072	0.015	0.048	0.101
GDP per capita	Per capita GDP (CNY)	35	89226.630	28389.780	52723.000	167411.000
Number of hospital	Number of hospitals	35	253.600	188.040	51.000	888.000
Health expenditure/ gdp	Proportion of health expenditure to local GDP	35	0.011	0.003	0.006	0.019
Medical services sub-index	—	35	65.202	3.009	57.360	70.580

Among them, the explanatory variables of and the number of hospitals explained the general condition of medical services. "Number of doctors" and "beds" were obtained respectively by dividing the number of practicing doctors (physician assistants) and the number of hospital beds by the corresponding year-end population, while the number of hospitals was the sum of hospitals and clinics.

"Health expenditure/fiscal expenditure" equaled to government expenditure on health care and family planning divided by public expenditure. Since some data on health care and family planning expenditure were missing, the corresponding growth rate of the province was used to calculate the missing value. And "health expenditure/gdp" was obtained by dividing

government expenditure on health care and family planning by the local GDP.

According to the scatter diagrams, it was found that Haikou was of quite a few extreme values. As a famous health resort, Haikou has much more medical resources than other areas. Since it was an outlier when the objective data and subjective satisfaction of medical resources were used for regression, we removed Haikou from the Stata regression and only analyzed the data of the remaining 34 cities.

4.5 Findings

We selected six objective data indicators, used the medical services sub-index as the explained variable, and conducted regression analysis of the correlations between the subjective sub-index and the objective indicators with Stata. The regression results were summarized in Table 2.

Table 2 Regression results

Model	Model 1		Model 2	
	Coef.	P>|t|	Coef.	P>|t|
Constant	65.8358	0.000	83.7847	0.003
Number of hospital	0.0037	0.133	0.0045	0.086
Beds	-0.0829	0.030	-0.0973	0.021
Number of doctors	0.1006	0.058	0.1302	0.043
Health expenditure/fiscal expenditure	8.7544	0.809	21.2309	0.606
ln*(gdp per capita)*	—	—	-1.4761	0.494
Health expenditure/gdp	—	—	-219.1203	0.291
R-square	0.2080	—	0.2415	—

From the regression results of Model one (column 2 – 3), it can be observed that "beds" was of significant negative correlation with the medical services sub-index at the significance level of 5%; and "number of doctors" was significantly positively correlated with the sub-index at the significance level of 10%.

The relationship shown in Model One indicated increasing the number of doctors could significantly increase residents' satisfaction with medical services. The reason behind this might be that the bigger the "number of doctors", the less the individual workload. As the doctors had less pressure, they served patients with better attitudes and more accurate diagnoses, which resulted in higher satisfaction among the patients. Out of our expectation, "beds" was not positively correlated with satisfaction. The reason might be that with a fixed number of doctors, increase in the number of beds actually lowered the level of medical services residents enjoyed. In fact, people usually preferred general hospitals with more advanced services, especially when there was a great disparity between the medical capabilities of urban and rural areas. As a result, major urban hospitals were packed with patients, and the hospitalization rate had kept climbing in recent years. Urban hospitals were struggling with limited beds, while smaller hospitals with restricted medical capabilities had too many spare ones. It was a waste of medical resources. The subjective feeling that hospitals in big cities were equipped with better medical facilities and sufficient beds might not necessarily improve residents' satisfaction with medical services in actuality.

The regression results of Model Two were summarized in column 4 and 5. After introducing per capita GDP and "health expenditure/gdp", all the indicators became more significant. At the significant level of 5%, "beds" and "number of doctors" were significantly correlated with the medical services

sub-index. And at the significant level of 10%, the number of hospitals was of moderately significant correlation with the sub-index. It was because the more the hospitals or clinics, the wider the coverage, and the easier the access to medical care, which helped to improve residents' satisfaction.

It can also be observed from Model Two that residents' satisfaction was not significantly correlated with "medical expenditure/fiscal expenditure". Although government investment contributed to the development of health care, it did not necessarily improve people's satisfaction with medical services. Meanwhile, the questionnaire survey shows that people were currently not that satisfied with the non-reimbursable part of their medical insurance. To our surprise, residents in Shanghai (56.32) were the least satisfied, followed by those in Nanjing (56.99) and Shenzhen (57.11). It indicates that residents' satisfaction with medical services did not necessarily have a positive correlation with medical expenditure, and that investment should be made in accordance with the actual needs.

"Health expenditure/gdp" was not really significantly correlated with satisfaction, and the coefficient was negative. The reason might be that in some cities, increase in the medical expenditure fell far behind its GDP growth. With rapid economic development and limited medical investment, and under the circumstance of higher requirements on treatment quality as a result of economic development, medical resources and services had lagged behind the increasing demands of the people, hence the negative coefficient. The coefficient of (the logarithm of) per capita GDP was also negative, indicating residents' satisfaction with medical services deviated from the level of economic development. The reason might be that the more developed the economy, the higher the requirements on medical services. For the same level of medical services, residents in western cities might rate it as "good", while

those in the east might think it is merely “acceptable”. This explains why in the questionnaire survey, there was a contrast between the objective economic development and the subjective medical services sub-index in several big cities such as Guangzhou, Changsha, Shenzhen, Shanghai and Nanjing.

4.6 Conclusion and revelation

Residents’ satisfaction with medical services is an important content to QOL assessment. In this report, we studied residents’ satisfaction of medical services, worked out the problems represented by the subjective medical services sub-indices and the objective medical capabilities of all the cities concerned, and made reasonable suggestions accordingly. The study is of great significance to meeting the medical needs of our people and improving residents’ satisfaction with medical services. Most existing studies focused only on the micro influential factors of residents’ satisfaction with medical services, while this report explained the regional differences of the related determinants with a series of macro variables - “number of doctors”, “beds”, the number of hospitals, “health expenditure/fiscal expenditure”, (the logarithm of) per capita GDP and “health expenditure/gdp”. It utilized both the subjective survey data and the objective data, combining the subjective analysis with the two multivariate regression models. Model One was designed mainly to find out the impact of primary healthcare resources and “health expenditure/fiscal expenditure” on the medical services sub-index; while Model Two added variables related to objective economic development on the basis of Model One, and studied the correlations between primary healthcare resources, medical expenditure, objective economic condition and the sub-index.

It is observed from the survey results that: people usually preferred general hospitals than other healthcare providers; eastern residents were more satisfied with the quality of medical services than those in central/western cities, while the contract between the subjective and the objective data existed in a few big cities with better developed economy; and central/western residents were more satisfied with the non-reimbursable part of their medical insurance. Differences showed in the medical services sub-indices of eastern, central and western regions, with that of the East higher than that of the Center and the West, although contract still existed between the subjective sub-index and the objective economic development in a few big cities. Generally speaking, males were slightly more satisfied than females; age was not a significant influential factor, and the 40-49 age group was of the lowest satisfaction; residents with at least junior college education were less satisfied than the ones with less education; and employed residents had a slightly higher satisfaction than the unemployed. The regression of objective data shows that "number of doctors" was significantly positively correlated with residents' satisfaction with medical services, and the number of hospitals was moderately significantly and positively correlated with the sub-index. Local living standard and "beds", however, were not necessarily positively correlated with residents' satisfaction with medical services, which proved the existence of the contract between the subjective and the objective data. And government investment was positively but not significantly correlated. Considering the objective conditions, the reasons for all this might be:

(1) Economic development leading to higher medical requirements. As a result of economic development, people now have higher requirements on the overall quality of life, including medical services. On one hand, there are not enough large hospitals with best-in-class services. On the other hand, people

crowd into big hospitals in large cities for better treatment, thus lowering the medical environment in these hospitals. As a result, residents in big cities cannot enjoy satisfactory medical services, either. All this led to the contrast between the objective economic development and the subjective satisfaction with medical services.

(2) Waste of medical resources. According to the survey, when choosing medical treatment, people usually prefer general hospitals in big cities. As a result, major urban hospitals are packed with patients and struggling with limited beds, while smaller hospitals have too many spare ones. Therefore, even if the number of "beds" was high, people were not necessarily more satisfied with the medical services.

(3) Insufficient supply of high-level HCPs. Patients are drawn to large general hospitals by their numerous experienced doctors and accurate diagnoses. However, such preference has increased the workloads of the doctors, resulting in more medical disputes and lower satisfaction with the service.

(4) Utilization of medical funds waiting to be optimized. In our study, it was found that residents' satisfaction with medical services was positively but insignificantly correlated with "health expenditure/fiscal expenditure". Merely increasing the investment did not guarantee the proper allocation of the investment in accordance with people's current needs. From Question 20, it was also observed that residents were not satisfied with the non-reimbursable part of their medical insurance, especially in eastern cities, but the satisfaction in the western region was slightly higher than the national average.

The mean score of the medical services sub-indices fell between "acceptable" and "good". That is, the residents were generally satisfied, but also expected to see further improvement. To raise their satisfaction with

medical services, we may need to:

(1) Speed up the construction of best-in-class hospitals. At present, the medical services provided by existing urban hospitals have gradually lagged behind the requirements of the people. There is a need for more large hospitals with best-in-class services. First of all, such hospitals need to recruit experienced and virtuous HCPs, as well as experts from China and abroad, so as to provide advanced treatment. Secondly, they need to create a patient-centered medical environment and proactively apply modern Internet technology, artificial intelligence and other technologies to online reservation, lifelong medical record and health management. Finally, the hospitals need to set up medical research centers and attach more importance to academic communication.

(2) Improve the utilization efficiency of healthcare providers at different levels. On one hand, the hierarchical diagnosis & treatment mode can be adopted to divert patients to hospitals at different levels. On the other hand, healthcare providers of low service capabilities should be closed or merged to encourage the hospitals to improve their services and reduce the waste of healthcare provider resources.

(3) Ensure the supply of high-level HCPs and promote balanced allocation. Through our quantitative research, it was proved that the "number of doctors" had a positive correlation with the satisfaction with medical services. Therefore, to improve residents' satisfaction, it is necessary to raise the requirement of HCP training and combine theoretical knowledge with practical operation, so as to raise both the quantity and quality of HCPs. Measures such as job distribution or targeted support should also be taken to supply the grassroots community and the central/western regions with sufficient HCPs, in addition to the cross-regional or urban-rural HCP

exchange and communication system.

(4) Optimize the utilization of medical funds. The government may need to adjust its financial support for medical services according to the trend of current demand, increasing the amount allocated to medical research and the support for major disease treatment. According to our questionnaire survey on the non-reimbursable part of medical insurance, residents in some eastern cities were less satisfied than those in the western region. Therefore, while increasing the support to healthcare providers in central/western cities, the Central Government may also need to increase the reimbursable part of medical insurance in eastern cities, especially for the sake of the urban low-income population.

Special Report

B.5

Evaluating the Reliability and Validity of SF-8 with a Large Representative Sample of Urban Chinese

Abstract: The Short Form-8 (SF-8) is a widely used instrument for measuring health-related quality of life (HRQOL). The purpose of the current study is to evaluate the reliability and validity of the Chinese version SF-8 using a large, representative sample of city residents in mainland China. We surveyed residents of 35 major cities in China using random digit dialing of both landlines and cell phones. We adopted a multi-stage stratified sampling scheme and selected a probability sample of 10,885 adults. Internal consistency reliability of the SF-8 was evaluated with item-total correlations and Cronbach's alphas. Construct validity was assessed with factor analysis. Known-groups validity was examined based on known HRQOL differences in age,

gender, income, and overall quality of life. We showed that SF-8 has very good internal consistency reliability and known-groups validity. Our results also confirmed that the traditional 2-factor structure of SF-8 (physical and mental health) is reasonable among Chinese city residents. Further, we showed that a 3-factor model (physical, mental, and overall health) fit the data better than the traditional 2-factor model. This study is the first to confirm the traditional 2-factor structure of SF-8 using a large, representative sample from China. We have shown that the SF-8 Chinese version is feasible, reliable, and valid. Our findings support the use of the SF-8 summary scores for assessing general HRQOL among Chinese. Future studies may further explore the possibility of a 3-factor structure for the SF-8 among the Chinese population.

Keywords: Quality of life, Health, SF-8, Reliability, Validity, Psychometrics

5.1 Background

There has been an increasing interest in measuring and assessing health-related quality of life (HRQOL) in clinical and health services research in the past a few decades. Many clinical trials have included HRQOL as one of the primary trial outcomes, in addition to clinical outcomes. To measure HRQOL, the Short Form-36 (SF-36) Health Survey, developed in the Medical Outcomes Study, is the most popular instrument. SF-36 measures generic HRQOL among adults with 36 questions that belong to 8 sub-scales (Physical Functioning, Role Physical,

Bodily Pain, General Health, Vitality, Social Functioning, Role Emotional, Mental Health), which are then used to calculate 2 summary measure scores (physical component score PCS and mental component score MCS). It has been translated into more than 170 languages and extensively tested across many different countries. However, despite its popularity, the SF-36 is quite lengthy which limits its use. With 36 questions, it takes on average 17 minutes to complete the SF-36 survey when administered via telephone by experienced interviewers. Measuring HRQOL with the SF-36 in a study would greatly increase the length of any survey, and hence the burden of study participants. Therefore, the SF-8, a shortened version of SF-36 and the shortest SF Health Survey, is preferred by many researchers. With only 8 questions, the SF-8 is derived from the SF-36 for the purpose of minimizing respondent burden. While it is substantially shorter than the SF-36, administrating the SF-8 yields comparable scores for the 8 sub-scales and 2 summary measures as the SF-36. The brevity of SF-8 has made it an ideal tool to assess HRQOL, especially in large-scale observational studies where survey administration time and respondent burden are important considerations.

The SF-8 has been translated into many languages, including Spanish, German, Japanese, Luo, Korean, and Mandarin Chinese. In a previous study, Wang et al. translated the SF-8 into Chinese following the standard International Quality of Life Assessment (IQOLA) protocol, which included forward translation, back-translation, expert review, and psychometric testing. Using a random sample of 1,517 participants, the authors showed that the SF-8 Chinese version has good internal consistency reliability (overall Cronbach's alpha = 0.749) and criterion validity (correlation between the SF-8 and SF-36 was 0.559). However, the authors did not examine whether or not the 2-factor structure (physical and mental health) identified in the US is appropriate in the Chinese population. After all, the validity of PCS and MCS

summary scores depends on the appropriateness of the underlying 2-factor structure. Further, the study utilized a relatively small sample of residents from a single city in Mainland China, which is not representative of the entire Chinese population. To our knowledge, Wang et al. is the only study available that has evaluated the psychometric properties of the SF-8 in China. Thus, in the current study, we extend the psychometric testing of the Chinese version SF-8 by assessing its internal consistency reliability, construct validity, and known-groups validity using a larger, more representative sample of Chinese city residents.

5.2 Methods

5.2.1 Data collection and participants

Data used in this study were collected in the 2017 Chinese City Quality of Life Survey. The goal of the Survey was to evaluate the quality of life, including HRQOL, of city residents in mainland China. Between March and May 2017, we performed random digit dialing (RDD) to interview adults aged 20 years or older residing in all major cities in China. Considering the increasing usage of mobile phones, the RDD was conducted among both landlines and mobile phones. We chose to conduct telephone surveys because: ① face-to-face surveys were not practical given that we wished to survey a large number of participants; and ② online surveys were often of poor data quality and population representativeness. Our surveys covered all 26 provincial capitals, all 4 municipalities (Beijing, Tianjin, Shanghai, and Chongqing), and all of the 5 cities under separate state planning (Dalian, Qingdao, Ningbo, Xiamen, and Shenzhen). We adopted a multi-stage stratified sampling scheme and selected a probability sample using cities and districts within cities as

strata. Computer-assisted telephone interviews (CATI) were conducted by CATI-trained students working in the survey center at Capital University of Economics and Business. The survey response rate was 18.1% and the average survey completion time was 5.2 minutes. The final sample included 10,885 individuals.

5.2.2 The SF-8 Chinese version

The SF-8 was translated into Chinese following the standard IQOLA protocol in a previous study. The 8 items in SF-8 measure 8 sub-scales: physical functioning (PF), role limitations due to physical health problems (RP), bodily pain (BP), general health perceptions (GH), vitality (VT), social functioning (SF), role limitations due to emotional problems (RE), and mental health (MH) (Figure 1). The sub-scale scores can be represented as T-scores (mean = 50; standard deviation = 10) that range from 0 to 100, with higher scores indicating better health. Two summary scores, PCS and MCS, can also be computed from the sub-scale scores. The summary scores are calculated as the weighted sum of the sub-scale scores, transformed into T-scores, and normalized to a U.S. general population. This standard-based scoring allows comparisons among SF-8 scores from different studies since these scores are normalized to the same reference population.

5.2.3 Survey Items

Besides the SF-8, we collected information on age, gender, education, income, and overall quality of life (QOL) in the surveys. Education was measured with the question "What is your education level?". The response options were: "No formal education", "Elementary school education", "Middle or high school education", "Some college or college graduate", and "Higher than

college". Primary education (referred to as "elementary school") in China is normally 6 years. A typical student graduates elementary school at the age of 12. Secondary education in China includes 3-year junior (referred to as "middle school") and 3-year senior (referred to as "high school") secondary education. A typical student graduates high school at the age of 18. Higher education (college) in China is normally 4 years. Income was measured with the question: "What is your monthly income range? (Unit: Yuan)". The responses were "Below 2000", "2000-4999", "5000-7999", "8000-15000", and "more than 15000". Lastly, overall QOL was measured with the question "How would you rate your overall quality of life?". The participants were instructed to select a number between 1 and 10, with higher numbers indicating better quality of life. All of the above questions were asked before the SF-8 in the telephone surveys.

5.2.4 Statistical and psychometric analysis

We calculated frequencies and percentages to describe the demographic characteristics of our study participants. We also calculated the mean, standard deviation, and percentages of participants with the lowest (floor effect) and the highest (ceiling effect) possible scores for each of the SF-8 items. For psychometric testing, we evaluated the internal consistency reliability, construct validity, and known-groups validity of the SF-8. Internal consistency reliability was evaluated by examining the item-total correlations and the Cronbach's alpha coefficients. The item-total correlations were calculated by removing each of the 8 items from the instrument and correlating it with the remaining items. The Cronbach's alpha was reported for the overall instrument. We also calculated and reported the alphas when any one of the items was removed from the instrument. For Cronbach's

alpha, we considered the following cut-off values: > 0.7 (acceptable), > 0.8 (good), and > 0.9 (excellent). For item-total correlation, we considered a value greater than 0.3 to be an indicator that an item was related to the overall scale.

Next, we assessed construct validity with factor analysis based on a split sample approach in which the original data were randomly split into two equal halves. We performed exploratory factor analysis (EFA) with half of the sample data to explore the underlying structure of SF-8. Then, confirmatory factor analysis (CFA) was performed with the other half of the data to verify the identified factor structure. In the EFA, the factors were extracted using the principal components method with varimax rotation. The rotated factor pattern was reported and an item was considered to load on a factor if the factor loading was equal to or greater than 0.6. The number of factors extracted was determined by reviewing the scree plot and considering the following criteria: eigenvalues (>1), proportion of total variance explained by a single factor (>10%), and proportion of total variance explained by extracted factors combined (>70%). In the CFA, we verified structure(s) identified in the EFA, as well as the widely accepted 2-factor (physical and mental health) structure of the SF-8. The CFA is a multivariate statistical technique used to verify whether the observed variables represent the hypothesized latent constructs. Due to the high sensitivity of the chi-square statistic in large samples, goodness of fit was evaluated based on the following fit indices: Standardized Root Mean Square Residual (SRMR), Root Mean Square Error of Approximation (RMSEA), and Comparative Fit Index (CFI). For SRMR, a value less than 0.05 indicates good fit. For RMSEA, a value less than 0.05 indicates good fit, a value in the range of 0.05 to 0.10 indicates fair fit, and a value above 0.10 indicates poor fit. For CFI and NFI, a value equal

to or greater than 0.9 indicates good fit.

Lastly, we evaluated known-groups validity to examine the extent to which SF-8 domain and summary scores can discriminate between known groups. These known groups were based on age groups, gender, education, income, and overall QOL. The QOL known groups were defined as high, median, and low overall QOL based on tertiles. We hypothesized that the SF-8 scale scores would be lower in participants who were older, women, less educated, of lower income, or of lower overall QOL. Standardized differences or effect sizes (ES) in SF-8 domain scores between the known groups were evaluated using Cohen's d. Based on Cohen's suggestion, we considered $0.2 \leq d < 0.5$ a "“small” effect size, $0.5 \leq d < 0.8$ a “medium” effect size, and $d \geq 0.8$ a “large” effect size. All data analyses were performed using SAS version 9.4 (SAS Institute, Cary, NC).

5.3 Results

5.3.1 Participant characteristics

We summarized the participants' characteristics in Table 1. The majority of the participants were between 20 and 50 years old. There was a slightly higher proportion of male participants (52.5%) than female participants (47.5%) in our sample. Regarding education, 28.9% of the participants attended or graduated high school. A little over half (55%) of the participants had some college education or a college degree. Regarding income, 56.7% of the participants reported a monthly income lower than 5,000 Chinese Yuan (CNY), and 4.3% of the participants had a monthly income greater than 15,000 CNY. The mean (T-scores), standard deviation, and floor and ceiling effects of the SF-8 sub-scale scores were summarized in Table 2. The scores ranged from

51.0 – 57.5. The floor effects were very small for all sub-scale scores. The ceiling effects were relatively large, with the highest percentage being 72.4% for RP.

Table 1 Participants' characteristics

		n (or mean)	% (or SD)
Age (years)	20-30	4667	42.9%
	31-40	3453	31.7%
	41-50	1766	16.2%
	51-60	614	5.6%
	60+	385	3.5%
Gender	Men	5714	52.5%
	Women	5171	47.5%
Education	None	300	2.8%
	Elementary school	799	7.3%
	Some HS or HS graduate	3144	28.9%
	Some college or college graduate	5989	55.0%
	Graduate school or more	653	6.0%
Monthly income	< 2000 CNY	2884	26.5%
	2000 – 4999 CNY	3291	30.2%
	5000 – 7999 CNY	3093	28.4%
	8000 – 15000 CNY	1152	10.6%
	> 15000 CNY	465	4.3%

Note: CNY = Chinese Yuan.

Table 2 Summary of SF-8 items

	Mean[1]	SD	% Floor	% Ceiling	Cronbach's Alpha[2]	Item-total correlation[3]
PF	51.0	5.3	0.2	67.3	0.81	0.68
RP	51.0	5.6	0.3	72.4	0.81	0.68
BP	56.8	6.4	0.3	66.0	0.82	0.64
GH	52.1	7.2	0.7	32.3	0.84	0.51
VT	53.9	9.2	3.9	38.5	0.85	0.39
SF	51.8	5.9	0.4	64.2	0.82	0.63
RE	49.2	5.5	0.3	68.1	0.83	0.58
MH	51.1	7.1	0.2	51.5	0.83	0.54

Note: 1.T-scores; 2.Cronbach's alpha if the item is removed; cut-off values: > 0.7 (acceptable), > 0.8 (good), and > 0.9 (excellent); 3.Greater than 0.3 indicates acceptable.

5.3.2 Internal consistency reliability

The overall Cronbach's alpha was 0.85 for the 8 items. The Cronbach's alphas calculated by removing the items from SF-8 one by one were summarized in Table 2. As seen in the table, the alpha exceeded 0.8 when any one of the items was removed (range = 0.81 – 0.85), indicating no single item is redundant or lowering the scale's internal consistency. The item-total correlations for the 8 items were also summarized in Table 2. The correlations were moderate or high (r > 0.5) for all the items, except for VT (r = 0.39). Overall, the SF-8 showed very good internal consistency.

5.3.3 Construct validity

We summarized results from the EFA in Table 3. The scree plot analysis identified three factors, which explained a combined 72.7% of the total variance. The proportions of the variances explained were 49.4%, 11.9%, and 11.4%, and the eigenvalues were 3.9, 1.0, and 1.0 for the 3 factors, respectively.

The first factor included PF, RP, BP and GH, the items pertaining to physical health. The second factor included SF, RE, and MH, the items pertaining to mental health. The third factor included GH and VT, the items pertaining to overall health.

Table 3 Factor loadings from exploratory factor analysis

Items	Factor 1	Factor 2	Factor 3
PF	0.86	0.24	0.12
RP	0.85	0.30	0.05
BP	0.67	0.31	0.28
GH	0.52	0.06	0.60
VT	0.06	0.19	0.89
SF	0.35	0.72	0.14
RE	0.35	0.77	-0.02
MH	0.09	0.81	0.27

Further, we conducted CFA to verify 3 models. First, we performed a 1-factor CFA in which a single latent construct was considered due to the high association between physical and mental health. Second, we performed a 2-factor CFA using the traditional factor structures which included PCS (GH, PF, RP, and BP) and MCS (VT, SF, MH, and RE) domains. Third, we performed CFA on the 3-factor model we identified. Model fit indices were summarized in Table 4. The data did not fit the 1-factor model well (SRMR = 0.07; RMSEA = 0.14; CFI = 0.87; NFI = 0.87). However, the 2-factor model exhibited a satisfactory model fit (SRMR = 0.05; RMSEA = 0.10; CFI = 0.94; NFI = 0.94). Out of the 3 models, the 3-factor model had the best model fit (SRMR = 0.04; RMSEA = 0.09; CFI = 0.94; NFI = 0.96). The AIC values decreased across the 1-, 2-, and 3-factor models, indicating that the 3-factor model had the best fit out of the 3 models.

Table 4 Fit indices from confirmatory factor analysis

	1-factor model	2-factor model	3-factor model
Chi-square (df)	4127.9 (19)	1887.5 (17)	1291.4 (13)
AIC	4161.99	1925.46	1337.45
SRMR	0.06	0.05	0.04
RMSEA	0.14	0.10	0.095
CFI	0.87	0.94	0.96
NFI	0.87	0.94	0.96

Notes: AIC = Akaike Information Criterion; SRMR = Standardized Root Mean Square Residual (good fit: < 0.05); RMSEA = Root Mean Square Error of Approximation (good fit: < 0.05; fair fit: 0.05 – 0.10); CFI = Comparative Fit Index (good fit: ≥ 0.9); NFI = Normative Fit Index (good fit: ≥ 0.9).

5.3.4 Known-groups validity

We summarized results from the known-groups validity analysis in Table 5. There was an expected downward trend of physical health across the age groups. Using participants older than 60 as the reference group, the ESs for the physical health domains PF RP, and BP decreased in a consistent fashion, going from "medium" (ES: 0.54 – 0.60) for the 20-30 age group to "small" (ES: 0.21 – 0.25) for the 50-60 age group. For the mental health domains SF, RE, and MH, the ESs were mostly negligible except for the 20-30 age group for SF (ES = 0.24) and RE (ES = 0.31). Regarding gender, we did not observe any significant differences in sub-scale scores between women and men (all ESs < 0.2). Compared to participants with high school or lower education, those with more than high school education had better physical health (PF, RP, and BP) and RE scores, although the ESs were "small" (ES: 0.20 – 0.27). We did not observe any significant differences in sub-scale scores between the income groups (all ESs < 0.1). For the overall QOL known groups, all

the domain scores increased with the overall QOL, which was consistent with prior findings.

5.4 Discussion

In this study, we examined the internal consistency reliability, construct validity, and known-groups validity of the Mandarin Chinese version SF-8 among city residents in mainland China. We show that SF-8 has very good internal consistency and known-groups validity. In addition, our results indicate that the traditional 2-factor structure of SF-8 (physical and mental health) is reasonable among Chinese city residents. Further, our results show that a 3-factor model (physical, mental, and overall health) fits the data better than the traditional 2-factor model.

The study participants responded consistently to the items in the SF-8, as demonstrated by the very good internal consistency reliability. The item-total correlation for VT was relatively low, but acceptable. This was reasonable as the EFA results raised the possibility that VT belonging to a third domain, rather than the physical and mental health domains. Regarding the sub-scale scores, the floor effects (i.e., the percentage of participants with the lowest sub-scale score or worse health status) were very small. Although the ceiling effects (i.e., the percentage of participants with the highest sub-scale score or best health status) were relatively large, our percentages were comparable to those reported in a previous study on SF-12 using a Chinese population. The SF-8 was designed to measure the impact of health problems on HRQOL. Therefore, it was not surprising that we observed larger ceiling effects in a general population sample. Overall, the Chinese version SF-8 was able to capture the range of health status in the urban Chinese population.

Our study is the first to confirm that the 2-factor structure (physical and mental health) of the SF-36 and SF-8 found in the US is reasonable for the Chinese version SF-8 among city residents of China. Therefore, the US norm-based scoring algorithm, developed assuming the 2-factor model, could be used for calculating the PCS and MCS summary scores among Chinese. Our CFA results do not imply that the US norm-based scoring algorithm is the best scoring method to reproduce the summary scores among Chinese. However, using the algorithm allows comparisons of HRQOL across different populations and countries, which is desired by many. On the other hand, prior studies have reported notable differences between the US norm-based weights and country specific sample-based weights for the 2-factor model, potentially due to cultural differences in health perceptions. Thus, the PCS and MCS summary scores should be interpreted with caution. Individual sub-scale scores need to be considered with the summary scores.

Our results showed that a 3-factor model (physical, mental, and overall health) had slightly better fit of the data than the traditional 2-factor model. This is consistent with the results from Wang et al., in which the authors also found a 3-factor model with GH and VT loading on a separate third domain. Although few studies are available on the factor structure of SF-8, numerous studies on the SF-36 have reported its factor structures being different in Asia, including China, Singapore, Taiwan, and Japan, compared to the US and Europe. The differences in factor structure across countries have led to the support for 3-factor models of the SF-36. Keller et al. proposed a third "general well-being" factor as an addition to the traditional "physical" and "mental" health factors based on data from the US and Europe. Buchcik et al. also suggested that "HRQoL is influenced by more than a Mental and a Physical Component" and "a third component (e.g. general well-being) should

be included". In Asia, Huang et al. found that a model with 3 second-order factors ("physical", "mental", and "social") and 1 third-order factor ("health") best fit the SF-36 data from the general Taiwan population . Therefore, it is not surprising that our findings provide preliminary support for a 3-factor structure of the SF-8 among the Chinese population. However, more future studies are needed to further explore the factor structure of the SF-8.

Our study has several limitations. First, this study was cross-sectional and did not allow repeated measurements. Therefore, the SF-8 was only administered on a single occasion. We were unable to evaluate some of the potentially important psychometric properties such as test-retest reliability or sensitivity to change. Second, limited by the length of our survey, data on chronic conditions were not collected. Thus, we did not evaluate the usefulness of the SF-8 in discriminating among individuals with different levels of chronic conditions. Future studies are needed to further analyze the psychometric properties of the SF-8 Chinese version, including the test-retest reliability, using a large sample. Third, since our data were collected with RDD telephone surveys, this study has the limitations of any RDD study, such as selection bias. Fourth, there is no published data on the demographic characteristics of our target population, adults who live in the cities, which has prevented us from comparing these characteristics between our sample and the target population. It is therefore difficult to evaluate the representativeness of our sample. However, given the rigorous study design (i.e., multi-stage stratified sampling scheme) and data collection process (i.e., CATI conducted in a survey center), it is reasonable to assume that our results are generalizable to all city residents in China.

5.5 Conclusions

To our knowledge, this study is the first to confirm the traditional 2-factor structure of SF-8 (PCS and MCS) using a large, representative sample from China. We have shown that the SF-8 Chinese version is feasible, reliable, and valid. Our findings support the use of the SF-8 summary scores for assessing general HRQOL among Chinese. More future studies are needed to evaluate the validity of a 3-factor structure for the SF-8 among the Chinese population.